« *le français sans frontières* »

Collection dirigée par Christian Baylon

Maître assistant de linguistique à l'Université de Montpellier

outils pédagogiques

REGARDS
SUR LA
CIVILISATION FRANÇAISE

JOSEPH SCHULTZ

Docteur ès Lettres
Maître assistant à l'Université Paul Valéry (Montpellier)

p. 47

CLE
international

88, boulevard Arago, 75014 Paris

Dans la même collection :

- **« outils pédagogiques »**
- Français niveau 2, livre de l'élève et livret pédagogique
  par M. et M. Verdelhan

- **« outils théoriques »**
- Introduction linguistique et méthodologique
  à la didactique du français langue étrangère,
  par H. Boyer et M. Rivera.
- Problèmes psychologiques des méthodes audio-visuelles,
  par C. Guimelli et M-L. Rouquette.
- La chanson dans la classe de français langue étrangère
  par L.J. Calvet.

AVANT-PROPOS

Ecrire un livre sur la Civilisation Française est une entreprise périlleuse : le risque est grand d'être taxé de subjectivité ou d'insuffisance, et cela d'autant plus que l'ouvrage n'atteint pas deux cents pages, obligeant forcément à un choix de sujets. L'autre écueil concerne le jugement que l'on porte sur tel ou tel aspect de la civilisation : si l'on se montre sévère pour la France, on est traité de masochiste ou bien d'être politiquement engagé à gauche; si l'on est indulgent, alors c'est le contraire, on est chauvin ou bien favorable au « régime », au « système ».

Notre objectif n'est pas de donner un tableau complet de tous les aspects de la civilisation, mais de permettre aux étudiants étrangers qui viennent en France pour approfondir leurs connaissances sur nos structures, nos traditions, nos préoccupations, de trouver un livre d'idées simples, assorti d'une documentation abordable.

La civilisation française, comme toute autre forme de civilisation, ne peut être exclusivement livresque; rien ne peut, en effet, remplacer la richesse de l'expérience vécue. Les expériences ponctuelles, partielles doivent être replacées dans un ensemble plus vaste, doivent en quelque sorte être généralisées, ce qui justifie la réalisation de ce livre.

Dans l'enseignement de la civilisation, dans l'utilisation de ce livre, l'enseignant joue un rôle fondamental : rendre vivants des textes par l'explication des nuances, l'illustrer par des exemples et par une documentation complémentaire visuelle ou sonore. La vérité absolue n'existe pas : les discussions, les controverses autour d'un thème apportent un enrichissement plus grand que la lecture de longues pages. C'est pourquoi chaque sujet abordé dans ce livre est suivi d'une série de documents annexes souvent contradictoires, reflétant les divergences de position qui dominent l'opinion publique en France et servant de cadre à ces débats.

Les sujets ont été choisis après les résultats de sondages personnels réalisés pendant trois ans auprès des étudiants étrangers des cours d'été. Les trente sujets intéressant le plus grand nombre des étudiants ont été retenus. Nous y avons ajouté cinq autres, moins demandés, pour équilibrer l'ouvrage. Les trente cinq sujets analytiques sont regroupés dans cinq chapitres (sept par chapitre) introduits par une vue synthétique : l'économie, la société, la vie politique, l'espace et la vie quotidienne. Pour que la consultation du livre soit facilitée, nous avons limité la présentation des sujets analytiques à quatre pages (deux pages de description, deux pages de documents annexes) et celle des sujets synthétiques à six pages (cinq de description, une de documents).

Des aspects pourtant importants de la civilisation française n'ont pas été abordés, comme par exemple des aspects artistiques et littéraires, d'autres n'ont été qu'effleurés (comme les relations de la France avec le monde extérieur). Nous avons pensé que ce sont les sujets les mieux connus par les étrangers, ils seront étudiés dans un deuxième livre à paraître prochainement.

Joseph SCHULTZ,
Docteur ès Lettres et Sciences humaines
Maître-assistant à l'Université Paul Valéry (Montpellier)

PANORAMA D'ÉVOLUTION DE LA FRANCE 1940-1980

* particulier, spécifique

La compréhension de la société actuelle nécessite en France, bien plus qu'ailleurs, le retour vers le passé. Le processus d'évolution *propre à** un état, ainsi que le cheminement des idées, éclairent toujours le présent, mais en France l'Histoire est revécue quotidiennement, les Français y attachant une grande importance. Tous les ans, une messe est dite le jour anniversaire de l'exécution de Louis XVI (1792); la victoire de 1918 est dignement fêtée tous les ans dans les villages de France; sur les cartes de

* oublient

visite les gens n'*omettent** jamais d'indiquer s'ils sont possesseurs de la Croix de guerre ou de la médaille militaire de 1940; les Gaullistes, 10 ans après la mort de de Gaulle, défendent toujours les mêmes idées et restent au premier plan de la scène politique; tout homme politique doit justifier d'un comportement patriotique au

* perd l'estime, la confiance

temps de la Résistance (1940-45) sinon il perd tout son *crédit** (campagne contre Georges Marchais en avril 1980); on a la nostalgie du Front Populaire (1936) ou du Mai 1968...

En 1980, les règles essentielles de la vie politique et sociale ont été définies par la Constitution de la Ve République (1958), pourtant, les exigences de l'actualité nous entraînent à considérer la France contemporaine depuis 1940.

* 10 années
* agitations, chocs
* succèdent à

L'évolution des quatre *décennies** est soulignée par une surprenante régularité historique : de fortes *secousses** politiques et sociales *alternent** avec de longues périodes de calme et de stabilité.Les moments de tourments ou de bouleversements interviennent tous les dix ans : 1936, 1947, 1958, 1968, 1978. Hasard de l'histoire ou constance de la nature, des caractères des Français, ces Français qu'Alain Peyrefitte définit comme les « conservateurs contestataires » (Le Mal Français, p. 379) ?

● **La Résistance et « l'Union sacrée » (1940-47).**

Avec la rapide victoire des Allemands en 1940 et l'armistice signée, la France éclate : tandis qu'à Paris s'installe l'occupant, le Sud de la France reste apparemment libre sous « le Gouvernement de Vichy » que dirige le Maréchal Pétain en étroite collaboration avec les Allemands.

* annule

A Londres, où il organise « une France libre », le général de Gaulle *dénonce**

* s'étend
* secrets
* groupements de partisans

l'armistice, le pouvoir illégal de Vichy, et appelle les Français à la résistance (« appel du 18 juin 1940 »). La résistance s'organise et s'*intensifie**, surtout après l'occupation de la « zone libre » par l'armée allemande (novembre 1942). Depuis les réseaux *clandestins** jusqu'aux *« maquis »** armés, la résistance prend des formes d'organisation multiples, réunissant des patriotes de toutes tendances politiques, même si les communistes, après l'entrée en guerre de l'U.R.S.S., apparaissent comme les

* importants, principaux

éléments *déterminants**. De Gaulle réussit à unifier les différentes tendances (Conseil National de la Résistance) et la Résistance prend une part active dans la libération du pays (exemple : l'insurrection de Paris). Le gouvernement provisoire de de Gaulle formé en juin 1944 exercera le pouvoir une fois la guerre terminée. Ce gouvernement est *issu* * de la Résistance, comprenant des ministres communistes, socialistes, MRP (catholiques républicains) et Gaullistes, réalisant ainsi l'union nationale. L'Etat prend en main l'économie par des nationalisations (secteur de l'énergie, circuits financiers, quelques grosses usines comme Renault) par la création du Commissariat du Plan, organisme de planification, dont la première tâche est la reconstruction de l'économie durement *éprouvée* * par la période de la guerre. L'assistance sociale est considérablement étendue (Sécurité Sociale, Allocations Familiales) ainsi que les droits sociaux (par exemple, droit de vote des femmes). Pendant ce temps, l'Assemblée Constituante prépare la Constitution qui, acceptée par le pays (13 octobre 1946) met en place un pouvoir légal.

● **« L'année terrible » (1947).**
De Gaulle n'accepte pas la Constitution qui, selon lui, institue le pouvoir des partis politiques de coalition, incapables de gouverner; il démissionne, et le parti qu'il a créé (RPF) se retrouve dans l'opposition. De plus, le parti communiste sera exclu du pouvoir à la suite de son alignement sur les thèses de Moscou concernant le partage du monde en deux blocs. La « guerre froide » qui commence dans le monde *exacerbe* * les opinions et le parti communiste français perd définitivement l'image favorable qu'il avait auprès de la masse populaire. Ainsi, deux des grandes formations politiques issues de la Résistance sont éliminées du pouvoir, qui reste pour 10 ans aux mains des socialistes (SFIO) et des républicains chrétiens (MRP), appelés « la troisième force ».
Le passage des communistes dans l'opposition est marqué par une suite de grèves et d'incidents violents (Renault, Marseille, Valence) réprimés durement en automne 1947. L'opposition fondamentale entre communistes et socialistes est la cause de l'éclatement du vieux syndicat, la CGT, avec la création de FO et de la FEN.

● **La IVe République (1947-1958).**
La Constitution de 1946 fait naître la IVe République, qui, après l'année tourmentée de 1947, s'installe définitivement. Une stabilité relative marque les dix années suivantes, avec quelques grandes dominantes.
— L'influence déterminante des Etats-Unis. Avec l'acceptation du Plan Marshall (aide économique), et la signature du Pacte Atlantique (défense militaire) la politique intérieure et extérieure de la France est soumise au contrôle américain. Au-delà de la dépendance économique et militaire, l'influence américaine est partout sensible et envahissante : avec l'aide économique on importe la technologie et les formes de gestion; la découverte de l'Amérique influencera profondément les goûts (arts, langage, mode) et la façon de vivre.
— Cette période est aussi celle de la renaissance démographique de la France, grâce à une forte natalité *persistante* * qui fait passer la population de 40 à 45 millions d'habitants en dix ans, autant que pendant le siècle précédent (1850-1950). Ce renouveau s'explique par une politique très suivie en faveur de la famille. La forte natalité, et par voie de conséquence la constitution des familles avec plusieurs enfants en bas âge, n'est pas sans importance sur la mentalité sociale et sur les formes de consommation.
— Ces dix années sont fortement marquées par les guerres coloniales incessantes. Dès 1950, la guerre s'installe au Viêt-Nam et malgré l'effort militaire important, l'armée française essuie des *revers* *; après la défaite de Diên Biên Phu, la France doit se retirer. Quelques semaines à peine séparent la Conférence de Genève accordant l'indépendance au Viêt-Nam et le début d'une autre guerre coloniale : celle d'Algérie, beaucoup plus complexe, beaucoup plus proche des Français et plus meurtrière aussi.
En effet, l'Algérie est la seule colonie de peuplement de la France où vivent près de 1 million de Français (huitième de la population totale); géographiquement et sentimentalement, l'Algérie est considérée comme le prolongement de la France en Afrique; sous l'angle économique la découverte et l'exploitation du pétrole du Sahara

*confère** à cette zone une importance autrement plus grande que les terres lointaines de l'Indochine. L'opinion publique est favorable à la guerre, mais comment la gagner contre un ennemi *insaisissable** qui pratique la guérilla ? De plus en plus de soldats partent en Algérie et dès 1955, on fait appel aux *soldats du contingent**. Au départ — presque indifférente, la société française en sera bouleversée jusque dans ses fondements institutionnels.

— Les guerres coloniales (Indochine, Suez, Tunisie, Maroc, Algérie) sont en grande partie responsables de l'instabilité du pouvoir, autre caractéristique de cette période. La lourdeur des dépenses de guerre (28% du budget national en 1957), les revers militaires, l'incapacité de trouver des solutions à la question coloniale ont raison des gouvernements successifs de coalition socialiste-centriste. En 10 ans ainsi la France a usé 20 gouvernements ! Seuls ceux de Pinay (stabilisation monétaire) et de Mendès-France (paix en Indochine) réussissent une œuvre durable.

● **1958 : la révolte d'Alger et le retour du Général de Gaulle.**

Les Français d'Algérie, mécontents de la conduite de la guerre et inquiets pour leur avenir, entrent en révolte contre le gouvernement de la métropole, exigeant sa démission, et font appel au Général de Gaulle (13 mai). Incapable d'*endiguer** la révolte et malgré le soutien du Parlement, le gouvernement Pflimlin démissionne. Devant la pression des événements, le Président de la République appelle le Général de Gaulle pour former un nouveau gouvernement. De Gaulle reçoit l'*investiture** le 1er juin, les pleins pouvoirs le 2 (par 322 voix contre 232) pour six mois, avec mission de préparer la révision constitutionnelle. C'est la fin officielle de la IVe République. Le projet constitutionnel, soumis au référendum le 28 septembre, est *approuvé** par 80% des votants, et conformément à la Constitution, l'élection du Président de la République a lieu (le 21 décembre) et de Gaulle l'emporte avec 77% des voix. En l'espace de 8 mois, la France passe de l'agitation révolutionnaire à la démocratie réfléchie, d'une république au pouvoir dispersé et faible à un autre, présidentiel et fort grâce à la magie d'un homme oublié que tout le monde *acclame** : de Gaulle.

● **La France de de Gaulle (1958-1968).**

La décennie qui commence est fortement marquée par la personnalité et la conception politique du Général de Gaulle.

— Le Président *jouit** d'un prestige immense lié à son rôle pendant la guerre. Il considère que la tâche qu'il accomplit est une mission historique que la « France éternelle » lui a confiée et qui consiste à redonner au pays une place brillante dans le monde. Négligeant le parlement, méprisant les partis politiques, interprétant parfois de façon douteuse la Constitution, il préfère s'adresser directement au peuple, par les référendums, les conversations « au coin du feu », renforçant le sentiment de lien sacré entre lui et les Français. De Gaulle *enchante**, ou impressionne, ne laisse

* charme
* parole
* créant l'émotion
* mouvement oratoire
  poétique
* étrange, inusité

personne indifférent. Il est un véritable virtuose d'une *éloquence** originale, *saisissant** l'auditeur tantôt par ses *envolées** pathétiques et son vocabulaire *insolite**, tantôt par un tour familier et direct que la télévision, dont il se sert très habilement, met à la portée de tous.

— La confiance personnelle dont il bénéficie crée un vaste mouvement populaire autour de lui, lui donnant une majorité confortable au Parlement et des votes favorables aux référendums. La Ve République amène ainsi la stabilité politique.

— Dès son installation au pouvoir, De Gaulle s'attaque au problème des colonies. La Constitution de 1958, instituant la Communauté Française, accorde l'autonomie aux colonies avec possibilité d'accéder à l'indépendance à n'importe quel moment. La très grande majorité des colonies seront libres en 1960. Il restait à régler la question algérienne. La politique de de Gaulle évolue rapidement vers la nécessité du désengagement de la France qui, malgré de très violentes protestations des Français d'Algérie (plusieurs attentats contre le Président, putsch des généraux à Alger, actes

de terrorisme de l'O.A.S.) sera *scellé** par les accords d'Evian en 1962.

— Une fois le handicap colonial surmonté, de Gaulle entreprend une longue lutte pour affirmer la présence française dans le monde. Refusant la division du monde en deux blocs antagonistes, il cherche une voie intermédiaire pour la France. L'affirmation de l'indépendance de la France passe par une politique anti-américaine (sortie de la France de l'OTAN, refus de l'entrée de la Grande-Bretagne à la C.E.E., discours de Pnom Penh et de Montréal, attaque du dollar, etc.) par une ouverture vers l'Est (échanges franco-soviétiques, reconnaissance de la Chine), par la création d'une force militaire indépendante (« la force de frappe » nucléaire). C'est parce que la France a besoin de l'Europe pour augmenter sa crédibilité dans le monde que de Gaulle va favoriser la construction européenne. C'est en tant qu'Européen que de Gaulle propose ses solutions aux problèmes du Tiers-Monde (voyages en Amérique du Sud, en Afrique).

— Cette période est très fortement marquée par de profondes et rapides mutations dans les structures sociales et économiques : rythme élevé d'urbanisation et d'émigration rurale, diminution considérable des agriculteurs, accroissement des emplois dans les secteurs non productifs, progrès scientifiques et techniques entraînant des meilleurs rendements, une plus grande productivité, des produits nouveaux et des orientations économiques nouvelles. La croissance économique régulière est synonyme de l'augmentation générale de niveau de vie, et le pays est atteint par l'ère de civilisation de consommation. Mais l'inégale redistribution des richesses, un certain retard des infrastructures, l'immobilisme des institutions et de pratiques sociales sont en contradiction avec le progrès général. Les mutations trop rapides, la seule *optique** de l'efficacité économique, dans une France qui supporte mal l'ouverture des frontières européennes (Marché Commun), créent un sentiment de *frustration** et de malaise qui ne cesse de grandir.

● Mai 68.

La contestation, partie des Universités, *ébranle** toute la société française. Au mois de mai, la France vit dans l'*effervescence** révolutionnaire, au bord de la guerre civile. L'amélioration des conditions de travail et de revenus, la participation aux responabilités sont les premières *revendications**, qui bientôt posent le problème de changement des institutions, et l'établissement d'une nouvelle société. De Gaulle réussit à *désamorcer** la situation explosive par l'acceptation d'une partie des exigences des syndicats (« accords de Grenelle ») et par la proposition d'une solution législative à la crise (élections à l'Assemblée Nationale); cependant 1968, malgré son échec, aura profondément marqué toute la société (voir thème S3).

● La France bipolarisée (1968-78).

Le Général de Gaulle, battu au référendum de 1969, démissionne. Si un gaulliste convaincu lui succède (Georges Pompidou) poursuivant ses orientations politiques, il n'a pas le magnétisme du général. La réponse aux difficultés économiques grandissantes et complexes est de plus en plus cherchée dans une alternative de société que propose la Gauche.

— Pour les partis de Gauche l'échec de 1968 impose la nécessité de la recherche d'union. En juillet 1971, au Congrès d'Epinay, les socialistes décident leur rapprochement avec le Parti Communiste. Les pourparlers aboutissent à la signature du « Programme Commun » de gouvernement, qu'une fraction des radicaux acceptera aussi (27 juin 1972). Cette identité de pensée et d'action permet une spectaculaire remontée de l'*audience** de « l'Union de la Gauche ». Par rapport à 1968, où les partis d'opposition ont recueilli 42% des votes (élections législatives), en 1973 elles atteignent 45% (législatives) et le candidat unique de la Gauche, François Mitterrand, obtient en 1974 aux élections présidentielles 49,3%. Le XXIIe Congrès du Parti Communiste, affirmant l'abandon du principe de « la dictature du prolétariat », enlève le dernier obstacle sur la marche vers le pouvoir par la voie législative.

Aux élections locales (cantonales) en 1976, pour la première fois, la Gauche est majoritaire, obtenant 53% des sièges.

— La mort subite du Président Pompidou laisse les gaullistes en plein *désarroi**. Divisés sur les candidatures, c'est Giscard d'Estaing qui sera élu en 1974. L'audience des gaullistes décroît parallèlement à la montée de la Gauche. Devant le danger de la

---

Marginal glossary (left column):

* vue

* privation, sentiment d'appauvrissement

* remue
* agitation

* exigences

* empêcher l'éclatement

* public, clientèle

* trouble

prise de pouvoir par l'opposition, les différents courants de la Majorité se rapprochent. Ainsi se cristallise l'opposition de deux blocs politiques que tout sépare : c'est la bipolarisation, qui concerne non seulement l'opinion politique mais aussi les attitudes dans la vie quotidienne.

— Le renforcement de la Gauche ne s'explique pas seulement par le départ du Général de Gaulle. Les difficultés économiques et sociales, mises au grand jour par les événements de mai 68, ne cessent de *s'amplifier** avec la crise mondiale. Les grandes réformes sociales de Giscard d'Estaing (majorité à 18 ans, amélioration de la condition féminine) sont insuffisantes en face des problèmes quotidiens graves : chômage, inflation, stagnation de niveau de vie. L'économie française dont la restructuration n'est pas encore terminée est durement touchée par le renchérissement des matières premières et la concurrence effrénée sur le marché mondial.

* augmenter, élargir

● **1978, le tournant historique n'a pas eu lieu.**

La victoire possible de la Gauche aux élections législatives provoque une effervescence rarement observée dans l'histoire contemporaine. Or la Gauche, divisée (échec de l'actualisation du Programme Commun) sera nettement battue en mars 1978 (41 % des sièges). L'alliance socialo-communiste pour l'exercice du pouvoir semble être définitivement abandonnée.

CHRONOLOGIE DES ÉVÉNEMENTS IMPORTANTS

1940	18 juin :	De Londres, appel du Général de Gaulle.
	22 juin :	Armistice signé à Rethondes avec l'Allemagne. L'Etat Français du Maréchal Pétain.
	28 juin :	Reconnaissance de de Gaulle comme chef des Français libres.
1941	juillet :	Communistes dans la Résistance : série d'attentats.
1942	8 novembre :	Débarquement allié en Afrique du Nord.
	11 novembre :	« La zone libre » occupée.
1943	17 février :	« Service du travail obligatoire ».
	15 mai :	Création du Conseil National de la Résistance, J. Moulin, Président.
1944	30 janvier :	Combat du maquis des Glières.
	6 juin :	Débarquement allié en Normandie.
	8-10 juin :	Massacres de Tulle et de Oradour-sur-Glane.
	28 juin :	La Résistance exécute Henriot (Radio Paris).
	juillet :	Combat du maquis du Vercors.
	18-25 août :	Insurrection et libération de Paris. Le gouvernement provisoire de de Gaulle s'installe à Paris.
1945	4 octobre :	Ordonnance instituant la Sécurité Sociale.
1946	19 janvier :	Démission du Général de Gaulle.
	13 octobre :	Constitution de la IVe République.
1947	5 mai :	Eviction des ministres communistes.
1948	1er juillet :	Début du Plan Marshall.
1949	4 avril :	Signature de l'OTAN.
1950	8 octobre :	Défaite de Cao Bang (Indochine).
1951	18 avril :	Création de la CECA.
	13 décembre :	Découverte du gaz de Lacq.
1952	mars :	Stabilisation de la monnaie par A. Pinay.
1954	7 mai :	Défaite de Diên-Biên-Phu (Indochine).
	21 juillet :	Accords de Genève sur l'Indochine.
	1er novembre :	Début de la guerre d'Algérie.
1956	mars :	Maroc et Tunisie indépendants.
	5-6 novembre :	Expédition de Suez.
1957	25 mars :	Traité de Rome (Marché Commun et Euratom).
1958	13 mai :	Emeutes en Algérie.
	1er juin :	De Gaulle appelé au pouvoir.
	17 juin :	Emprunt Pinay indexé sur l'or.
	28 septembre :	Référendum sur la Constitution : début de la Ve République.
	30 novembre :	Elections législatives, succès gaulliste.
	21 décembre :	De Gaulle élu Président de la République.
	27 décembre :	Accord monétaire européen et création du franc lourd.
1959	1er janvier :	1re réduction des droits de douane du marché commun.
	24 décembre :	Loi Debré sur l'enseignement privé.
1960	24-31 janvier :	« Journées des barricades » à Alger.
	13 février :	1re bombe atomique française suivie de la définition de la « Force de frappe ».
	septembre :	Indépendance des colonies africaines.
1961	3 janvier :	Référendum pour l'autodétermination en Algérie.

	21-26 avril :	Putch en Algérie (généraux Salan, Challe, Zeller, Jouhaud).
1962	janvier-juin :	Attentats OAS.
	18 mars :	Accords d'Evian, fin de la guerre d'Algérie.
	22 août :	Attentat de Petit-Clamart contre de Gaulle.
1963	14 janvier :	De Gaulle rejette la candidature anglaise au Marché Commun.
1964	27 janvier :	La France reconnaît la Chine communiste.
	juin :	Convention de Yaoundé (CEE-Afrique Noire).
1965	29 octobre :	Affaire Ben Barka.
	19 décembre :	De Gaulle réélu Président de la République.
1966	9 mars :	Départ de la France de l'OTAN.
	30 octobre :	Discours de de Gaulle à Pnom Penh.
1967	23-31 juillet :	Voyage de de Gaulle au Canada (« Vive le Québec libre »).
	11 décembre :	Création du supersonique Concorde.
1968	mai-juin :	Manifestations et émeutes.
	27 mai :	Accords de Grenelle avec les syndicats.
	23-29 juin :	Elections, succès gaulliste.
1969	3 janvier :	Embargo sur les livraisons d'armes en Israël.
	28 avril :	Référendum sur la régionalisation et le Sénat, victoire des « non », démission de de Gaulle.
	15 juin :	Pompidou élu Président de la République.
1970	9 novembre :	Mort du Général de Gaulle.
1971	juillet :	Congrès d'Epinay du P.S. : décision de l'alliance avec les communistes.
1972	22 janvier :	Admission dans la CEE de la Grande-Bretagne, l'Irlande, le Danemark.
	juin :	Signature du Programme Commun de la Gauche.
1973	mars :	Manifestations étudiantes contre la loi Debré (suppression des sursis longs).
	avril-décembre :	Affaire Lip.
	10 octobre :	Loi Royer sur le commerce.
	16 octobre :	Doublement du prix du pétrole, entrée dans la crise économique.
1974	19 mai :	Election de Giscard d'Estaing, Président de la République (50,8% des voix).
	25 juin :	Majorité à 18 ans.
	26 novembre :	Débat et vote de la loi libéralisant l'avortement.
	14 décembre :	J. Chirac, secrétaire général de l'UDR.
1975	mars :	Manifestation contre la réforme Haby (enseignement).
	août :	Graves incidents séparatistes en Corse (Aléria, Bastia).
1976	février :	XXIIe Congrès du P.C. : abandon du principe de la dictature du prolétariat.
	septembre :	« Plan Barre ».
1977	31 janvier :	Inauguration du Centre G. Pompidou (Beaubourg).
	mars :	Elections municipales, majorité de Gauche.
	septembre :	Actualisation du Programme Commun de la Gauche (échec).
1978	12-19 mars :	Elections législatives : la Gauche est battue.
	9 avril :	Congrès extraordinaire du RPR, violente critique de Giscard d'Estaing.
	mai :	Intervention de l'armée française au Zaïre.
	20 septembre :	« Plan acier » pour sauver la sidérurgie.
1979	10 janvier :	Libération des prix.
	13 mars :	Entrée en vigueur du système monétaire européen.
	8 avril :	Congrès du P.S. à Metz, fortes divergences de vue.
	mai :	Graves incidents entre sidérurgistes et forces de l'ordre.
	30 mai :	Le troisième pacte pour l'emploi.

7-10 juin :	Elections à l'Assemblée européenne (recul de la Gauche).
25 juillet :	Mesures de redressement de la Sécurité Sociale.
18 août :	Le paquebot « France » quitte définitivement Le Havre.
10 octobre :	Affaire des diamants de Bokassa.
25 octobre :	Publication du « Projet socialiste ».
20 décembre :	Loi définitive sur l'avortement.

1980

janvier :	Le Parti Communiste accepte l'intervention soviétique en Afghanistan.
2 mars :	Giscard d'Estaing se prononce pour « l'autodétermination des Palestiniens ».
mars :	Violentes manifestations antinucléaires à Plogoff.
19 mai :	Entrevue Giscard d'Estaing-Brejnev.

E₀

1
ÉCONOMIE FRANÇAISE

La France est une des premières puissances économiques du monde : elle se place en 5ᵉ position pour le volume du produit national brut ou pour la valeur de la production industrielle, 4ᵉ pour le commerce extérieur. Cette place, elle la doit à une croissance économique soutenue et régulière après la deuxième guerre mondiale (augmentation annuelle du *PNB** entre 4 et 6%). Pourtant, malgré de brillantes *performances**, les problèmes sont nombreux, soulignés par la dureté de la crise actuelle. L'explication des résultats heureux comme celle des préoccupations actuelles se trouve pour l'essentiel dans les *modalités** des structures productives et mentales.

* Produit National Brut
* succès, exploits

* conditions, particularités

1. L'Etat, moteur et frein de la croissance économique.

La longue tradition de centralisme en France ne peut expliquer le rôle considérable que l'Etat remplit dans le domaine économique et social. L'extension très large de ses interventions est surtout le résultat des nationalisations et de *prises de participation** rendues inévitables par les crises économiques, sociales ou politiques de la période de 1936-46 (récession économique mondiale, Front Populaire, guerre, reconstruction).

* achats d'actions

● L'Etat oriente et contrôle l'activité économique. La création du Conseil National du Crédit et la nationalisation de la Banque de France sont en 1946 les premiers signes du contrôle étroit des circuits financiers. Aujourd'hui, les plus grandes banques de dépôts et les réseaux de crédit sont nationalisés (Crédit Lyonnais, Société Générale, Banque Nationale de Paris, Caisse d'Epargne, Chèques Postaux) ou fortement contrôlés (Crédit Agricole, Crédit Foncier, Crédit Hôtelier, etc.); il en est de même des plus grandes compagnies d'assurances. Si les grandes banques d'affaires *relèvent** du domaine privé, la Caisse des Dépôts et Consignations, nationalisée, est le principal créditeur des *collectivités locales** et des organismes d'aménagement du territoire, le principal pourvoyeur du large secteur de la construction immobilière.

* dépendent, appartiennent (ici)

* communes, organismes de niveau communal, cantonal

Le Ministère des Finances (directement ou à travers l'activité de la Banque de France) détient la clé de la politique monétaire, surveille le marché des capitaux, réglemente l'activité bancaire (modalités d'*octroi** et taux des prêts), définit une partie des prix, détermine le *SMIC** et les salaires distribués dans les entreprises ou services publics. L'action se prolonge dans la répartition budgétaire : l'Etat finance le tiers des investissements en France

* accord
* Salaire Minimum Interprofessionnel de Croissance, salaire de base garanti par l'Etat et qui suit le coût de la vie

et ses commandes sont déterminantes pour l'activité économique. La pratique de la planification, la politique d'aménagement du territoire assortis d'investissements et de subventions multiples sont encore d'autres moyens dont dispose l'Etat pour *téléguider** les secteurs économiques.

* diriger à distance

● L'Etat est aussi un intervenant direct dans la production. Les entreprises publiques réalisent 11% du chiffre d'affaires et emploient 12% de l'effectif industriel. L'*emprise** de l'Etat s'exerce au niveau des entreprises nationalisées et des « compagnies mixtes », où les capitaux publics et privés sont associés. Dans le secteur de l'énergie, Charbonnages de France, Gaz de France, Electricité de France, Commissariat à l'Energie Atomique disposent d'un quasi-monopole sur la production et la distribution, et par Elf-Erap l'Etat est très actif dans la recherche pétrolière. En ce qui concerne le transport, l'Etat est maître des communications ferroviaires (*SNCF**, *RATP**), aériennes (Air France, Air-Inter), maritimes (Compagnie Générale Maritime), ne laissant au privé que le transport routier. L'intervention publique est plus discrète dans le secteur de l'industrie, ce qui n'exclut pas sa forte présence dans certaines branches comme la construction aéronautique (Sud-Aviation, Nord-Aviation, Société Nationale d'Etudes et de Construction de Moteurs d'Avion, Centre National d'Etudes Spatiales), l'industrie automobile (Renault), l'industrie de l'armement ou la chimie minérale (Société Chimique des Charbonnages, Office National Industriel de l'*Azote**), et puis la multitude de *filiales** des entreprises dominées par l'Etat lui permet d'avoir un droit de regard dans chaque parcelle de l'activité du pays.

* ascendant, autorité, mainmise, influence

* Société Nationale des Chemins de Fer Français
* réseau du métro parisien (Réseau Autonome de Transport Parisien devenu Régie Autonome de Transport Parisien)

* corps simple gazeux, symbole chimique : N
* entreprises dirigées et contrôlées par une société mère

A cette liste déjà longue, il faut ajouter les services publics qui ont souvent une forte activité de commerce (Postes et Télécommunications, Chambres de Commerce, Marchés d'intérêts nationaux (M.I.N.), Aéroport de Paris, Ports autonomes, *ORTF**) ou qui, par l'importance de leur budget et du volume de leurs commandes, ont une part non négligeable dans les activités économiques (administration dans un sens large, services de santé, d'enseignement et de culture).

* Office de Radio et de Télévision Française devenu RTF

Dans ces activités tertiaires, la recherche mérite une place à part : 56% du financement de la recherche est effectué par l'Etat avec un montant global de 23 milliards de F en 1978. Parmi les instituts de recherche nombreux, le Centre National de la Recherche Scientifique (CNRS) se distingue par l'étendue de ses activités.

● L'Etat exerce son rôle d'arbitre dans les conflits économiques ou sociaux. Pendant longtemps, ses interventions se sont caractérisées par le souci de *tempérer** les effets négatifs de la concurrence et de *sauvegarder** les intérêts de la collectivité des hommes face aux exigences de la croissance économique : défense des entreprises nationales par un certain *protectionnisme**, gestion des unités de production en *déficit** constant mais d'utilité publique certaine, octroi de subvention aux industries utilisant beaucoup de main d'œuvre pour défendre l'emploi, garantie de *prix-plancher** pour certains produits, politique d'aménagement du territoire, etc.

* atténuer, modérer, diminuer
* garantir
* pratique d'un ensemble de mesure contre la concurrence étrangère
* dépenses supérieures aux recettes
* prix minimum de vente

Mais progressivement, l'Etat doit s'effacer devant les conventions du Marché Commun et les impératifs d'efficacité imposés par la crise économique.

2. Forces et faiblesses des structures économiques.

La relative régularité de la croissance économique, évoquée plus haut, ne s'accomplit pas dans des structures stables. Bien au contraire, la caractéristique principale des années d'après-guerre est la rapide *mutation**, bien plus forte que dans les pays comparables à la France.

* changement

● Le changement des structures est illustré dans l'ensemble par la répartition sectorielle de la population active. Au cours de la décennie 1950, la population active se répartissait de façon égale entre les trois secteurs agricole, industriel et tertiaire. Actuellement, sur 10 français qui travaillent on ne trouve plus qu'un seul dans l'agriculture, 4 sont dans l'industrie et 5 dans les activités de service. L'évolution est donc surtout marquée par la forte diminution des agriculteurs (ils sont 7 fois moins nombreux qu'en 1946) et l'augmentation considérable des emplois de services qui ont doublé par rapport à 1946. Dans le secteur industriel, l'évolution est plus nuancée : si globalement l'effectif augmente, dans certaines branches de production les emplois ont beaucoup diminué (textile et habillement, extraction de minerais, *sidérurgie**, travail de cuirs et de peaux).

* métallurgie du fer

L'orientation générale de cette évolution est conforme à ce qui se passe dans les autres pays développés comparables à la France. Partout, en effet, on assiste à un transfert de main d'œuvre des secteurs de production en déclin ou en forte mécanisation vers les secteurs de production nouveaux, de technologie *de pointe**. Partout aussi on remarque l'augmentation de l'emploi dans les transports, commerces et services, liée aux exigences sans cesse renouvelées de notre civilisation de consommation. Ce qui fait la particularité de la France, c'est l'importance quantitative et la rapidité dans le temps de ces mouvements. La structure économique de la France en 1950 indique de très grands retards par rapport aux pays voisins, surtout par l'importance de l'effectif agricole. En l'espace de 30 ans, la France a dû combler ce retard; c'est cela qui explique l'*ampleur** sans égale de l'évolution, qui, d'ailleurs, ne s'est pas déroulée sans occasionner de *remous** sociaux profonds.

* en avance

* largeur, importance
* troubles

● Pendant cette période de 30 ans, la richesse nationale, exprimée par le Produit National Brut, triple. L'augmentation rapide du volume de la production s'effectue pourtant pratiquement avec une main d'œuvre stable, 20 millions, ce qui signifie que ce résultat a été acquis grâce à un fort accroissement de la *productivité** (près de 5% annuels).

Ce taux, trois fois supérieur à celui des Etats-Unis, dépassé, parmi les pays développés, seulement par le Japon et l'Italie, indique encore qu'il s'agit d'un rattrapage de la part de la France. Le dynamisme de l'économie, sa capacité de modernisation sont évidents, tout au moins jusqu'en 1970. D'ailleurs, les secteurs non agricoles ont été capables de créer près de

* accroissement simultané de la production et de rendement

2 millions d'emplois nouveaux entre 1950 et 70. Si, pris dans leur ensemble, les facteurs de progrès économiques sont importants, l'examen sectoriel révèle des déséquilibres profonds, une stagnation anormale de certaines branches de production aggravée par des *divergences** de structure régionale inquiétante.

* écarts

● L'entreprise française demeure assez mal adaptée à l'évolution du marché. Elle est de petite taille (l'entreprise industrielle a en moyenne 15 employés, contre 25 en Allemagne et 58 aux Etats-Unis) et les entreprises familiales sont encore trop nombreuses. Divisées, dispersées, disposant de moyens financiers limités et bien fortement endettées par la nécessité de modernisation, ces unités de production supportent mal la concurrence internationale, surtout en temps de crise. Pourtant, poussé par l'*échéance** d'ouverture du Marché Commun, un fort processus de concentration *s'amorce** dans les années 1960 : des accords de fusions ou d'ententes se multiplient et modifient progressivement la structure de certaines branches de production à l'exemple de l'aéronautique, de l'automobile, de la chimie, de la sidérurgie ou de l'industrie textile. Malgré cette évolution, peu de grandes entreprises françaises peuvent *lutter à armes égales** avec leurs concurrents américains, européens ou japonais. En 1978, 10 *firmes** françaises réalisent plus de 5 milliards de dollars de chiffre d'affaires et 5 se trouvent parmi les 50 premières du monde (Renault 22e, la Française des Pétroles 24e, Peugeot-Citroën 33e, Elf-Aquitaine 44e, St-Gobain 50e), mais le plus grand, Renault, a un chiffre d'affaires de 5 fois inférieur et un profit réalisé 800 fois plus faible que General Motors.

* date, fin du délai
* commence
* avec des chances de succès
* entreprises

● Certes, dans de nombreux secteurs de l'activité économique la France a su être à la pointe de progrès. On peut citer, parmi tant d'autres, l'ensemble des télécommunications, de fabrication de véhicules et du matériel de transport, la recherche spatiale ou pharmaceutique ou encore la technique de construction de barrages. Mais bien que du point de vue technologique ou technique, le matériel soit parfaitement au point, les réalisations ne sont pas ou sont mal exploitées commercialement (exemples de l'*usine marémotrice** de la Rance, du four solaire d'Odeillo, le système de télévision en couleur Secam, les avions comme Concorde ou Airbus, etc.). Pendant la période de la croissance, on a appris à produire, mais on ne sait toujours pas vendre. La France est absente d'une bonne partie du monde, et quand elle est présente elle se trouve en position difficile par rapport à ses concurrents. On reproche aux entreprises françaises l'irrégularité de leurs livraisons, la défectuosité du service après-vente, le manque de variété dans les articles ou options offertes, que ne peut *contrebalancer** la *prééminence** du « goût français ». Alors pour beaucoup de pays la France ne peut présenter que ses parfums, les produits de sa haute couture et de sa gastronomie.

* usine utilisant la force des marées pour produire de l'électricité

* compenser
* supériorité, avantage

● Habitué depuis longtemps à l'omniprésence de l'Etat dans les domaines économiques et sociaux, le producteur, à fortiori la consommateur, a acquis une mentalité d'assisté. Il manque à la France des hommes d'affaires au goût du risque, à l'esprit d'initiative. Tout effort, toute orientation sont attendus de l'Etat, et quand les difficultés apparaissent il est la cause la plus souvent évoquée. Mais que des changements hardis soient décidés et l'on s'accroche à ses privilèges, à ses habitudes, à son individualisme et manifestation syndicale, grève aidant, on défend farouchement sa façon de vivre contre l'Etat inhumain. Alors, sous la pression, l'Etat recule, *pérennise** les structures en retard et non rentables, distribue aides et subventions, entretient une masse de fonctionnaires parfois inutiles ou sous-employés.

* rend perpétuel

3. La crise économique

Les grandes mutations des structures de production et la modernisation des infrastructures ne sont pas encore réalisées, quand les effets de la crise internationale atteignent la France.

Les entreprises engagées dans les reconversions et lourdement endettées par des investissements massif ne pouvaient supporter le choc du *renchérissement** généralisé des matières premières et de la concurrence *effrénée** sur le marché international. Il s'ensuit une crise économique grave dont on ne voit pas très bien la fin : les fermetures d'usines se succèdent, on compte un million et demi de chômeurs et l'inflation dépasse les 10% annuels. Un fait socio-démographique aggrave la situation : les jeunes, nombreux, nés dans la période de forte natalité des années 1950 et 1960, continuent à arriver sur le marché de travail inadapté.

* augmentation du prix
* démesurée, excessive

● La politique du gouvernement Barre est *décriée** partout en France. Elle est très dure à supporter, car elle est synonyme d'augmentation d'impôts, de charges, et de stagnation du niveau de vie, et qui plus est exige un comportement individuel et collectif nouveau. L'Etat voit le rétablissement de la situation dans un changement des mentalités. Longtemps dominant, autoritaire, créditeur, il se retire progressivement afin de rendre aux circuits économiques leur liberté d'action. Cet effacement de l'Etat est lourd de conséquences et exige en contrepartie un sens de responsabilité et de l'efficacité accru; autrement dit, l'Etat *instaure** un système qui s'approche de plus en plus du modèle de capitalisme libéral.

* critiquée, dénigrée

* établit

● Si les Français restent sceptiques ou assez pessimistes concernant l'avenir, les observateurs étrangers jugent autrement. Les analyses concordent, qu'il s'agisse des articles du très sérieux Wall Street Journal, des travaux de la Chase Econometrics ou des déclarations de Manfred Lahnstein, le secrétaire d'Etat Ouest-allemand des finances. Ils estiment que dans les dix années à venir, la France se trouvera dans le *peloton de tête** des grands pays industrialisés, grâce à une croissance économique (de 3,5% l'an) plus forte que chez nos partenaires et concurrents. Le Wall Street Journal parle même de « modèle français » en présentant le bilan de l'année 1979 : la productivité a augmenté de plus de 4%, alors qu'elle a baissé de 2% aux Etats-Unis; le taux d'investissement français est l'un des plus élevés du monde, le rythme de croissance est supérieur et le taux d'inflation inférieur à ceux des Etats-Unis.

* groupe de concurrents
menant une course

	Population millions	PNB milliards de dollars	PNB/habitant		Export. Solde millions de dollars		Production industr. 1975 = 100	Prix 1979/78	Chômage % popul. active
			dollar	variation 1970/77					
Etats-Unis	218	2118	9700	+ 2,0	141	± 41	129	+ 12,2	5,7
U.R.S.S.	261	465	3700	+ 4,9	52	− 2	—	—	—
Japon	114	836	7330	+ 3,6	98	+ 8	135	+ 4,2	2,2
Allemagne F.	61	588	9600	+ 1,9	142	+ 22	118	+ 5,7	3,8
France	53	440	8270	+ 3,2	77	− 5	121	+ 11,3	6,1
Chine	914	425	460	+ 4,5	8	+ 2	—	—	—
Royaume-Uni	56	281	5030	+ 1,1	71	− 7	113	+ 17,2	5,1
Canada	24	216	9170	+ 3,4	46	+ 3	124	+ 9,1	7,7
Italie	57	218	3840	+ 2,3	56	0	118	+ 16,9	8,3
Brésil	119	187	1570	+ 6,7	12	− 1	—	+ 75,0	—

Sources : ONU, OCDE, Le Monde : Bilan économique et social 1979

Evolution de la population active, répartition sectorielle (%)

	1946	1954	1962	1968	1975	1980*	1980, effectif*
Secteur primaire	36,5	27,7	20,6	15,6	9,6	8,4	1.800.000
Secteur secondaire	29,2	36,4	39,1	40,2	37,7	36,0	7.600.000
Secteur tertiaire	34,3	35,9	40,3	44,2	52,7	55,6	11.900.000

Sources : Recensements de la population. * Estimation OCDE

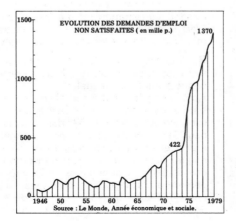

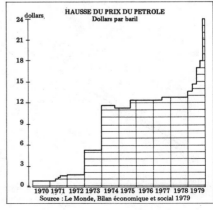

LA CRISE ÉCONOMIQUE

* secrète
* discernée, découverte
* suspend
* accroissement de richesse

L'économie française, comme l'ensemble de l'économie mondiale, est en crise. Cette crise, *latente** depuis 1968, a été *révélée** et accélérée par la forte croissance des prix des matières premières au cours de 1974, ce qui a déséquilibré l'ensemble des structures économiques et sociales. Cette crise, qui dure, *remet en cause** les habitudes acquises au cours de la période de croissance et de *prospérité** qui a suivi la deuxième guerre mondiale.

● Le processus de la crise est bien connu :
— l'augmentation brusque des matières premières entraîne la hausse des prix des produits fabriqués car les fabricants répercutent sur les prix de vente le supplément qu'ils ont dû payer pour les matières premières nécessaires;
— le renchérissement des produits dissuade les acheteurs éventuels, la consommation diminue;
— vendant moins, et une fois leurs capacités de stockage épuisées, les fabricants décident de diminuer la production;
— cette diminution de production rend inutile et trop coûteuse une partie de la main d'œuvre, qui se trouve au chômage partiel ou définitif;
— le nombre de chômeurs augmentant, le niveau de vie baisse, entraînant une nouvelle diminution de la consommation... et le schéma peut se reproduire longtemps, si l'on ne trouve pas les moyens d'arrêter cette « spirale » de la crise;
— d'autres facteurs viennent encore aggraver les difficultés : les ouvriers, les employés, pour sauvegarder leur pouvoir d'achat, exigent les augmentations de salaires. Cette charge financière supplémentaire affaiblit les entreprises qui majorent leurs prix ou bien réduisent leurs dépenses. Inflation et chômage se conjuguent;

* faibles
* purifier

— pour payer les suppléments de charges sociales, pour venir en aide aux entreprises en difficulté, pour soutenir l'activité économique par les investissements, les dépenses du budget d'Etat s'alourdissent. La tentation est grande de fabriquer de la monnaie.
Mais si la masse monétaire en circulation augmente, la valeur de la monnaie baisse et les importations inévitables coûtent plus cher.

● Pour faire face à la crise, la politique économique du gouvernement (symbolisée par le « Plan Barre » de septembre 1976) a trois orientations fondamentales :
Après une période d'autoritarisme de l'Etat, la stratégie actuelle consiste à libéraliser les mécanismes de production : la liberté des prix est généralisée depuis 1978 dans l'industrie, le commerce, mais aussi dans les services publics, pour permettre ainsi aux entreprises de retrouver un dynamisme financier nécessaire au démarrage économique. Parallèlement, l'Etat refuse de soutenir par des subventions des secteurs économiques *défaillants** : la libre concurrence doit permettre d'*assainir** les structures. Cette logique de l'efficacité est appliquée aussi dans les secteurs de service (santé, enseignement, recherche) où de grandes transformations sont en cours.

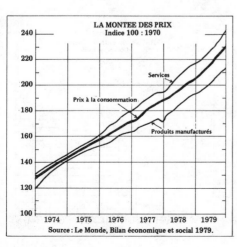

LA MONTÉE DES PRIX
Indice 100 : 1970

Services
Prix à la consommation
Produits manufacturés

Source : Le Monde, Bilan économique et social 1979.

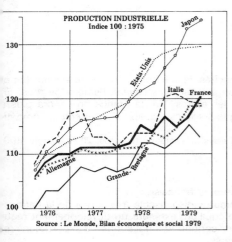

PRODUCTION INDUSTRIELLE
Indice 100 : 1975

Source : Le Monde, Bilan économique et social 1979

* (ici) partie
* âpre

* Deutsche Mark, monnaie
allemande

Le deuxième *volet** de la politique consiste à défendre la monnaie par une offensive du commerce extérieur et la réduction des dépenses de l'Etat : voyages présidentiels nombreux pour élargir les relations commerciales, primes et aides substantielles à l'exportation en sont les manifestations. A cela il faut ajouter la défense *farouche** des intérêts français (exemple des vins italiens, de la viande de mouton anglais, etc.), la campagne pour les économies d'énergie, et la lutte contre toute forme de gaspillage. Enfin l'accroissement du budget se fait grâce aux augmentations de l'impôt, des taxes, des cotisations et à l'Emprunt d'Etat fréquemment lancé pour limiter la création de monnaie.

La troisième grande orientation est sociale : aide à la population défavorisée (le SMIG, les allocations-vieillesse ont triplé entre 1970 et 1980), aux familles nombreuses, aux jeunes à la recherche du premier emploi (« Pacte national pour l'emploi »).

● Les résultats ne sont pas à la mesure des objectifs. Contrairement à beaucoup de pays, la crise est à peine atténuée en France.
— La production nationale s'est considérablement ralentie : le taux d'accroissement annuel du PNB atteint 2 à 3%, soit la moitié de celui observé avant la crise. La production industrielle, longtemps stagnante (1971-78) ne démarre que timidement (1979 : + 2,9%).
— La hausse des prix persiste : un peu inférieure aux 10% annuels pour 1976-77-78, elle a été de 11,8% en 1979. Par rapport à 1970, les prix ont plus que doublé (indice 232 en décembre 1979). Les augmentations sont bien plus fortes dans certains secteurs (alimentation, services publics, construction...).
— Le nombre de chômeurs a été multiplié par trois. En 1973, on comptait 400 000 demandeurs d'emplois, ils sont 1.400 000 au début de 1980 (ce qui équivaut à 6,2% de la population active) et leur nombre augmente de 15 000 chaque mois.
— Les problèmes monétaires sont préoccupants : si le Franc est assez solide actuellement, il a beaucoup perdu de sa valeur au cours des dernières années. Au début de 1973, pour 1 *DM** par exemple, on donnait 1,60 F; 6 ans après, le cours s'établit à 2,34 F. Le budget national est en déficit de 16 milliards de F en 1979, et le commerce extérieur a de la peine à s'équilibrer.

DOCUMENTS

Annexe I.

« Mon objectif, c'est d'accroître les capacités de la France dans ce qu'elle produit et dans ce qu'elle vend de façon à pouvoir assurer dans l'avenir l'emploi de tous. Eh bien ! pour le faire, il faut gagner sur les autres. Car la France ne vendra plus à l'étranger que si elle produit mieux et que si elle est capable de soutenir la compétition des autres. »

Valéry Giscard d'Estaing, déclaration télévisée, 20 septembre 1979

Annexe II.

« Les 7 piliers de la sagesse pour l'économie française » :
1. Restaurer le dynamisme démographique indispensable à la survie de la nation.
2. Rechercher dans le respect de notre équilibre extérieur un développement régulier de notre économie, par un effort continu d'innovations, d'exportations et d'implantations sur les marchés étrangers.
3. Maintenir la stabilité et la solidité du franc.
4. Réduire notre dépendance énergétique.
5. Assurer aux entreprises la liberté de prendre leurs décisions de production, d'emplois, d'investissements, de salaires et de prix dans le cadre d'une politique de contrôle strict de la progression de la masse monétaire, d'une politique de réduction progressive des aides de l'Etat et d'une politique active de concurrence interne et internationale.
6. Rénover profondément les grands systèmes publics et para-publics... dont les structures tendent à s'alourdir et à se rigidifier et faire prévaloir dans ces systèmes la logique de fonction sur la logique d'appareil.

* entrevue, discussion

7. Pratiquer sans relâche la *concertation** pour le progrès social, notamment au profit des catégories de Français qui n'appartiennent pas aux « secteurs abrités » et au profit des catégories dont les ressources demeurent modestes. »

Exposé de M. Raymond Barre au « Forum de l'Expansion », 10 janvier 1980.

Annexe III.

« Du côté du gouvernement, le responsable, c'est l'inflation... L'inflation est essentiellement due, selon cette école, à l'accroissement des coûts, surtout pour les salaires qui ont grimpé plus vite que la productivité. Il faut freiner cette progression qui permettra de redonner aux entreprises des possibilités de profit, et donc de nouvelles facilités d'autofinancement... Cela veut dire aussi que les licenciements ne doivent plus être *tabous**; que la mobilité professionnelle, mais aussi géographique, des travailleurs doit être encouragée. »

* interdits

Pierre Drouin, *Le Monde,* 3 juin 1977.

Annexe IV.

* député de la majorité, ancien Premier ministre du Général de Gaulle
* disposition, penchant

« *Monsieur Debré** a raison quand il critique la *propension** gouvernementale à rendre la hausse du pétrole responsable de nos maux inflationnistes. En six mois (décembre à juin), le coût de la vie a augmenté en France de 5,5%; sur ce total, la hausse des divers combustibles et produits énergétiques (pétrole, charbon, gaz, électricité) a représenté seulement 0,9%. A supposer le coût de notre énergie parfaitement stable, l'indice des prix à la consommation aurait tout de même augmenté de 4,6% en six mois (rythme annuel : 9,4%). »

Le Monde, 9 août 1979.

Annexe V.

« Le rythme de l'inflation française actuelle est fondamentalement dicté par la rapidité de la course que se livrent entre eux les prix et les revenus. Cette course... s'est accélérée après la crise du pétrole parce que chaque catégorie sociale française a essayé d'éviter de payer la facture pétrolière en espérant que ce serait la catégorie voisine qui en *ferait les frais**. »

Lionel Stoleru, *Le Monde,* 26 octobre 1976.

* en serait la victime

Annexe VI.

« Toute la stratégie du Premier ministre consiste donc à rétablir la part de l'entreprise, par rapport à celle des salariés. Non pas en vue d'engraisser des capitalistes *oisifs**, mais dans l'espoir que cet argent contribuera à nourrir des investissements et à créer des emplois. Ceux-ci pourraient naître soit directement dans l'industrie, soit, plus vraisemblablement, en dehors, grâce aux gains de productivité réalisés dans le secteur proprement industriel. Voilà le fond du plan Barre. Tout le reste... n'est que l'habillage de cette stratégie. »

J. Boissonat, *L'Expansion,* octobre 1976.

* inactif, paresseux

Annexe VII.

« Il ne suffit pas de dire la vérité aux Français. Même si elle leur fait horreur, ils l'entendent d'autant mieux qu'ils croient qu'en écoutant, ils seront délivrés du mal. Il faut agir en conséquence, c'est-à-dire arracher ce pays au processus à la britannique ou à l'italienne dans lequel il est en train de s'engager. L'entreprendre, en ajoutant l'imagination au courage, donnera confiance aux Français en leurs dirigeants et apportera à la majorité le crédit qu'elle ne saurait que dilapider en rivalisant avec l'opposition dans la facilité. »

*Albin Chalandon**, Le Monde,* 22 septembre 1976.

* ancien ministre

Annexe VIII.

« Une croissance forte ne sera possible sans déséquilibre extérieur, ni dépendance économique accrue, que si l'industrie française est en mesure de faire face par elle-même à la demande nouvelle qui se manifestera du fait de l'augmentation du pouvoir d'achat, et d'entreprendre l'indispensable reconquête du marché intérieur. L'effort devrait porter à la fois sur les biens d'équipement où notre dépendance technologique est préoccupante, sur les produits intermédiaires et sur les produits de consommation (électroménager, électronique grand public, meubles, textile...) où le niveau de pénétration étrangère atteint de plus en plus souvent un seuil critique (plus de 85% du marché national pour les motos, les appareils de photo, les machines à coudre, 50% pour l'horlogerie, etc.). »

Le projet socialiste, Le point et la rose (page 54), 12-13 janvier 1980.

LE PROBLÈME DU CHÔMAGE

* compte

Au début de 1980, on *recense** officiellement près de 1.500 000 demandeurs d'emploi insatisfaits. Une part importante de la population active, 6,2%, se trouve ainsi sans travail. Le plus inquiétant est l'accroissement continuel des chômeurs : en six ans leur nombre a été multiplié par quatre. Si la France n'est pas le seul pays dans cette situation (le Marché Commun enregistre six millions de chômeurs, chiffre égal à celui des Etats-Unis), la *détérioration** cependant y est plus grave qu'ailleurs : au cours de 1979, les chômeurs ont augmenté de 14%.

* dégradation, dommage

● Le risque de chômage concerne inégalement la population. Les catégories les plus durement touchées sont :
— les jeunes de moins de 20 ans, qui constituent 37% des chômeurs, et qui sont souvent à la recherche d'un premier emploi;
— les femmes, qui fournissent plus de la moitié (52%) des chômeurs, même si elles ne forment que le tiers de la population active;
— les personnes âgées de plus de 50 ans, qui, une fois au chômage, ne retrouvent plus d'*embauche**.

* engagement

Les secteurs d'activité économique les plus durement touchés sont ceux de l'industrie privée et concernent les productions employant beaucoup de main-d'œuvre, comme la sidérurgie, les chantiers navals, l'industrie textile, les constructions mécaniques... Dans ces secteurs, des mises au chômage massives (exemples de la sidérurgie lorraine, de l'entreprise Boussac, de Manufrance) signalent l'ampleur de la crise.

* ensemble
* difficultés, embarras
* congédiements, mises au chômage
* ensemble des personnes du même âge

● Les causes du chômage et de son rythme accéléré sont nombreuses et le plus souvent interviennent *conjointement**.

Le ralentissement des activités productrices, les fermetures d'usines, indiquent un *malaise** économique qui provoque le chômage temporaire ou définitif. Pour mieux résister à la crise, on recherche une meilleure gestion, une productivité supérieure, synonyme la plupart du temps de *licenciements** d'une partie au moins du personnel, et même si la conjoncture redevient favorable, à cause des charges salariales élevées, on préfère offrir des heures supplémentaires à la main-d'œuvre déjà formée plutôt que d'embaucher de nouveaux salariés.

Les investissements créateurs d'emplois stagnent car le gros des investissements n'est plus affecté à la croissance de la capacité de production mais à l'automation et à la nouvelle technologie, ceci afin de réduire la main-d'œuvre devenue trop chère. Les investissements productifs s'effectuent ailleurs, dans le Tiers-Monde où la main-d'œuvre est bon marché.

● A ces causes économiques du chômage s'ajoutent les causes socio-démographiques.

Les *classes d'âge** très nombreuses nées au cours de la forte natalité des années cinquante arrivent sur le marché du travail au moment

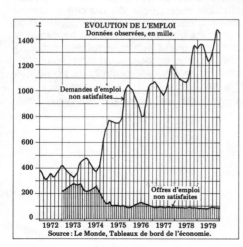

EVOLUTION DE L'EMPLOI
Données observées, en mille.

Demandes d'emploi non satisfaites

Offres d'emploi non satisfaites

1972 1973 1974 1975 1976 1977 1978 1979
Source : Le Monde, Tableaux de bord de l'économie.

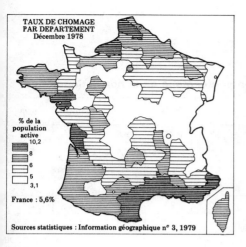

TAUX DE CHOMAGE PAR DEPARTEMENT
Décembre 1978

% de la
population
active
10,2
8
6
5
3,1

France : 5,6%

Sources statistiques : Information géographique n° 3, 1979

* personnel d'encadrement
* facilité à se mouvoir
* pourcentage de chômeurs par rapport à la population active totale
* travailleurs sans déclaration ni autorisation
* possesseurs de plusieurs emplois

* exemption

où les départs à la retraite sont insuffisants, car la population concernée est celle des classes d'âge nées pendant la première guerre mondiale.

L'évolution des mœurs et la rapide évolution de la condition féminine conduit les femmes à passer du travail gratuit à la maison au travail rémunéré en dehors du foyer.

L'élévation du niveau des études rend les jeunes plus difficiles dans le choix d'un premier emploi; l'enseignement, le niveau des diplômes ne correspondent pas à l'exigence de la vie active. On recense déjà 180 000 *cadres** en trop !

La *mobilité** géographique est insuffisante, difficilement acceptée en France, ce qui explique les écarts considérables du *taux de chômage** d'une région à l'autre. Les difficultés de plus en plus grandes poussent les uns à accuser les ouvriers étrangers, les *travailleurs au noir**, les *« cumulards »**, les autres à parler de faux-chômeurs, de fainéants...

● Les solutions proposées par le gouvernement Barre au problème du chômage peuvent être résumées en trois points :

— 650 000 chômeurs sont secourus par l'Etat en recevant « l'Aide Publique » (en 1979, 16,50 F par jour plus 6,60 F par personne à charge), « l'Allocation Assedic » (35% du salaire antérieur, avec un plafond de 48 000 F par trimestre), les deux pouvant se cumuler, ou encore « l'Allocation d'attente » (90% du salaire dans le cas « la garantie de ressources » (70% du salaire antérieur pour les plus de 60 ans).

— Le deuxième point concerne les jeunes. Les « Pactes d'emploi » de 1977, 1978, 1979 visent à donner aux jeunes une formation complémentaire sous forme de stage de formation ou de stage pratique dans les entreprises. Les stagiaires reçoivent pendant 4 ou 8 mois 25 à 90% du SMIG. L'Etat apporte une aide substantielle aux entreprises en payant à leur place la moitié des charges sociales en cas d'embauche de jeunes, ce qui a permis en 1977 et 78 l'emploi de quelques 470 000 jeunes.

— Le troisième point de la politique vise la relance générale de l'expansion par l'*exonération** des charges aux entreprises nouvelles, par l'encouragement à l'exportation, la libération des prix, l'engagement des grands travaux.

Malgré tous ces efforts, les résultats sont médiocres, le chômage augmente. Ne faut-il pas en chercher les raisons dans la structure même de la société ?

DOCUMENTS

Annexe I.

Le chômage dans le monde, en pourcentage de la population active

	Moyenne 1962-1973	1974	1975	1976	1977	1978	1979
Etats-Unis	4,6	5,4	8,3	7,5	6,9	6	5,8
Royaume-Uni	3,1	2,9	5,1	7,0	6,9	5,8	5,2
France	2,2	2,7	4,1	4,6	5,2	5,3	6,0
Allemagne	0,6	1,5	3,6	3,6	3,6	4,0	3,4
Japon	1,2	1,4	2,0	2,1	2,1	2,2	2,3
Ensemble OCDE	2,8	3,3	5,4	5,4	5,4	5,3	5,2

Source : OCDE

Annexe II.

Le coût financier du chômage en France et le nombre de personnes aidées

	Nombre		Montant milliards de francs	
	1977	1978	1977	1978
Aide Publique	537.000	673.600	3,2	4
Allocation Assedic	441.000	567.400	10,8	14,0
dont bénéficiaires des deux aides	(343.600)	(397.300)	—	—
Total	643.400	843.700	14,0	18,0

Sources : Ministère du Travail et de la Participation.
Estimations Unedic (nombres), Assedic (montants).

Annexe III.

« Malgré son imprécision, il faut savoir que le coût financier, c'est-à-dire l'ensemble des versements effectués à l'ensemble des chômeurs, atteint, en 1978, 18 milliards de francs, soit exactement 1 000 F par foyer... 1% du PNB. L'ampleur des sommes versées (équivalentes aux dépenses des Français pour les produits pharmaceutiques, à peu près neuf fois les dépenses que l'Etat consacre à l'action culturelle ou encore presque au double du chiffre d'affaires d'Air France), prouve qu'un seuil a été franchi. »

Le Nouvel Observateur, Faits et Chiffres, 1978.

Annexe IV.

* freiner, arrêter

« Pour diminuer le chômage, plusieurs gouvernements européens ont entrepris de réduire le nombre des travailleurs immigrés... Cette stratégie pourra-t-elle enrayer* le chômage ? Un rapport officiel qui fait autorité en France (Ministère de l'Economie et des Finances) a démontré qu'une réduction nette de 500 000 travailleurs immigrés pour le total d'environ 1.900 000 durant la période 1976-80 ne se traduirait que par

13 000 emplois supplémentaires pour les travailleurs nationaux, en raison notamment de l'écart entre les salaires des immigrés et ceux des travailleurs français. »

J. Benoit, *Le Monde,* 4 octobre 1977.

Annexe V.

« Les spécialistes de tous les pays affirment qu'il y a chez eux surproduction de diplômés. Ce problème existe dans tous les pays développés, mais il atteint également les pays sous-développés comme l'Inde. Il faut connaître et retenir un chiffre clé pour comprendre cette situation de saturation à laquelle tous les pays riches sont parvenus : aujourd'hui, 70% des travaux nécessaires à l'activité économique sont des travaux manuels... Ainsi peut-on dire que trois jeunes sur quatre doivent s'attendre à effectuer leur vie durant un travail manuel. Or, celui-ci étant défavorisé à l'heure actuelle, il est possible de dire que trois jeunes sur quatre cherchent et se préparent à faire un travail non manuel. »

Le Nouvel Observateur, Faits et Chiffres, 1977.

Annexe VI.

« En Belgique, en Allemagne, en Italie, en Grande-Bretagne, aux Etats-Unis, la réduction progressive de la journée de travail à trente, trente-cinq ou trente-six heures, sans perte de salaire évidemment, est à l'ordre du jour ou même chose faite. Travailler moins, tout en produisant plus, mieux répartir les fruits du progrès technique, créer un nouvel équilibre entre temps de travail obligé et temps disponible, permettre à tous une vie plus détendue et des activités plus riches, tels sont les nouveaux enjeux des luttes sociales et politiques. En France, on vous traite encore facilement de démagogue si vous soutenez qu'il deviendra possible tout à la fois de gagner plus et de travailler moins. »

M. Bosquet, *Le Nouvel Observateur,* 6 décembre 1978.

LA CRISE
DE LA SIDÉRURGIE

Au cours de 1978 et surtout 1979, de très violentes manifestations secouent les régions de Lorraine et du Nord : A Longwy, Denain, Thionville, partout, les sidérurgistes expriment leur *désarroi** devant la situation catastrophique : les usines fermant l'une après l'autre, suppriment 50.000 emplois en 5 ans, causant le déséquilibre économique et social dans plusieurs régions.

* émotion

Victime de la crise économique, la sidérurgie illustre les difficultés que connaît l'ensemble de l'industrie française.

● La production sidérurgique était assurée après la guerre par 122 entreprises, le plus souvent de capitaux et de gestion familiaux, à capacité de production limitée, dans des usines vieilles, à technologie dépassée. La modernisation des structures, vainquant enfin la mentalité individualiste, n'intervient que tard et encore, pressée par la concurrence vive dans la *CEE**. Les fusions nombreuses réduisent de moitié le nombre des entreprises et en 1966-68 deux grands groupes sont créés : Usinor, centré sur la région du Nord et Wendel-Sidelor sur la Lorraine.

* Communauté Economique Européenne

Des investissements gigantesques sont alors réalisés entre autres, dans les deux complexes sidérurgiques *« sur l'eau »** : Dunkerque et Fos-sur-Mer. Garantis par l'Etat, des emprunts successifs sont lancés, et l'Etat finance même directement le tiers des dépenses de ces grands travaux. On ne ferme pas pour autant les vieilles installations des régions traditionnelles, et le nombre de personnes employées est identique entre 1960 et 1974 (158.000).

* au bord de la mer

* idée fixe
* insuffisance de vente
* poids
* empruntés

La productivité de travail est pourtant particulièrement basse : 175 tonnes par an et par salarié en 1974 contre 240 en Allemagne, 250 aux USA et 360 au Japon. Mais l'objectif, *l'obsession** même, a toujours été l'augmentation de la production. Elle passe de 17 millions de tonnes en 1960 à 27 millions en 1974, et on prévoit (VIIe Plan) 34 millions de tonnes pour 1980.

● Les grands travaux sont loin d'être terminés, quand en 1974, éclate la crise économique mondiale. La consommation d'acier chute de 16% en 1975, et ne reprend depuis que très lentement. Il s'ensuit une concurrence effrénée entre les producteurs pour trouver une clientèle.

Le Tiers-Monde, sur lequel la France a beaucoup compté (exemple la stratégie de Fos face à l'Afrique en voie de développement) préfère créer sa sidérurgie nationale. Des exportateurs nouveaux apparaissent sur le marché mondial, pratiquant des prix très bas grâce à leur main-d'œuvre bon marché, comme les pays socialistes, mais aussi l'Inde, le Mexique, le Brésil, et surtout le Japon.

Les pertes de production subies par la *mévente** s'ajoutent au *fardeau** du remboursement des crédits d'investissements *contractés** avant la crise. L'endettement de la sidérurgie augmente

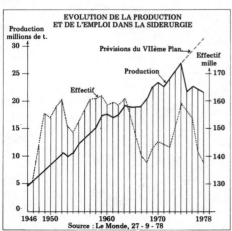

EVOLUTION DE LA PRODUCTION
ET DE L'EMPLOI DANS LA SIDÉRURGIE

Production millions de t.

Prévisions du VIIème Plan

Effectif mille

Production

Effectif

Source : Le Monde, 27 - 9 - 78

LA SIDERURGIE FRANÇAISE

DUNKERQUE
Anzin
Valenciennes
Denain
NORD
Longwy
Fentsch
Hagondange
LORRAINE
Paris
Lyon
LOIRE
Marseille
FOS

* Unité de production

Usine touchée par les licenciements massifs

Source : Economie - Géographie n° 133, 1976

* limitation

* adaptation à un nouveau métier

* mises à l'épreuve

* entreprises frabriquant une partie du matériel confié à une autre entreprise

désespérement et, en 1977, son montant dépasse le chiffre d'affaires ! Les mesures protectionnistes de la CEE (*contingentement** des exportations, hausses des prix intérieurs) ne suffisent pas. La suppression de 20.000 emplois en 1977 (départs volontaires, mises à la retraite anticipée) soulage à peine.

● Pour sauver les entreprises de la faillite et éviter ses répercussions économiques et sociales, le Gouvernement propose en 1978 un « Plan de sauvetage de la sidérurgie » que le Parlement vote en automne.
L'Etat prend à sa charge une grande partie des dettes, 22 milliards de Francs. En même temps il assure le contrôle des plus grandes entreprises, Usinor et Sacilor-Sollac (successeur de Wendel-Sidelor) en partie, directement (avec 15% des actions) mais surtout à travers les banques nationalisées ou des établissements financiers publics (70%). Une direction nouvelle est nommée par l'Etat dont la mission est le rétablissement de la rentabilité et la compétitivité des entreprises.
Le plan de redressement prévoit la fermeture des usines non rentables (comme Denain, Valenciennes, Longwy, Hagondange, Homécourt), la réduction de la capacité de production à 25 millions de tonnes et la suppression de 20.000 emplois, réduisant les effectifs de 150.000 en 1974 à un peu plus de 100.000 en 1980.

● Si un tel plan était intervenu au temps de la prospérité (comme ce fut le cas en Allemagne) il n'aurait pas suscité autant de remous sociaux, car les emplois étaient alors abondants, la *reconversion** professionnelle des sidérurgistes aurait été moins douloureuse.
En 1980 la situation est différente : la crise sévit dans des régions déjà fortement *éprouvées**. Le Nord et la Lorraine ont déjà connu la crise du charbonnage et de l'industrie textile. La compression considérable de la sidérurgie n'affecte pas seulement quelques aciéries, mais aussi une multitude de *sous-traitants**. Dans certaines villes, comme Longwy, un ouvrier sur deux travaille ainsi pour la sidérurgie; quasiment toutes les activités, quelles soient industrielles ou commerciales, dépendent de la sidérurgie. Dans ces conditions, les fermetures d'usines signifient un effondrement économique et social général.
L'avenir de ces régions ne peut être envisagé qu'au prix d'investissements nouveaux. L'Etat a créé une source de financement, le Fond Spécial d'Adaptation Industrielle, et espère attirer l'industrie automobile.

DOCUMENTS

Annexe I.

« Les capacités de production de la France représentaient 17,8% de celles de la CEE en 1975 et 16,2% en 1978. C'est la plus forte baisse enregistrée. La France est le seul pays qui enregistre une réduction absolue de ses capacités (– 10 millions de tonnes) celle de la CEE progressant dans le même temps de 11,3 millions de tonnes...
Les experts de la CEE estimaient, en juillet 1978, que les programmes de fermetures d'installations annoncés à ce moment étaient nettement insuffisants, et concluaient : « La fermeture supplémentaire des installations les moins compétitives paraît donc indispensable ».»

Conseil Economique et Social,
rapport sur la situation et l'avenir de la sidérurgie, 4 juillet 1979.

Annexe II.

« Le processus de liquidation de la sidérurgie va s'accélérer parce qu'il en a été décidé ainsi ailleurs, et que Giscard entend — sous couvert de compétitivité — plier toute la vie du pays aux exigences des forces dominantes du monde occidental».

Francette Lazard, L'Humanité, 21 septembre 1978.

Annexe III.

* personnes payant des impôts

« Le gouvernement s'apprête à débarrasser les groupes capitalistes de leurs seules activités déficitaires, c'est à dire exclusivement sidérurgiques. Il choisit de mettre les pertes à la charge des *contribuables**, laissant aux intérêts privés des possibilités imméritées de profits, et se prive des moyens techniques et financiers indispensables à une conversion progressive de la sidérurgie».

Déclaration du Parti Socialiste, Le Monde, 22 septembre 1978.

Annexe IV.

* introduit

* payés

« Mais ce plan de sauvetage *déclenche** néanmoins une crise politique et sociale majeure. Pourquoi ? D'abord, la sidérurgie est un métier d'hommes, chefs de famille, spécialisés et en général bien *rémunérés**. On comprend que les travailleurs ne se résignent pas aisément à quitter un métier auquel ils étaient d'autre part attachés sentimentalement, malgré sa dureté, comme les mineurs aux mines de charbon... En Lorraine, dans le Nord, on « appartient à l'acier » et c'est pourquoi la restructuration apparaît comme un véritable arrachement».

Christian Stofaës : « Le Dysfonctionnement du système acier »,
Revue d'Economie Industrielle, 2e trimestre 1979.

Annexe V.

* coûteux

* ici une chose impossible

« Comme la CGT, la CFDT, par la voix de M. Jacques Chérèque, secrétaire général de la Fédération de la métallurgie, demande l'instauration de la cinquième équipe et le passage à 35 heures par semaine qui, selon lui, permettrait d'éviter 10 000 licenciements. Impossible, trop *onéreux**, répondront, peut-être, les nouveaux dirigeants de la sidérurgie... Impossible ? Il y a quelques années, la retraite à 60 ans était l'*épouvantail**. Aujourd'hui, on en est à 56 ans et 8 mois, et même moins...

* manque d'assiduité au travail
* travail répétitif, à la chaine

Trop onéreux ? Compte tenu du coût social de l'*absentéisme** et celui des accidents provoqués par le travail *posté**, on peut en douter».

F. Renard, *Le Monde,* 19 décembre 1978.

Annexe VI.

« Selon les statistiques du Ministère du travail et de la participation, 5.852 travailleurs de la sidérurgie (3465 à Usinor et 2387 à Sacilor) ont perçu la prime de 50.000 F, dont 1433 étrangers qui ont, en plus, touché 10.000 F au titre de « l'aide au retour » (toutes sommes payables dans leurs pays d'origine)... Sur les 5852 bénéficiaires officiels, 806 sont des femmes. Sur les 2478 « partants » de Sacilor-Sollac près de 1900 avait moins de 40 ans. Des couples ont perçu, indemnités de licenciement comprises, plus de 150.000 F».

Le Monde, 26 février 1980.

Annexe VII.

Productivité et endettement

	Productivité			Endettement 1975
	1970	1974	amélioration % annuel	
France	12,50	10,82	3,88	100
Allemagne	9,87	7,72	6,96	16
Belgique	9,50	7,24	7,81	34
Italie	8,06	6,75	4,85	101
Luxembourg	7,89	6,46	5,54	37
Grande-Bretagne	-	-	-	45
Japon	-	-	-	60
Etats-Unis	-	-	-	18

Productivité : nombre d'heures de travail d'ouvriers et d'employés à la tonne d'acier brut produite.
Endettement par rapport au chiffre d'affaires, en %.

Source : VIIe Plan Acier.

LE PROBLÈME ÉNERGÉTIQUE

* évidente

* tonne équivalent pétrole

* personnage publicitaire,
  symbolisant le gaspillage
* incontestables

● La France a consommé, en 1979, 193 millions de tonnes équivalent de pétrole pour ses besoins énergétiques. Au même moment, la production nationale était de 48 millions de tonnes, couvrant donc le quart des besoins. La France est ainsi sous une dépendance énergétique *indéniable**. Elle a dû importer, en 1978, 138 millions de tonnes dont 115 millions de pétrole brut, ce qui constitue 19% de la valeur des importations totales (71 milliards de F). A travers la hausse continuelle des prix des hydrocarbures importés, on comprend l'importance primordiale de la question de l'énergie pour la France.

La consommation d'énergie a doublé entre 1960 et 1978, et les prévisions officielles même prudentes (envisageant une croissance du PNB de 2,5% annuel) comptent un besoin de 315 millions de *tep** à la fin du siècle. L'énergie chère et qui se raréfie exige une politique d'ensemble qui touche non seulement les structures de production, mais aussi les habitudes de consommation.

● L'optique officielle envisage parallèlement des économies d'énergie et la recherche de nouvelles sources nationales.

La France se révèle être déjà le pays le plus économe en énergie (voir tableau); pourtant, la consommation peut encore fortement diminuer. Dès maintenant, le gouvernement mène une campagne soutenue pour une meilleure isolation des logements, pour la réduction du chauffage, pour la diminution de la consommation d'essence (la « lutte contre le *Gaspi** »)...

L'augmentation de la production nationale des matières énergétiques classiques est limitée par la pauvreté des ressources, ou des prix de revient trop élevés : le gaz de Lacq est quasiment épuisé; les recherches intenses d'hydrocarbures dans la mer d'Iroise (Bretagne) ou dans le golfe du Lion (Méditerranée) n'ont pas donné de résultats *tangibles*;* la France a un potentiel hydro-électrique assez faible, et l'équipement des sites favorables aux centrales hydrauliques (avec les barrages du Rhône) est en voie d'achèvement. En fait, seuls les charbons et lignites présentent de l'intérêt. Les conditions d'exploitation peu rentables et devenues dangereuses ont exigé la fermeture de beaucoup de mines et la production évaluée à 60 millions de tonnes en 1958 est retombée au tiers (21 millions de tonnes) 20 ans plus tard.

La hausse des prix des hydrocarbures rend le charbon de nouveau compétitif et le maintien en exploitation de quelques mines auparavant condamnées est du domaine du possible (Lorraine, Nord, Provence) avec les futures centrales thermiques de Carling et de Gardanne.

● Mais pour l'essentiel, la politique énergétique française envisage l'avenir par le nucléaire. Ce choix, par ailleurs si contesté pour remplacer progressivement le pétrole, s'explique par la sécurité et la facilité d'approvisionnement (2,2% des réserves, 8% de la production de

Bilan énergétique, 1978 Quantité en millions de tep (tonne équivalent pétrole)			
	Produc.	Consommation	
	M. tep	M. tep	%
Charbon	15	32	17,5
Gaz nat.	7	21	11,6
Pétrole	2	106	58,2
Hydraulique	14	17	9,4
Nucléaire	6	6	3,3
Total	44	182	100

Source :
Annuaire statistique de l'ONU 1976, page 374

Consommation d'électricité, 1975

A = Consommation totale (millions de tep)
B = Consommation par habitant (t. de pétrole)
C = Consommation par milliard de F. de PNB (mille tep)

	A	B	C
Etats-Unis	1 568	7,3	239
U.R.S.S.	940	3,7	337
Chine	380	0,5	280
Japon	268	2,4	127
Allemagne RF	220	3,5	122
Royaume-Uni	197	3,5	201
Canada	150	6,6	212
France	140	2,6	97
Pologne	113	3,3	270
Italie	112	2,0	150

CENTRALES NUCLEAIRES 1980

Gravelines
Tihange
Penly
Paluel
Chooz
Flamanville
Thionville
Paris
Brennilis
Nogent-s-S
Wyhl
Plogoff
Fessenheim
St Laurent
Dampierre
Corsept
Belleville-s-L
Chinon
Verbois
Bugey
Lyon
Blayais
St Maurice
l'Exil
Cruas
Creys-Malville
Golfech
Pierrelatte
Marcoule
Marseille
Vandellos

● en exploitation
◉ en construction
○ en projet
o site prospecté

◉○ Centrales construites ou prévues en collaboration avec un pays étranger.

* Electricité de France
* oscillations périodiques du niveau de la mer
* source de chaleur de l'écorce terrestre

* revue mensuelle de consommateurs

minerais d'uranium du monde), l'avance de la France en matière technologique, son niveau élevé d'équipement en centrales électro-nucléaires (puissance électrique nette en 1979 : 6 514 mégawatts; 6% du monde).

Le Parlement a accepté en 1975 la proposition gouvernementale en faveur de l'accélération du programme nucléaire dont les études sont confiées aux services du Commissariat à l'énergie atomique et les réalisations sont le domaine de l'*EDF**. En 1980, sept centrales sont déjà opérationnelles, et dix en construction devront être terminées en 1985; enfin, sur une trentaine de sites, des études sont en cours (voir carte). Pour la fin du siècle, les estimations officielles (Commissariat au Plan) espèrent pouvoir couvrir le tiers des besoins énergétiques du pays.

● La France n'a pas attendu la crise économique pour rechercher des sources énergétiques nouvelles. En 1970, le four solaire d'Odeillo (Pyrénées Orientales) est mis en service et demeure un outil de recherche unique au monde; l'usine marémotrice de la Rance (1966, Bretagne) est la première usine au monde à capter l'énergie des *marées**. Les réalisations pratiques sont de plus en plus nombreuses. En mai 1979, on dénombre 2 754 appartements et 68 bâtiments publics chauffés par l'énergie solaire; au cours des années 1977-78, 27 000 logements sont équipés en chauffage par *géothermie**, de même que la Maison de la Radio à Paris. Malgré ces résultats, les énergies nouvelles ne seront appelées à jouer un rôle important qu'au XXIᵉ siècle. Les prévisions officielles ne leur attribuent en l'an 2000 que moins de 10% de la consommation énergétique.

● Le choix du nucléaire, comme source énergétique principale de l'avenir, peut être lourd de conséquences par les dangers, certains encore insoupçonnables, qu'il présente pour l'environnement humain et physique.
Si la grande majorité des Français accepte le nucléaire comme unique solution possible pour la France, les manifestations parfois violentes (Creys-Malville, Fessenheim, Nogent, Plogoff, etc.) indiquent l'inquiétude grandissante.
Le problème véritable se situe en fait dans le choix du type de développement de l'économie et de la société. Entre l'estimation des besoins d'énergie faite par les écologistes (numéro spécial de « *Que Choisir* »* sur l'Energie) et les prévisions officielles (Commissariat au Plan) respectivement 184 millions de tep et 315 millions de tep en 2000, l'écart est très grand.

DOCUMENTS

Annexe I.

« Chacun s'accorde pour estimer que l'approvisionnement énergétique de la France, en dehors du nucléaire, sera de 190 à 200 millions de tonnes équivalent pétrole en l'an 2000... L'alternative fondamentale... s'exprime ainsi : le nucléaire ou l'économie d'énergie. Chiffrons cette économie.

En résumé, le Commissariat au plan prévoit de confier au nucléaire le soin d'apporter au pays en l'an 2000 l'équivalent de près de 121 millions de tonnes de pétrole; l'Institut Economique et Juridique de Grenoble — qui fait autorité en matière d'économie d'énergie — annonce 53 millions de tonnes; « Que choisir », avec Michel Bosquet, prétend que l'on peut se passer du nucléaire. »

Le Nouvel Observateur, « Faits et Chiffres », 1978.

Annexe II.

« On a longtemps cru que la consommation d'énergie était un signe de développement. Nous affirmons maintenant que non seulement une forte consommation d'énergie n'entraîne pas forcément la croissance, mais encore pour obtenir la croissance économique dont nous avons besoin, une utilisation plus rationnelle de l'énergie est une condition *impérieuse**. »...

* obligatoire, impérative

« Une utilisation rationnelle de l'énergie devrait ainsi permettre de gagner 20 à 35% de la consommation dans les transports, de 15 à 35% dans l'industrie et l'agriculture, et jusqu'à 50% dans les *secteurs domestiques** et le tertiaire en se contentant de développer et d'appliquer des techniques connues. »

* consommation des ménages
* expert auprès de la Commission de la CEE

Saint-Géours*, Le Monde, 6 novembre 1979.

Annexe III.

« Grâce à l'effort de tous les Français, l'année 1979 aura permis d'observer à la fois une diminution de 0,5% de notre consommation de pétrole, un accroissement de 30% de la production d'électricité nucléaire et une forte accélération des économies d'énergie qui ont atteint l'*équivalent** de 18 millions de tonnes de pétrole. Les efforts de réduction de notre dépendance pétrolière seront accentués au cours des prochaines années. A côté du nucléaire, l'effort doit être intensifié pour favoriser la consommation du charbon et le recours aux eaux chaudes pour le chauffage collectif. »

* égales à

Déclaration de Valéry Giscard d'Estaing, 23 janvier 1980.

Annexe IV.

« D'après un sondage Le Sauvage-Ifop, si la France avait voté le 8.4.1978, 62% des Français auraient dit oui à l'énergie atomique (malgré la catastrophe de Harrisburg). Les plus farouches partisans du nucléaire auraient été les professions libérales, cadres supérieurs et petits patrons (plus de 73% étant favorables à l'accélération du programme). »

Quid, p. 10, 1980.

Annexe V.

« Le Mouvement des Radicaux de Gauche est le seul parti à avoir dénoncé depuis 1975 le programme nucléaire français qui avait été adopté sous la pression des grands groupes industriels. Aujourd'hui le MRG dénonce l'inconscience de M. Raymond Barre qui, après la catastrophe de Pennsylvanie, ose dire *sans sourciller** que rien ne sera changé à ce programme nucléaire. »

Déclaration de André Dubosc, *Le Monde,* 3 avril 1979.

Annexe VI.

« Le nucléaire, par exemple, qu'il soit capitaliste ou socialiste, suppose et impose une société centralisée, hiérarchisée et policière. »

Michel Bosquet, *Ecologie et Politique,* revue citée par *Le Nouvel Observateur,*
« Faits et chiffres », 1978.

Annexe VII.

« L'enquête d'utilité publique concernant la construction d'une centrale nucléaire à Nogent-sur-Seine est close. Ouverte le 1er février, elle s'est achevée au soir du jeudi 29 mars... Au total, ce sont donc trente six mille personnes qui, à l'occasion de l'enquête publique, se sont prononcées contre l'implantation d'une centrale nucléaire à Nogent-sur-Seine. »

Le Monde, 3 avril 1979.

Annexe VIII.

Situation actuelle et objectifs 1990

	Production millions de tep			Consommation millions de tep		
	1973	1979	1990	1973	1979	1990
Charbon Gaz naturel	18,1 6,9	13,3 7,1	6,7 2,8	44	58	73
Pétrole	2	2,1	3	115	109	73
Nucléaire	2,6	8,3	73	3	9	73
Hydraulique Energies nouvelles	10,5 2	14,7 3	14 10	12	17	23
	42,1	48,5	109,5	174	193	242

Déclaration gouvernementale, 2 avril 1980.

L'AGRICULTURE FRANÇAISE

L'agriculture n'est pas en France, contrairement à la majorité des pays développés, un secteur économique secondaire, négligeable. Grâce à des conditions naturelles favorables, de fortes traditions d'attachement à la terre, et surtout grâce aux progrès exceptionnels accomplis depuis la guerre, l'agriculture française est capable de satisfaire l'essentiel des besoins alimentaires du pays et demeure, avec les excédents répétés, un point fort du commerce extérieur, garant de l'indépendance économique future.

● Au début des années 1950, l'agriculture française présente des aspects *alarmants**. L'exploitation est petite, extrêmement morcelée, où survivent des traditions culturales parfois *séculaires*;* peu mécanisée, elle a de faibles rendements; surchargée de main-d'œuvre, elle s'organise autour d'une polyculture vivrière qui ne dégage que peu d'excédents commercialisables au-delà des petites régions juxtaposées, vivant en quasi-*autarcie**.

En l'espace de 25 ans, l'agriculture a totalement changé de visage. Plus de la moitié des exploitations ont disparu, le processus de concentration est très rapide (37% des exploitations ont moins de 10 ha contre 59% en 1955). La modernisation, la mécanisation de l'agriculture est spectaculaire : il y avait 30.000 tracteurs en 1950, on en compte aujourd'hui 2 millions (1 tracteur pour 4 hectares cultivés, 8% du parc total du monde); l'utilisation de l'*engrais** a été multipliée par 4, de nouvelles cultures se sont répandues (maïs, colza) et les rendements ont plus que doublé (blé passe de 16 à 42 *q/ha**, maïs de 21 à 48 q/ha...).

● L'action de modernisation est en partie due à l'intervention de l'Etat (Plan de 1960).

La SAFER (Société d'Aménagement Foncier et d'Etablissement Rural) provoque le *remembrement** pour diminuer le morcellement des exploitations, et intervient dans les transactions (droit de *préemption**) pour créer des exploitations nouvelles économiquement rentables. La FASASA (Fonds d'Action Sociale pour l'Amélioration des Structures Agricoles) aide les jeunes agriculteurs à s'installer et propose l'IVD (Indemnité *Viagère** de Départ) aux agriculteurs âgés. Une politique suivie favorise les groupements, les innovations, la modernisation de la gestion, etc.

Le prix payé pour ce développement est élevé : le soutien financier de l'Etat *(FORMA*)* et du Marché Commun *(FEOGA*)* est constant; en 1977, il a dépassé 13 milliards de F. Les agriculteurs sont fortement endettés (l'endettement de l'agriculture, 120 milliards de F, est égale aux 9/10e des recettes totales), conséquence logique du fort investissement (on observe souvent la surmécanisation). Les conséquences sociales de l'évolution sont aussi très importantes : en 1954, on comptait un peu plus de 5 millions d'actifs dans l'agriculture (27% de la population active totale), ils ne sont plus en 1980 qu'un million et demi, constituant 8% de la population active. Les deux-tiers des agriculteurs ont donc quitté la terre.

* inquiétants, préoccupants

* qui se fait de siècle en siècle
* autosuffisance
* matière propre à fertiliser la terre
* quintal par hectare (100 kg par 10.000 m²)
* réunir des parcelles dispersées, repartager le territoire communal
* priorité d'acquisition des terres en vente
* indemnité perçue durant toute la vie
* Fonds d'Orientation et de Régularisation des Marchés Agricoles
* Fonds Européen d'Orientation et de Garantie Agricole

Evolution de la répartition des exploitations selon leur taille (%)			
	1955	1967	1980
0,2 à 5 hectares	37,4	28,9	25,3
5 à 10 ha	21,3	18,2	13,3
10 à 20 ha	22,6	24,5	20,6
20 à 50 ha	15,1	22,0	28,3
50 à 100 ha	2,9	5,0	9,3
plus de 100 ha	0,7	1,4	3,2
nombre, mille expl.	2 286	1 688	1 166

* plantes servant à l'alimentation du bétail
* fixée, immobile
* acharné, passionné

● L'espace agricole est loin d'être homogène. De grandes différences de structure, de système de production, de rentabilité de travail existent à travers la France, expliquées par les conditions naturelles divergentes, mais aussi et surtout par la mentalité régionale. L'agriculture la plus efficace est celle du Bassin Parisien : sur des exploitations de plusieurs centaines d'hectares, données en fermage, très mécanisées, tournées vers le marché européen, on cultive le blé, associé à la betterave à sucre, au maïs, aux plantes *fourragères** et à l'élevage, et on transforme les matières premières agricoles sur place. A l'autre extrême, on trouve la petite exploitation familiale, polyculture, avec élevage laitier, enfermée dans des traditions et *figée** dans un individualisme *forcené**.

Mises à part les régions tournées vers les cultures spéciales (légumes, fruits, vigne), ce deuxième type d'agriculture est caractéristique de la moitié méridionale de la France. Les revenus agricoles à l'hectare varient de 1 à 3 ou même 1 à 4 entre ces deux types.

● La place de l'agriculture et des industries agro-alimentaires dans l'économie française est importante. Fortement déficitaire dans les années 1950, la balance commerciale agro-alimentaire s'est progressivement rétablie dans les années 1960, et depuis 1970 ce secteur économique réalise des excédents. La France vend surtout des céréales, des boissons diverses, des produits laitiers et du sucre; elle importe principalement des fruits, des produits tropicaux, des huiles végétales, des aliments pour animaux (surtout du soja) et de la viande. Ces exportations ont quintuplé entre 1958 et 72 et ont augmenté de 14 fois vers la CEE qui reste le marché privilégié des agriculteurs français. En 1977, la CEE a absorbé les deux-tiers des produits exportés de France et au prix deux fois supérieur au prix du marché mondial, aussi la France est-elle sensible aux réglementations des prix européens.

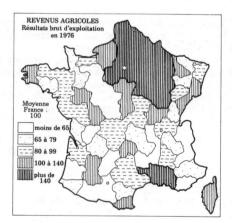

REVENUS AGRICOLES
Résultats brut d'exploitation en 1976

Moyenne France : 100

moins de 65
65 à 79
80 à 99
100 à 140
plus de 140

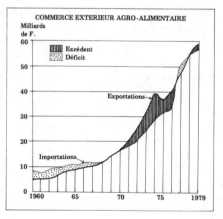

COMMERCE EXTERIEUR AGRO-ALIMENTAIRE

Milliards de F.

Excédent
Déficit

Exportations

Importations

DOCUMENTS

Annexe I.

Commerce extérieur des produits agro-alimentaires en 1978,
milliards de francs

	Import.	Export.	Bilan
Animaux vivants	2,03	3,38	+ 1,35
Viande	8,39	3,27	− 5,12
Poissons, crustacés	2,78	0,77	− 2,01
Lait, produits laitiers	2,31	5,99	+ 3,68
Légumes	2,77	1,31	− 1,46
Fruits	5,33	1,85	− 3,48
Café, thé, épices	5,11	0,15	− 4,96
Céréales, farines	2,55	14,10	+ 11,55
Oléagineux, fourrages	2,40	0,77	− 1,63
Graisses, huiles	3,54	1,68	− 1,86
Sucre, sucreries	1,68	3,53	+ 1,85
Cacao et préparations	2,74	0,76	− 1,98
Conserves	4,45	3,91	− 0,54
Boissons	2,42	10,91	+ 8,39
Aliments pour animaux	3,34	1,87	− 1,47
Divers			
Total	54,29	55,41	+ 1,12

Source : *Quid* (p. 1380), 1980.

Annexe II.

* émigration rurale

* extraordinaire

« On a fait acheter des tracteurs aux agriculteurs français, ce qui a eu pour conséquence de les mettre en déficit et par conséquent d'accélérer l'*exode rural**. J'ai
trouvé cela monstrueux de mettre pratiquement les petits paysans dans une situation telle qu'ils étaient obligés d'acheter des tracteurs pour alimenter l'exode rural.
Ce qui était d'un « coût social » élevé et aussi un gaspillage d'investissement absolu-
ment *phénoménal**, à la fois pour les agriculteurs qui restaient et pour les agriculteurs qui s'en allaient. Or, on a vécu pendant vingt ans sur l'idée que l'exode rural
est profitable à l'économie nationale. Cela est sans doute vrai puisque nous avons
progressé en termes de comptabilité nationale. Pourtant, le prix en a été payé par les
agriculteurs seuls, ceux qui restaient et surtout ceux qui s'en allaient. »

H. Mendras, *Le Monde,* 13 septembre 1977.

Annexe III.

Valeur de la production agricole du Marché Commun en 1976,
milliards de Francs

	P. animale	P. végétale	Total
France	66,94	54,10	121,03
Allemagne	71,08	31,76	102,84
Italie	36,42	51,12	87,54
Royaume-Uni	34,49	25,43	59,92
Pays-Bas	24,87	13,09	37,96
Danemark	16,23	5,25	21,48
Belgique	11,94	6,37	18,31
Irlande	7,30	1,46	8,76
Luxembourg	0,46	0,12	0,58
Total	269,73	188,68	458,41

Source : Eurostat, annuaire statistique agricole 1977
des communautés européennes.

Annexe IV.

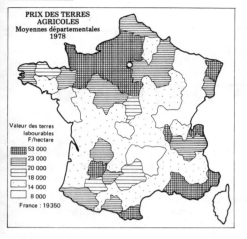

PRIX DES TERRES
AGRICOLES
Moyennes départementales
1978

Valeur des terres
labourables
F/hectare

- 53 000
- 23 000
- 20 000
- 18 000
- 14 000
- 8 000

France : 19350

Annexe V.

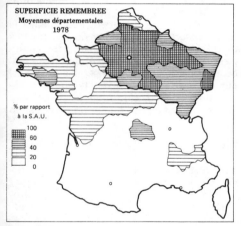

SUPERFICIE REMEMBREE
Moyennes départementales
1978

% par rapport
à la S.A.U.

- 100
- 60
- 40
- 20
- 0

* bénéficie
* hypothèse

Annexe VI.

« Actuellement, 70% de la production agricole de la Communauté Economique Européenne *jouit** de garanties quasi complètes de prix (céréales, sucre, lait, produits laitiers, viande ovine...). De plus, près de 20% de cette production bénéficie de garanties partielles (fruits, légumes, œufs, volaille...). Enfin, une partie des 10% restants fait l'objet d'études et de transactions pour être inclus dans le domaine des garanties. On peut donc dire que le marché agricole est pratiquement soustrait du schéma classique de la libre concurrence. La notion libérale de marché n'existe plus pour les produits agricoles. »

L'Etat contre les paysans, *Frères des Hommes,* n° 71, 1971.

Annexe VII.

« A peu près disparu le paysan d'autrefois qui travaillait comme son père lui avait enseigné de le faire, parce que la sagesse paysanne le commandait ainsi... L'agriculture est une des branches où la productivité a le plus augmenté. Pour se moderniser et survivre, l'agriculture utilise de plus en plus de consommations intermédiaires (engrais, pesticides, etc.). En dix ans, les achats sont passés de 27% à 35% du chiffre d'affaires. »

Cahiers Français, n° 166, 1974.

Annexe VIII.

« Nous sommes habitués à penser que la production est le moteur de l'économie et que les formes d'organisation de la production commandent toutes les structures de la société. Les économistes, marxistes et libéraux s'accordent sur ce *postulat**, qu'ils ont réussi à imposer comme une évidence à l'opinion commune. A l'inverse, admettons, à titre de postulat provisoire, que demain la consommation sera le moteur et que les modes de vie commanderont l'organisation de la production. »

H. Mendras, Sociétés paysannes, 1976.

Annexe IX.

Niveau des prix mondiaux dans le domaine agricole par rapport aux prix pratiqués dans la CEE (indice 100), 1978 : riz 77%; viande porcine 73%; viande bovine 51%; blé 46%; sucre 39%; beurre 26%; poudre de lait 20%.

Rapport de CEE, *Le Monde,* 12 février 1980.

LE BUDGET NATIONAL

Le budget national est l'ensemble des comptes qui décrivent pour une année civile toutes les ressources et toutes les charges permanentes de l'Etat. C'est la partie chiffrée de la loi de finance qui détermine la nature, le montant et l'affectation des ressources et des charges de l'Etat.

● Le projet de loi de finance est préparé par le gouvernement et soumis au Parlement le premier mardi du mois d'octobre de chaque année. Le Parlement (Assemblée nationale, puis Sénat) discute, corrige (par les « amendements ») et vote la partie du budget qui comprend les recettes et dépenses nouvelles par rapport au budget déjà voté de l'année précédente (« les autorisations nouvelles »). Le vote n'est pas global, il intervient pour définir le budget de chaque ministère. Le Parlement a, au maximum, 70 jours pour discuter; si ce délai est dépassé, le gouvernement peut mettre *en vigueur** la loi de finance par ordonnance. Le Parlement peut refuser le projet gouvernemental par une *« motion de censure* »*, signée par un dixième des députés au moins, et votée par la majorité. Le gouvernement peut faire *adopter** un texte, même si la majorité des députés y est *hostile** : en demandant un « vote bloqué » (l'Assemblée se prononce par un seul et unique vote sur l'ensemble du projet) ou en engageant sa responsabilité sur le vote de ce texte (« question de confiance »). Au cours des discussions du budget 1980, cinq motions de censure ont été déposées par l'opposition, et le gouvernement a posé quatre fois la question de confiance.

● Le budget de l'Etat se compose des recettes et des dépenses qui, en principe, doivent s'équilibrer.

Les recettes du budget sont constituées en 1979, essentiellement par la recette fiscale : 503 milliards de F, provenant surtout des impôts directs (37,7%), de la *TVA** (44%), de l'impôt sur les sociétés (9,8%), des taxes perçues sur les produits pétroliers (8,2%). La recette non fiscale, 23 milliards, comprend les bénéfices et excédents réalisés par les entreprises et établissements de l'Etat, les taxes et *amendes** perçues, les cotisations sociales.

De cet ensemble de 526 milliards de F, il faut *retrancher** la part cédée aux collectivités locales (33 milliards), le *prélèvement** au profit de la CEE (16 milliards), ainsi que le montant des remboursements et *dégrèvements** d'impôts (37 milliards). Reste donc à la disposition de l'Etat 446 milliards de Francs. La moitié des dépenses est inscrite au chapitre budgétaire de « fonctionnement » (225 milliards) : entretien de l'infrastructure, salaires versés, prestations diverses. L'enseignement (66 milliards) et l'armée (59 milliards) exigent la plus grosse part. Le chapitre « interventions » (142 milliards) regroupe des dépenses de l'Etat en vue de soutenir l'économie et l'activité sociale. Le concours financier de l'Etat, accordé aux seules entreprises nationales, atteint presque 20 milliards, l'agriculture bénéficie de 16 milliards, les services de santé de 22 milliards. Enfin, le budget « d'équipement » (72 milliards) contient le montant des investissements nouveaux en matériel

* en application
* refus, sanction prononcée par l'Assemblée contre le Gouvernement
* accepter
* opposée

* taxe à la valeur ajoutée, impôt sur la consommation
* contraventions, peines pécuniaires
* déduire, enlever
* contribution, impôt
* diminutions

Budget national, 1979 Répartition des dépenses, %	
Administration	11,1
Education, culture	25,3
Social, santé, emploi	19,5
Agriculture	3,3
Logement, urbanisme	4,9
Communications	5,1
Industrie et services	5,0
Extérieur	2,7
Défense	17,3
Non réparties	5,6

Source : loi de finances initiale pour 1979.

ou infrastructure. Près de la moitié de ces dépenses est accordée à l'armée (33 milliards).

Ce budget des dépenses (auquel il faut encore ajouter le remboursement de la dette publique, 20 milliards) est supérieur de 15 milliards de F au montant des recettes prévu pour 1979. C'est donc un budget en déficit qui a été proposé au vote du Parlement.

Ces prévisions ont été très vite dépassées. Le déficit budgétaire a été de près de 35 milliards de F à cause du dépassement des dépenses (diverses aides à l'industrie : + 10 milliards; aides sociales aux familles : + 8 milliards).

● Pour 1980, le budget voté, en augmentation de 14,4% par rapport à celui de 1979, prévoit un déficit de 31 milliards de Francs. Le gouvernement explique le déficit par la volonté de relancer l'économie par des dépenses accrues.

L'augmentation des recettes (+ 31 milliards de F) s'obtient par l'accroissement des impôts directs et indirects : impôts sur le revenu (+ 16,5%) de la TVA (+ 12,8%), des impôts sur le tabac et l'alcool (+ 19%), impôt sur la fortune (+ 17%). Cette pression fiscale n'*épargne** personne, mais les faibles revenus sont beaucoup plus touchés que les grosses fortunes

Quant aux dépenses, les progressions les plus importantes concernent la dette publique (+ 35%), conséquence logique des déficits budgétaires successifs, les dépenses militaires (+ 15%), les interventions publiques (+ 16%); en revanche, les investissements civils restent au même niveau qu'en 1979.

* (ici) évité, oublié, exempté

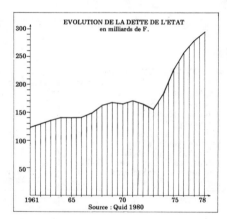

Déficits et excédents budgétaires (milliards de F)		
	Prévision	Résultat
1970	équilibre	+ 0,46
1971	équilibre	− 1,86
1972	équilibre	+ 1,76
1973	équilibre	+ 4,84
1974	+ 0,34	+ 5,77
1975	+ 0,02	− 37,81
1976	+ 0,02	− 15,00
1977	+ 0,02	− 16,00
1978	− 8,91	− 29,84
1979	− 15,06	− 34,64
1980	− 31,00	...

Source : *Quid* (p. 1155), 1980.

DOCUMENTS

Annexe I.

Le budget de 1980 comparé aux précédents
(en milliards de Francs, chiffres arrondis)

	Budget 1978	Budget 1979		Budget 1980
		initial	en décembre	
Dépenses				
Dette publique	14,4	19,9	19,9	26,9
Dépenses civiles ordinaires				
Fonctionnement	162,0	181,4	182,2	202,9
Interventions	119,0	141,9	153,3	165
Dépenses civiles d'équipement	35,4	38,9	41,9	41,4
Dépenses militaires	67,7	77,1	77,6	88,6
Total des charges	398,4	459	474,6	524,9
Recettes				
Total des ressources	389,9	445,9	446,9	497,9
Solde des charges temporaires	− 0,4	− 2,0	− 6,9	− 4,0
Déficit global	− 8,9	− 15,1	− 34,6	− 31,0

Le Monde, Bilan économique et social 1979.

Annexe II.

Variation des impôts, en %, par rapport à l'année précédente,
prévisions budgétaires

Impôts sur le revenu	+ 13,9	+ 15,9
Impôts sur les sociétés	+ 15,5	+ 4,9
Autres impôts directs	+ 8,5	+ 14,5
Taxe à la valeur ajoutée	+ 15,1	+ 12,8
Droit de douane et taxe sur produits pétroliers	+ 33,0	+ 3,1
Bénéfices sur les tabacs et autres impôts indirects	+ 11,4	+ 19,5
Impôts sur la fortune	+ 16,1	+ 17,0
Total	+ 15,8	+ 12,3

Le Monde, Bilan économique et social, 1979.

Annexe III.

« Le budget de 1980 doit viser deux objectifs : soutenir l'activité économique et resserrer la solidarité nationale. Le soutien de l'activité économique résulte de l'orientation des dépenses, de l'acceptation d'un déficit budgétaire et de la stabilisation de la pression fiscale qui n'augmentera pas en 1980. »

Communiqué du Conseil des Ministres, 5 septembre 1979.

Annexe IV.

« On assiste depuis des dizaines d'années, et pas seulement en France, à une progression continue du rôle de l'Etat dans l'économie. Les dépenses de l'Etat, de la Sécurité Sociale et des collectivités locales dépassent déjà le seuil des 40%... Une des hypothèses pour expliquer le ralentissement de la croissance pendant les années

1970 est précisément la part croissante des dépenses de l'Etat dans l'activité économique. Cette explication ... est fondée sur l'hypothèse que les dépenses du secteur public révèlent un caractère moins productif ou moins rationnel que celles du secteur privé, au détriment desquelles les premières sont faites. »

E.M. Claassen, *Le Monde,* 23 octobre 1979.

Annexe V.

« Le déficit budgétaire pour 1980, évalué à 31 milliards de Francs, est certainement modéré par rapport à d'autres pays. L'Allemagne Fédérale, par exemple, compte avec un déficit de 28 milliards de DM, donc le double du déficit français. »

Le Monde, 23 octobre 1979.

Annexe VI.

« L'aide publique va prioritairement aux entreprises fabriquant des biens d'équipement et aux industries de pointe (essentiellement la CGE, Thomson-Brandt, CII-HB, Dassault, la SNIAS, Empain-Schneider et Alsthom-Atlantique). Près des deux-tiers (63,2%) sont absorbés par trois branches : la construction aéronautique (36,6%), l'électronique (15,1%) et la construction navale (11,5%). Les subventions versées pour garantie de risque économique sont encore plus concentrées : cinq groupes seulement (souvent les mêmes) reçoivent à eux seuls plus de la moitié de la manne totale (3,75 milliards entre 1972 et 1977, sur environ 7 milliards). Il s'agit de Dassault (1,18 milliards), de la CGE (1,05), d'Empain-Schneider (0,83), de Thomson (0,42) et de la SNIAS (0,27). »

Le Monde, Bilan économique et social 1979.

COMMERCE EXTÉRIEUR

La France est, derrière les Etats-Unis, l'Allemagne et le Japon, le 4e exportateur mondial. L'ouverture de l'économie française sur le marché mondial s'est élargie depuis la dernière guerre : les exportations de biens et de services correspondent au cinquième du Produit National Brut. Jusqu'en 1973, les importations augmentant moins vite, la balance du commerce extérieur *s'est soldée par un excédent**. Depuis la crise énergétique, le déséquilibre s'accentue et le déficit est durable.

* a eu un bilan positif

● Une balance commerciale déficitaire est considérée par la majorité des spécialistes comme une situation économique grave, surtout en temps de crise. Elle montre la dépendance du pays par rapport à l'étranger, l'incapacité des entreprises nationales à satisfaire la demande intérieure, leur faiblesse à conquérir les marchés étrangers. Un déficit durable a une influence certaine sur l'emploi : si les importations augmentent, c'est souvent parce que les prix pratiqués par l'étranger sont plus bas; alors, les entreprises nationales, vendant moins, diminuent la production ou ferment, le chômage augmente. Le déséquilibre des échanges extérieurs affaiblit aussi la valeur de la monnaie, ce qui signifie renchérissement des importations et inflation *accrue**.

* aggravée, accélérée

● En 1978 ainsi qu'en 1979, le déficit du commerce extérieur de la France est évalué à 25 milliards de Francs. Peut-on conclure à une situation catastrophique ? L'examen de détail du bilan des échanges montre que l'industrie, prise globalement, a un résultat positif de plus de 44 milliards de F, que l'agriculture est légèrement déficitaire (2 milliards de F), et que c'est au niveau des matières premières que la France *accuse** un déficit important, plus de 66 milliards de F en 1978, dont la seule facture pétrolière est de 51 milliards de F.

* ici enregistre, compte

Autrement dit, sans les importations de pétrole, le commerce extérieur aurait été excédentaire de quelque 27 milliards de Francs en 1978.

● Le problème d'équilibre commercial est apparemment simple : c'est par les exportations massives de produits industriels et agricoles que l'on peut contrebalancer les importations inévitables d'énergie. Seulement, le prix du pétrole augmente sans cesse et les exportations ne peuvent augmenter au même rythme. Il est donc *opportun**, en plus d'encourager l'exportation, de réaliser des économies *substantielles** par le remplacement des produits industriels importés jusqu'ici. Ce sont les deux principes de base de la politique officielle.

* convenable, nécessaire
* importantes
* favorable, avantageux

● L'ouverture de la CEE, plus tard le renforcement des biens économiques au sein des 9 pays, a été *bénéfique** à la France dans la mesure où un marché important s'est offert aux produits français. Actuellement 52% de tous les échanges de la France concernent la CEE. Si pour l'agriculture, qui exporte les deux-tiers de ses surplus vers le Marché Commun à des prix très avantageux, cette orientation est vitale, par contre l'industrie subit durement les règles de la concurrence et dans beaucoup de domaines (biens d'équipement ménagers, matériel de précision, cuirs et chaussures, etc.) les entreprises françaises sont en difficulté. Face à la CEE, le déficit commer-

Commerce extérieur de la France Bilan de 1978, millions de F (CAF/FOB)	
Agriculture, produits alimentaires	− 1.833
Produits énergétiques	− 62.035
Matières premières minérales	− 4.579
Travail des métaux	+ 3.894
Produits chimiques	+ 282
Biens d'équipement professionnels	+ 15.455
Biens d'équipement ménagers	− 3.733
Véhicules et matériel de transport	+ 25.781
Biens de consommation	+ 714
Total	− 23.807

Source : Banque Française du Commerce Extérieur

* problème majeur

cial est constant et tout particulièrement face à l'Allemagne et aux Pays-Bas.

Le second « point noir* » des échanges concerne les Etats-Unis et le Japon. La pratique du protectionnisme économique est souvent reprochée à ces pays, qui contribuent pour 10% aux importations françaises mais seulement pour 6% aux exportations.

Avec les pays socialistes et le Tiers-Monde (exclusion faite des pays de l'OPEP), la balance commerciale est régulièrement positive, et en augmentation d'année en année. Cette position avantageuse vient de l'existence de la « zone franc* », des traditions historiques de relations privilégiées vers l'Afrique et la Méditerranée, des résultats de la politique d'ouverture vers l'Europe de l'Est.

* zone géographique où le Franc français sert de monnaie de référence

Les possibilités sont très grandes, mais compte tenu que la France est très mal installée en Asie ou en Amérique du Sud (10e fournisseur de l'Inde, 12e fournisseur de la Chine), les difficultés futures ne sont pas exclues; le Tiers-Monde, en effet, ne possédant pas de pétrole, est de plus en plus endetté et le volume des échanges avec les pays du Comecon dépend, non des besoins de la consommation, mais des décisions politiques.

● La conquête de nouveaux marchés exige en fait une restructuration de l'appareil productif français, devant être mieux adapté à l'évolution dans le monde : spécialisation vers les productions exigeantes en haute technologie et en main-d'œuvre spécialisée, protection de certaines branches industrielles en vue de pouvoir reconquérir le marché intérieur. Le changement progressif des pratiques, des habitudes et des mentalités s'avère* indispensable : l'homme d'affaires dynamique, rompu aux* méthodes de gestion les plus modernes, ayant une connaissance pratique de la conjoncture et des tendances à l'échelle mondiale, capable de réaliser des projets hardis*, cet homme d'affaires est encore très rare en France.

* paraît
* bien au courant, très informé, exercé

* audacieux

Répartition des exportations (%) et bilan des échanges (milliards de F) CAF/FOB, 1978		
	Export.	Bilan
CEE	52,5	− 8.572
Autres pays Europe	11,9	+ 4.746
Pays socialistes	4,2	+ 1.942
Etats-Unis	5,6	− 7.636
Japon	0,8	− 4.659
Autres pays développés ...	2,3	− 1.085
OPEP	8,1	− 23.739
Pays zone franc	5,1	+ 6.273
Autres pays en voie de développement	9,5	+ 9.371
Total	100	− 23.807

Source : Douanes Françaises

Commerce extérieur de la France Evolution, CAF/FOB, milliards de Francs			
	Export.	Import.	Bilan
1973	159,7	167,2	− 7,5
1974	220,6	254,0	− 33,4
1975	223,4	231,3	− 7,9
1976	266,8	308,1	− 41,3
1977	312,1	346,2	− 34,1
1978	345,1	368,6	− 23,5

Source : Statistiques douanières françaises

DOCUMENTS

Annexe I.

« 70% des exportations françaises sont le fait d'un millier de firmes seulement. La France ne dispose pas d'une tradition d'ouverture sur l'extérieur aussi ancienne que d'autres pays comme l'Angleterre ou la République Fédérale Allemande. Nombreuses cependant sont les petites et moyennes entreprises que leur niveau technique rendrait compétitives sur les marchés étrangers. »

Le Commerce extérieur français, *Economie et Géographie,* n° 153, avril 1978.

Annexe II.

* divulguée, bien connue

« Quant aux marques françaises, elles sont pour la plupart insuffisamment adaptées et *promues** ... A qui la faute ? Sans doute pas à Renault, Michelin, l'Oréal, Dassault. Ni à Motobécane ... à Rossignol, Dim, Moulinex, Bic, Boursin. On a Jacques Jaunet, avec ses jean's à la française qui envahissent les Etats-Unis. Et pas non plus à Patrick Gautier, lançant dans six pays ses meubles pour enfant à l'assaut de la concurrence italienne. Ceux-là, et d'autres ... sont l'exception et la volonté de *persévérer**. »

* persister

M. Bleustein-Blanchet, *Le Monde,* 12 février 1980.

Annexe III.

* raisonnement

« D'une part, nous restons trop timides ... d'autre part, nous avons tendance à croire que nous sommes restés les séducteurs irrésistibles de jadis, et qu'il nous suffit de paraître pour triompher ... Notre prestige existe en matière de bon goût et d'art de vivre — encore qu'il soit moins éclatant que nous avons tendance à le croire — mais il ne peut pas constituer un *argument** vendeur s'il n'est pas consolidé en permanence par un puissant effort d'adaptation et de production. »

M. Bleustein-Blanchet, *Le Monde,* 12 février 1980.

Annexe IV.

* retard anormal
* poursuivre, lutter contre...
* changement fréquent et frauduleux
* changés de nom et d'origine

« Toutes les formes de concurrence déloyale doivent évidemment être combattues, qu'elles proviennent de la « surpuissance » de certaines nations (Etats-Unis) ou au contraire de l'*infantilisme** de la politique sociale de certaines autres (Sud-Est asiatique). Il faut *pourchasser** le dumping autant que la *valse des étiquettes** qui fait que des produits fabriqués à Hong Kong sont *débaptisés** en Allemagne ou dans un autre pays du Marché Commun et réexpédiés chez le voisin sous la bannière étoilée du traité de Rome. »

P. Drouin, *Le Monde,* 22 juillet 1977.

Annexe V.

* interdites, non déclarées

« Les importations *« sauvages** »* ont contribué à réduire le nombre des entreprises et des effectifs employés. Durant la dernière décennie, dans le secteur de la chaussure par exemple, tandis que le taux de pénétration étrangère passe de 12% à 27%, le nombre des entreprises baisse de 30%, les effectifs de 9%, soit 6.700 suppressions d'emploi... A titre de comparaison, il faut noter que la situation de l'industrie textile est encore plus défavorable, puisque le nombre d'entreprises y a baissé de 40% environ au cours de la même période, entraînant la suppression de 180.000 emplois, soit une diminution de 35% des effectifs employés. »

Le Commerce extérieur français, *Economie et Géographie,* n° 153, avril 1978.

Annexe VI.

Commerce extérieur des pays dépassant 400 milliards de F, 1977 (balance CAF/FOB)

| | Exportations | | Importations | | | Part des exportations dans P.I.B., % |
	Marchandises	Services	Marchandises	Services		
Etats-Unis	592	314	745	229	− 68	6,8
Allemagne	559	137	464	212	+ 20	22,5
Japon	389	80	303	112	+ 54	12,2
France	304	115	318	104	− 16	16,1
Royaume-Uni	277	127	289	103	+ 1	21,3
Italie	218	71	217	57	+ 11	22,6
Canada	212	32	197	69	− 22	20,4

Le Nouvel Observateur, « Faits et Chiffres », 1978.

Annexe VII.

Commerce extérieur de la France, 1978 (en millions de F) CAF/FOB

	Exportations	Importations	Balance
Agriculture, pêche	26.606	29.120	− 2.514
Industries agro-alimentaires ...	31.709	30.028	+ 1.681
Produits énergétiques dont pétrole	9.050 8.226	71.085 59.234	− 62.035
Matières premières minérales ..	1.190	5.769	− 4.579
Produits métallurgiques	44.705	40.611	+ 4.094
Produits chimiques	48.882	48.600	+ 282
Biens d'équipement professionnels	78.037	62.582	+ 15.455
Biens d'équipement ménagers .	4.252	7.983	− 3.731
Equipement automobile des ménages	26.879	10.780	+ 16.099
Véhicules, matériel de transport	22.927	13.245	+ 9.682
Biens de consommation	48.300	47.586	+ 714
Divers	3.069	1.042	+ 2.027

Source : Banque Française du Commerce Extérieur.

2
LA SOCIÉTÉ FRANÇAISE

La croissance économique régulière observée en France depuis la dernière guerre a entraîné une transformation de la société. Elle a été atteinte dans sa structure, sa composition, sa nature et la puissance de ses classes sociales. Cette mutation s'accompagne d'un changement dans le style de vie, la consommation et les aspirations. Si globalement la société a évolué, les fruits de la croissance économique sont inégalement répartis, source d'injustices sociales d'autant plus fortement ressenties que les moyens d'information, maintenant largement répandus, permettent les jugements et les comparaisons. Les inégalités de ressources, de consommation, d'information, ajoutées aux inégalités d'autre nature : féminine, régionale, provinciale, sont en partie *inhérentes** au système économique *régissant** le monde occidental, mais aussi à plusieurs facteurs explicatifs spécifiquement français.

● Les exigences de la croissance économique — évolution des techniques, mécanisation rapide, progrès constant de la productivité, apparition de besoins nouveaux suscitant des activités nouvelles — ont provoqué une constante restructuration *socio-professionnelle**. Tandis que le nombre d'agriculteurs, de commerçants, d'artisans *régresse** fortement, celui des employés, des cadres, des *professions libérales** ne cesse d'augmenter (voir annexe 1). Comme l'effectif de la population active a peu varié en 30 ans, cette tendance de répartition indique des mouvements de *transfert** considérables entre les différentes catégories socio-professionnelles. L'examen plus approfondi peut montrer une mutation qualitative assez nette, liée à une plus grande qualification : ainsi la *proportion** des *ouvriers qualifiés** et des *contremaîtres** ne cesse d'augmenter dans l'ensemble de la catégorie des ouvriers. Un autre fait marquant de l'évolution est la part croissante des femmes dans la vie active et la féminisation rapide de certains emplois surtout tertiaires.
Ces changements dans la répartition de la population active ne sont pas les seuls, ce qui contribue à en *affiner** les effets. Les départs massifs des agriculteurs, amorcés dès le début des années 1950, précèdent le phénomène général d'émigration rurale et de concentration urbaine, caractéristique des années 1960.
Le *processus** d'urbanisation — connu dans tous les pays développés — est particulièrement rapide en France. Il ne signifie pas seulement un changement d'activité et du lieu de résidence, mais aussi une modification profonde dans le style de vie et les attitudes sociales. Violemment opposés d'abord, intégrés progressivement grâce à la révolution des moyens de transport et d'information, le monde urbain et rural se transforment par les effets uniformisants de la civilisation de consommation.
La généralisation de l'instruction est un autre facteur non négligeable d'évolution sociale. L'extension de la scolarité obligatoire et la forte natalité de l'après-guerre ne sont pas suffisants pour expliquer l'augmentation considérable du nombre des jeunes poursuivant des études. En 1980, le nombre de bacheliers est cinq fois plus élevé qu'en 1950 et l'effectif étudiant est passé en trente ans de 140.000 à 1 million. L'enseignement, devenant un phénomène de masse, a des effets déterminants sur la structure des emplois et aussi sur la transformation des attitudes et des pratiques professionnelles, et, en tant que tel, est un facteur de changement social important.

* appartenantes, attachées
* dirigeant, commandant

* division de la société en fonction du métier des gens
* recule
* professions indépendantes et d'ordre intellectuel (ex. médecin, avocat)
* translation, déplacement orienté
* part, rapport
* ouvriers ayant un diplôme de formation
* personnes qui dirigent les travaux dans un atelier
* arranger, modeler

* développement, marche

Le niveau de vie en constante augmentation (malgré le ralentissement actuel) s'explique par des revenus distribués plus *conséquents**, mais aussi par des progrès considérables dans le système de protection et d'aide sociale : quasi-gratuité des soins médicaux et hospitaliers avec la généralisation des avantages de la Sécurité Sociale à toute la population, aide aux familles nombreuses par un système complexe d'allocations, mise en place d'un salaire minimum (SMIG puis SMIC) et d'un minimum de ressources de vieillesse, garanti par l'Etat. Le niveau de vie a augmenté aussi par le fait que la population bénéficie d'une meilleure infrastructure publique, d'un équipement socio-culturel de plus haut niveau. L'amélioration sensible du *bien-être** peut s'observer à travers le niveau de consommation, l'équipement quantitatif et qualitatif des *ménages**. Ainsi les *commodités** de logement ne sont plus les seuls privilèges d'une faible couche de la population, mais accessibles à tous (voir annexe 2); d'autres progrès ont été constatés dans tous les domaines de la vie sociale.

● Pourtant, malgré ces performances — somme toute habituelles dans les pays occidentaux — de nombreux problèmes demeurent. Les *bienfaits** de la croissance ont été inégalement distribués. Si l'ensemble de la population s'est enrichi, les écarts de fortune restent encore considérables. Les statistiques internationales désignent même la France comme le pays développé où l'écart entre riches et pauvres est le plus profond (voir annexe 3). Comment peut-on comprendre une telle situation ?

Les *rémunérations** des salariés de l'industrie et du commerce (12,5 millions de personnes sur 17 millions au total), bien connues par les statistiques régulièrement publiées, montrent que les bas salaires restent encore nombreux : un tiers des salariés (une femme sur deux et un homme sur quatre) gagnent moins de 2.680 F net par mois. A l'autre bout de l'échelle, les hauts salaires restent relativement nombreux : 60.200 cadres supérieurs gagnent en moyenne plus de 19.000 F au 1er janvier 1980 (voir annexe 4). A l'intérieur d'une entreprise, entre le *manœuvre** et le *PDG**, l'écart de rémunération est de 1 à 10. Les différences de salaires sont un peu plus réduites dans la fonction publique. Les comparaisons internationales permettent de voir que les différences essentielles par rapport aux autres pays tiennent aux bas salaires plus nombreux et aux rémunérations anormalement élevées (dépassées seulement aux Etats-Unis) des cadres de direction. Or, à ces hauts revenus s'ajoute encore une série d'*avantages en nature** qui peuvent majorer le revenu réel de près de 50% : voiture, chauffeur, aide au logement, indemnité de téléphone, indemnité pour les réceptions à domicile, etc.

Les différences, déjà considérables, ne constituent pourtant qu'une partie de la fortune possédée (s'y ajoutent les constructions, les terres, les biens mobiliers, les disponibilités monétaires, les placements et actions). De récentes études du *CERC** font ressortir que 5% des ménages les plus riches possèdent autant de *patrimoine** que les 69% moins riches. Ces 5% des familles possèdent 25% des terres agricoles de rapport, 30% de la valeur des résidences secondaires, 45% des immeubles de rapport, 68% des actions mobilières et des parts de sociétés.

Entre les 125.000 ménages privilégiés et les 10% de Français du bas de l'échelle sociale, l'écart des fortunes moyennes va de 1 à 1000 !

● L'impôt est appelé à diminuer ces écarts. Le système en vigueur comprend l'impôt direct (sur les revenus et bénéfices) et un ensemble d'impôts indirects (sur la consommation). Selon les déclarations faites au *fisc** par les Français, le revenu imposable des 14.220 plus gros *contribuables** était en moyenne, en 1975 (dernière année connue avec précision), de 58.100 F par mois. Ce qui devait correspondre à un revenu effectif de l'ordre de 81.000 F par mois (compte tenu des déductions diverses autorisées par la loi). L'impôt payé, un peu moins de 40%, environ 30.000 F, laissait à la disposition de ces familles 51.000 F par mois. Dans la même année, les quelque 2.300.000 personnes âgées, touchant le minimum vieillesse, percevaient 585 F par mois (*dispensées** de payer l'impôt). Selon ces chiffres officiels,

Margin glossary:
* importants, élevés
* confort
* personnes ou groupe de personnes économiquement indépendants
* confort ménager
* avantages, bénéfices
* gains, salaires
* ouvrier sans qualification
* président directeur général
* rémunérations non financières
* Centre d'Etude sur les Revenus et les Coûts
* fortune, propriété
* administration chargée de percevoir les impôts
* personnes devant payer les impôts
* exemptées

l'écart de revenu entre groupes extrêmes de Français oscillait donc en 1975, après l'impôt, de 1 à 85. L'impôt, qui est l'un des plus faibles d'Europe, diminue certes les inégalités, mais insuffisamment.

L'impôt direct frappe surtout les salariés dont le revenu est bien connu. Pour les autres, un *arsenal** de possibilités légales existe pour défendre les bénéfices imposables : exonérations, forfaits, placement fiscal, *avoir fiscal**, etc. En 1975, près de la moitié des entreprises ont déclaré ne pas avoir fait de bénéfice ! Le bénéfice déclaré par les sociétés françaises est de l'ordre de 2% de leur chiffre d'affaires. La possibilité de *dissimuler** revenus ou bénéfices réels (appelée fraude fiscale, évasion fiscale) est grande, et officiellement on estime que si les ouvriers fraudent pour 3% et les cadres pour 10% de leur revenu, chez les professions libérales ce pourcentage atteint 47 et chez les agriculteurs 78 ! Le système d'imposition en France est très imparfait. Le fait qu'il n'existe pas d'impôt sur le capital, pratiquement pas d'impôt sur la transmission du patrimoine (ou des moyens légaux existent pour l'éviter) favorise encore les grosses fortunes.

L'impôt indirect et les différentes taxes existantes vont dans le même sens. La *TVA**, impôt sur la consommation, est élevée et tout le monde doit la payer. Ce qui n'est pas normal, c'est que l'on paye la même TVA (dite de produits de luxe, 33%) par exemple pour une 2CV et pour une Rolls Royce. Cette TVA existe pour tout produit, y compris les produits alimentaires. Les *taxes locales** sont payées aussi par tout le monde, sans distinction de revenu.

● Dans ces conditions, le niveau de consommation des Français est très différent. Un seul domaine des dépenses où l'égalité existe : l'alimentation. Mais pour cette égalité alimentaire, le salarié agricole consacre 46% de ses revenus, l'inactif 41%, l'exploitant agricole 38%, l'ouvrier 37%, l'employé 31%, la profession libérale et l'industriel 28%, le cadre moyen 26% et le cadre supérieur 19%. Il devient évident que la disponibilité de ressource pour les autres types de dépenses n'est plus identique. L'écart moyen de dépenses devient pour le transport et le logement de 1 à 3, pour la santé (malgré la Sécurité Sociale) de 1 à 2, pour la culture et les loisirs de 1 à 6. L'inégalité de ressource devient inégalité sociale, inégalité de chance dans la vie. Toute société sécrète l'injustice. La question est de savoir comment cette *discrimination** sociale est perçue et acceptée, si elle constitue un ensemble de freins au développement économique, si elle exclut la promotion sociale.

● La mobilité, la *perméabilité** sociale existe en France, les classes sociales *hermétiques** et *antagonistes** sont du domaine du passé. On peut *appréhender** ces mutations par l'examen de la position sociale des personnes par rapport à leur origine sociale (voir annexe 5). Le tiers seulement des cadres supérieurs et des professions libérales, le sixième des patrons de l'industrie et du commerce actuel provient d'une famille de position sociale analogue. Certes, il y a encore 6 ouvriers sur 10 dont le père était aussi ouvrier, mais les progrès sont continus. Les moyens d'échapper aux conditions de départ existent, l'instruction en est le principal, grâce à la démocratisation de l'enseignement. Dans l'enseignement supérieur, si le tiers des étudiants est issu des 10% de familles que l'on peut considérer comme privilégiées (cadres supérieurs, professions libérales, gros commerçants et industriels), il reste encore deux-tiers. On peut déplorer qu'il n'y ait que 15% de fils d'ouvriers, mais ils n'étaient que 1% en 1945, 2,7% en 1958, 6% en 1962...

La tendance courante voit l'égalité par l'identité de ressources, de revenus. Pourtant, les *clivages** de la société, les rapports de pouvoirs et de chances dans la vie sont ailleurs. La société française n'est pas l'opposition entre une classe privilégiée par les ressources et une autre démunie et opprimée. Les castes, les strates sociales existent, multiples et *malthusiennes**, fondées sur le savoir, la solidarité de position et d'avantages acquis, fruits d'une société française centralisée, hiérarchisée, bureaucratique jusqu'à l'absurde. La révolte de Mai 1968 n'était pas un soulèvement des pauvres contre les riches mais un mouvement très ample de protestation contre cette structure sociale bureaucratique et *élitiste**. S'il y a un des changements,

---

Notes marginales :

* (ici) beaucoup
* procédé permettant d'atténuer l'impôt dû par les propriétaires d'actions en raison des dividendes perçus
* cacher

* Taxe à la valeur ajoutée

* impôts payés à la commune de résidence

* distinction

* ouverture (ici)
* fermées, secrètes
* adversaires, opposées
* saisir

* oppositions, séparations

* opposées au progrès, au changement

* ce qu'il y a de meilleur, de plus distingué

l'essentiel de cette structure demeure, car elle se reconstitue vite. « Les barrages inventés par l'élitisme pour se maintenir sont si subtils qu'ils échappent aux slogans démagogiques des programmes électoraux. Ils ne défendent pas les héritiers de la fortune, mais les héritiers d'une certaine culture. Seuls arrivent au sommet de la pyramide hiérarchique ceux qui connaissent les mots de passe. Comment surmonter la tendance du système à se reproduire éternellement ? Rien n'est aussi difficile que d'établir — au-delà de l'égalité des droits, qui ne suffit plus — l'égalité des chances. Par mille *ruses**, ceux qui détiennent les places tendent à les garder pour eux et les leurs. Contre cet état de choses, la réforme *s'englue**. A moins que la révolution ne remplace cette injustice institutionnelle par l'injustice insurrectionnelle, qui deviendra bientôt institutionnelle à son tour. » (A. Peyrefitte)

* astuces, tromperies
* n'aboutit pas

DOCUMENTS

Annexe I.

Répartition de la population active selon les catégories socio-professionnelles (%)		
	1954	1975
1. Agriculteurs	20,8	7,6
2. Salariés agricoles	6,0	1,7
3. Ouvriers personnel de service	38,9	43,4
4. Industriels, artisans	4,4	2,9
5. Commerçants	7,6	5,4
6. Employés	10,9	17,6
7. Cadres moyens	5,9	12,7
8. Cadres supérieurs et professions libérales	2,9	6,7
9. Autres	2,6	3,3
Total 1-2	26,8	9,3
Total 6-7-8	19,7	36,0
Population active (mille)	20.199	21.775

Annexe II.

L'écart des revenus A = Part de l'ensemble des revenus allant aux 20% de la population ayant les plus bas revenus B = Part de l'ensemble des revenus allant aux 20% de la population ayant les plus hauts revenus C = Coefficient d'inégalité : rapport entre A et B			
	A	B	C
France	4,2	47,1	11,2
Etats-Unis	4,9	42,1	8,6
Canada	5,2	40,5	7,8
Allemagne Fédérale	6,5	46,3	7,1
Grande-Bretagne	6,1	39,3	6,4
Japon	7,1	41,9	5,9
Suède	7,3	35	4,8
Pays-Bas	9,1	36,3	4

Annexe III.

Equipement des ménages français Pourcentage des ménages possédant :		
	1955	1975
Réfrigérateur	7,5	88,5
Télévision	1,0	82,6
Lave-linge	8,4	69,0
Automobile	22,5	63,0
Congélateur	0,2	13,4
Lave-vaisselle	0,1	7,0

Possession simultanée d'un réfrigérateur, d'un téléviseur et d'une machine à laver le linge		
1957	1973	1977
1,9	57	68

Annexe IV.

Salaire mensuel	% Hommes	% Femmes	% Total
Combien gagnent les salariés français ? Salaires dans l'industrie et commerce Rémunérations nettes au 1.1.1980			
Moins de 1.370 F	4,15	7,03	5,08
De 1.370 à 2.055 F	5,39	13,95	8,17
De 2.055 à 2.680 F	15,38	29,48	19,96
De 2.680 à 3.900 F	36,54	32,09	35,09
De 3.900 à 5.200 F	18,13	11,06	15,83
De 5.200 à 6.350 F	8,17	3,63	6,70
De 6.350 à 7.620 F	4,15	1,32	3,23
De 7.620 à 10.160 F	3,85	0,92	2,90
De 10.160 à 19.000 F	3,39	0,46	2,43
Plus de 19.000 F	0,84	0,08	0,59

Annexe V.

Mobilité sociale

$$m = \frac{\text{position sociale du fils}}{\text{origine sociale du père}}, \%$$

	1953	1970
Agriculteurs exploitants	64	39
Salariés agricoles	33	16
Patrons industrie, commerce	44	20
Artisans, petits commerçants	43	25
Cadres supérieurs	37	35
Cadres moyens	21	32
Employés	20	19
Ouvriers	65	64
Personnel de service	4	3

Annexe VI.

Origine sociale des étudiants, % Année scolaire 1976/77	
Agriculteurs exploitants	5,1
Salariés agricoles	0,4
Patrons industrie, commerce	10,4
Cadres supérieurs, professions libérales	31,3
Cadres moyens	15,9
Employés	8,7
Ouvriers	11,7
Personnel de service	0,8
Autres catégories	6,3
Sans profession	6,6

LA POPULATION FRANÇAISE

* nombre d'habitants
  superficie du territoire
* déplacements de la population
  émigration : départ
  immigration : arrivée
* manière d'agir, de se
  comporter
* nombre
  de naissances × 1 000
  population totale
* baisse, décroissance
* jugements portés par
  avance, opinions formées
  ou adoptées sans examen

Le nombre d'habitants en France est de 53 millions (y compris 4 millions d'étrangers). Elle vient en cinquième position en Europe, après l'URSS, la Républi-que Fédérale Allemande, la Grande-Bretagne et l'Italie. Population peu nombreuse, si l'on considère l'étendue du territoire national (550.000 km²) : la *densité** de la population n'atteint pas 100 habitants au km².

● La France est un des pays les moins peuplés de l'Europe Occidentale. Mis à part l'Espagne et les pays scandinaves, la densité est partout plus élevée, quelquefois deux à trois fois plus (Pays-Bas 370, Belgique 320, Allemagne 240, Royaume-Uni 230, etc.). Cette constatation s'explique en grande partie par les particularités de l'évolution démographique du passé : pendant que l'Europe connaît un fort accrois-sement, la population française stagne pratiquement entre 1850 et 1945, sans con-naître pourtant d'intenses *mouvements d'émigration** comme les pays voisins. La cause en est le fort affaiblissement de la natalité qui, dans les années de 1930, ne peut même plus compenser les décès. Parmi les facteurs de ce *comportement**, on peut citer les idées avancées par la Révolution Française, l'introduction précoce du divorce (1792), les lois successorales (égalisation des parts entre héritiers), la sépara-tion de l'Eglise et de l'Etat (1905), les lourdes pertes en hommes de la première guerre mondiale.

● Une renaissance démographique exceptionnelle marque la période d'après la deuxième guerre mondiale. Contrairement aux autres pays de l'Europe Occidentale, la France conserve un *taux* élevé *de natalité** pendant les années 1960, ce qui conduit à un rajeunissement de la population. En l'espace de 30 ans, la France augmente sa population de 13 millions, autant que pendant le siècle et demi précédent. La principale raison de ce changement de menta-lité des Français est la politique suivie des gouvernements successifs en faveur de la famille et de la natalité : Sécurité Sociale, Allocations familiales, aides financières diverses. L'ensemble des mesures prati-quées met la France à l'avant-garde des pays occidentaux.

● A partir de 1965, les naissances diminuent lentement, depuis 1971 cette baisse est plus accentuée. Sommes-nous au début d'un long *déclin** ? L'arrivée à l'âge fécond d'une nouvelle génération, celle de l'après-guerre à mentalité très différente, insensible aux inté-rêts matériels, libre de *préjugés** (mariage libre fréquent), la libérali-sation de l'avortement (en 1974), la propagation des méthodes de contraception, l'accélération du processus du divorce, le travail généralisé des femmes sont certainement des facteurs d'explication auxquels s'ajoute un certain pessimisme de l'avenir. Malgré cette nouvelle tendance, la France possède toujours un des taux de nata-lité parmi les plus élevés de l'Europe de l'Ouest.

● La France est un des pays européens où les oppositions régiona-les revêtent un caractère fondamental.

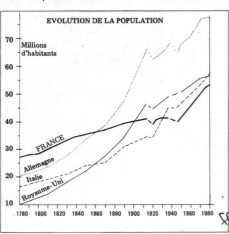

EVOLUTION DE LA POPULATION

Millions d'habitants

FRANCE
Allemagne
Italie
Royaume-Uni

Taux de natalité, 1978, pour mille			
Espagne	16,0	Canada	15,6
Japon	15,0	FRANCE	14,0
Etats-Unis	12,9	Italie	12,9
Belgique	12,7	Royaume-Uni	12,1
Suède	11,5	Suisse	11,4
Pays-Bas	11,3	Allemagne	9,3

— La répartition de la population (voir figure n° 3) indique des zones de vides et des zones de forte concentration. La place démesurée de Paris (1 français sur 6 y vit) par rapport au pays est un autre aspect de ce déséquilibre de l'espace, phénomène que l'on ne trouve que dans quelques petits pays européens (Danemark, Autriche, Hongrie, Grèce).

— Les mouvements de migrations sont quasi-identiques depuis un siècle : de l'Ouest vers l'Est, de la province vers la capitale. Le résultat de ces mouvements séculaires est l'appauvrissement, l'abandon de la moitié occidentale du pays, restée essentiellement agricole, rurale, et l'enrichissement de la moitié orientale, industrielle, urbaine, dynamique.

— Dans la mentalité démographique de la population des divergences ne cessent de *s'accuser**. La natalité est presque deux fois plus élevée dans le Nord et l'Est que dans le Centre et le Sud du pays; l'analyse de la *structure par âges** montre une France jeune s'opposant à une France vieillie. Contrairement aux autres pays européens, ce sont des régions riches qui ont ainsi le plus grand dynamisme démographique.

* ici, s'affirmer
* répartition selon l'âge des personnes

● La France est restée longtemps un pays rural, à activité agricole importante. Aussi la rapide transformation des activités qui est signalée vers 1956 entraîne-t-elle des mouvements violents, démesurés dans les campagnes et dans les villes. L'émigration rurale et l'urbanisation rapides sont souvent synonymes de déracinement social, de drame des campagnes vidées, d'anarchie des constructions urbaines et de coûts trop élevés.
Si le dynamisme de la population est un atout certain pour l'économie française, les modalités de la répartition spatiale posent de graves problèmes. (Voir tout le chapitre concernant l'espace).

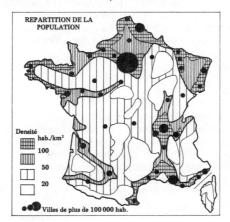

REPARTITION DE LA POPULATION

Densité hab./km²
100
50
20

●●● Villes de plus de 100 000 hab.

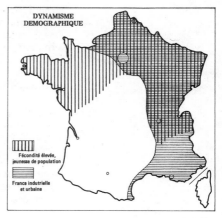

DYNAMISME DEMOGRAPHIQUE

Fécondité élevée, jeunesse de population

France industrielle et urbaine

DOCUMENTS

Annexe I.

« Si, depuis la guerre, la France a été à la tête des pays occidentaux pour l'expansion économique, elle le doit au rajeunissement. L'augmentation de 0,5% par an était raisonnable et même aurait pu être, sans dommage, plus élevée si le mode de développement choisi ne comportait tant de gaspillages. En 1973 et 1974, la panique malthusienne assise sur une profonde ignorance a gagné les corps et les esprits. Le renouvellement des générations n'est assuré qu'à grand-peine, grâce à l'apport étranger.

L'idée de compenser « l'explosion » asiatique par un renoncement national est une idée d'enfant. Si la natalité, diminuant encore de 10% en France, mettait le pays en péril, le « gain » pour le monde en 10 ans équivaudrait à l'augmentation de la population de l'Inde en trois semaines. »

Alfred Sauvy, *Croissance zéro,* Calmann-Lévy, 1975.

Annexe II.

« Faute de savoir réduire le gaspillage par tête, il nous faudrait alors réduire plus encore le nombre de gaspilleurs. J'estime cependant qu'il nous faudra pousser dans les deux directions à la fois. Tous les encouragements à la natalité en pays développés — du quotient familial fiscal, qui « paie » plus cher les enfants riches, aux allocations familiales après le deuxième enfant — devraient de toute urgence être remis en question, malgré le matraquage publicitaire nataliste auquel nous avons été indûment soumis depuis un bon demi-siècle. Le « croissez et multipliez » a déjà fait assez de dégâts depuis plus de deux millénaires qu'il sévit. Il est temps que les Eglises, enfin conscientes de leurs responsabilités, en dénoncent publiquement les méfaits. »

L. Dumont, *Le Monde diplomatique,* août 1974.

Annexe III.

« Il est grand temps de tenir compte du coût familial de l'enfant si l'on veut construire une société plus juste et plus solidaire. Ceux qui pensent — ou craignent — que l'on encombre le pays d'enfants trop nombreux créant des charges insupportables pour la collectivité font une analyse à très courte vue et singulièrement faussée. Ils oublient qu'une politique quantitative et qualitative de la population est nécessaire pour garantir un équilibre permanent entre les actifs et les non-actifs (jeunes en formation et personnes âgées principalement), condition du développement économique et du progrès social. »

Roger Burnel, *Le Monde,* 28 mars 1978.

Annexe IV.

Question : « A votre avis, est-il souhaitable que la population de la France augmente, diminue ou reste à peu près la même ? »

	Augmente	Reste à peu près la même	diminue	ne se prononcent pas
1949	54%	33%	3%	10%
1975	23%	65%	8%	4%

Enquêtes de l'Institut National d'Etudes Démographiques (INED) auprès d'un échantillon national représentatif.

Annexe V.

« La fécondité paraît être le révélateur d'un état profond de civilisation; les sociétés européennes ont ... perdu depuis une dizaine d'années une partie de l'espoir et de la foi qu'elles avaient en elles-mêmes. Avoir des enfants, c'est se projeter résolument dans l'avenir, avec la conviction ferme et globale que cet avenir vaudra la peine d'être vécu par ceux à qui on donnera la vie. »

G. Calot, *Le Monde,* 2 décembre 1976.

Annexe VI.

« Le troisième enfant est le pivot central autour duquel s'articule et oscille l'avenir démographique des nations modernes ... La plupart des nations occidentales encouragent les mariages et les natalités, pénalisent le célibat et les couples stériles. »

La population mondiale, Le Seuil, 1976.

Annexe VII.

« Les 800.000 mères d'un enfant de moins de 3 ans qui travaillent ne peuvent compter que sur 41.000 places de crèches collectives et 17.000 crèches familiales. La journée d'accueil d'un enfant coûte, dans le premier cas, 35 à 45 francs, et dans le second 28 à 35 francs (tarifs 1975-1976). »

J.-M. Poursin, *L'Express,* 10 novembre 1975.

Annexe VIII.

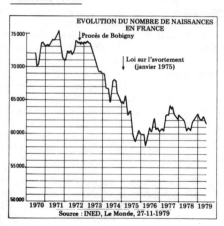

Annexe IX.

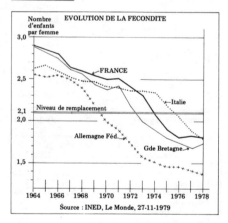

LA CONDITION FÉMININE

La place de la femme dans la société, pendant longtemps, a été limitée à l'accomplissement des tâches familiales et ménagères ou à l'activité mal rémunérée. Désignées « mineures et incapables » par le Code Napoléon, elle était soumise à l'autorité de son mari.

L'évolution de la société, l'augmentation du niveau de vie et la forte scolarisation ont progressivement amené des changements radicaux dans les conditions d'existence de la femme, sensibles surtout depuis une dizaine d'années. La femme acquiert l'égalité dans le domaine juridique, la reconnaissance de ses droits au travail, le droit à la libre disposition de son corps et à la libre maternité. Malgré tous ces acquis, beaucoup de domaines restent encore à conquérir.

● Un certain nombre de réformes de la condition juridique de la femme ont favorisé cette libéralisation.

La loi du 13 juillet 1965 a établi une très large égalité juridique entre l'homme et la femme. Chaque époux a le droit d'administrer lui-même, sans le concours de l'autre, son patrimoine propre. A la puissance paternelle, par laquelle pouvait se manifester la domination sans partage du mari sur les enfants, la loi du 4 juin 1970 a substitué l'autorité parentale. La loi du 11 juillet 1975 portant réforme du divorce supprime la *prééminence** du mari dans le choix de la résidence familiale.

* prédominance

Les droits à l'épanouissement sexuel et au libre choix de la maternité sont acquis par l'autorisation de la vente des contraceptifs, remboursés par la Sécurité Sociale (loi du 4 décembre 1974) et par l'adoption définitive en 1980 de la loi du 17 janvier 1975 permettant l'interruption volontaire de la grossesse. L'avortement doit être pratiqué avant la fin de la dixième semaine par un médecin consentant (on accorde aux médecins la liberté de conscience), dans un établissement hospitalier. Si un certain délai de réflexion est exigé, par contre l'autorisation du mari n'est pas *requise** pour la pratique de l'avortement.

* exigée, réclamée
* enfermée, isolée

● La femme a acquis l'égalité du droit au travail et elle peut occuper n'importe quel poste, recevoir n'importe quelle distinction dans la société. Les derniers bastions « antiféministes » sont tombés : en 1972, la première femme entre à l'Ecole Polytechnique et en 1978 à St-Cyr, et enfin, l'Académie Française ouvre aussi sa porte à une femme (Marguerite Yourcenar, en 1980).

Malgré ces brillantes conquêtes, dans la vie quotidienne les discriminations sont encore trop fréquentes et il faut recourir à la justice pour faire respecter la loi. Si la femme a un rôle de plus en plus grand dans la vie économique, elle est souvent *cantonnée** dans les métiers dits féminins (employée de bureau ou de commerce, employée de maison, infirmière, ouvrière de textile, enseignante, etc.), mal payée (les salaires de l'industrie et du commerce sont 30% inférieurs à ceux des hommes) et la plus touchée par le chômage (la moitié des demandeurs d'emploi). On explique ces écarts par la faible qualification, par le taux d'absentéisme élevé, par un certain

Ecarts de salaires féminins, % (industrie et commerce, au 1.1.1980)	
Cadres supérieurs	33,3
Ingénieurs	22,4
Cadres moyens	26,0
Employées	21,3
Ouvrières qualifiées	24,6
Ouvrières spécialisées	23,4
Manœuvres	18,2

Source : *Le Monde*, 22.1.1980.

Taux d'activité des femmes 1975-76, %			
URSS	45,3	Allemagne R.D.	41,3
Japon	35,1	Etats-Unis	35,0
Grande-Bretagne	32,9	Allemagne Féd.	31,1
FRANCE	29,6	Belgique	28,1
Italie	19,6	Pays-Bas	19,0
Mexique	12,0	Inde	11,9

Source : *Quid*, 1980.

manque d'ambition. Mais en fait, derrière ces excuses se cachent préjugés et habitudes.

● La participation de la femme française à la vie politique est encore trop timide eu égard à l'évolution dans les autres pays. Si trois femmes siègent au *gouvernement**, on ne compte que 17 députés-femmes sur 491 à l'Assemblée Nationale, et elles sont même écartées de la gestion locale, car on ne trouve que 1018 femmes-maires parmi les 36.188 communes de France. Ces constats sont d'autant plus surprenants que 52% du corps électoral est féminin. La femme française semble être peu attirée par la responsabilité politique et qui plus est, en tant qu'électrice elle préfère confier la conduite des affaires aux hommes. Elle montre une grande méfiance vis-à-vis des mouvements féministes (*MLF**, *CFEI**, Association Choisir, etc.).

● Les lois sont bien insuffisantes pour changer habitudes et mentalités et le rôle de la femme dans le foyer le confirme : les multiples tâches domestiques ainsi que l'éducation des enfants continuent à être l'affaire des mères de famille. Il est encore rare de trouver, même dans les jeunes ménages, un véritable partage des responsabilités familiales entre époux. Dans ces conditions, la recherche d'une activité rémunérée est souvent l'*exutoire** pour échapper à cet univers domestique, le début de l'indépendance, l'intégration à la vie sociale, bref, le sentiment « d'utilité ». Si le travail à l'extérieur de la maison permet à beaucoup l'épanouissement personnel, l'indépendance en fait reste un *leurre**, car après le temps de travail professionnel, il reste toujours le ménage, la cuisine et l'éducation des enfants à faire.
Partout on observe les mêmes objectifs de lutte avec des nuances de détail. Partout on assiste aux mêmes discussions passionnées et aux mêmes obstacles. En dehors de toute autre considération, l'image que la femme donne d'elle-même se modifie tout en restant encore *floue**, souvent contradictoire. Peut-on en être étonné, du moment qu'il s'agit en vingt ans de passer de l'infantilisme institutionnalisé par la loi à une responsabilité totale, librement consentie et acceptée ?

* Alice Saunier-Seité :
  ministre des Universités
  Monique Pelletier :
  ministre délégué à la
  condition féminine
  Nicole Pasquier : secrétaire d'Etat à l'emploi féminin
  Simone Veil : ministre de
  la Santé jusqu'à son élection comme Président du
  Parlement européen (août
  1979)
* Mouvement de Libération
  de la Femme
* Centre Féminin d'Etude et
  d'Information
* diversion

* tromperie

* vague, incertain

DOCUMENTS

Annexe I.

« Le travail des femmes, dont personne ne conteste la légitimité, ni la légalité... n'en est pas moins facteur de chômage et de dénatalité. Plutôt que d'envoyer les femmes au travail, mieux vaut les envoyer au lit. »

M. Henriet, discours au Sénat, 9 décembre 1979

Annexe II.

« Après un demi-siècle de diminution régulière du travail féminin, on assiste, depuis la fin des années 60, à un renversement complet de tendance. Entre 1968 et 1975, le seul effet de l'augmentation du taux d'activité des femmes de vingt-cinq à cinquante quatre ans a entraîné une hausse de la population active de cent dix mille personnes, en moyenne, par an. »

Le Monde, 3 novembre 1979

Annexe III.

« Plus personne ne conteste, en effet, l'aspiration grandissante des femmes à avoir un emploi... Seulement voilà : près de 55% des chômeurs sont des femmes et près de 64% des jeunes chômeurs de moins de vingt-cinq ans sont aussi des femmes. Aujourd'hui en France, huit millions deux cent mille femmes ont une activité professionnelle, soit 39,4% de la population active. En Belgique, par exemple, ce taux dépasse 50%. »

M. Castaing, Le Monde, 11 mars 1980

Annexe IV.

« Le gouvernement a promis, lors du débat de novembre 1979, à l'Assemblée Nationale, six nouvelles mesures pour les familles nombreuses : progression garantie de 3% du pouvoir d'achat des allocations, réduction sur les transports, doublement des allocations de naissance à partir du troisième enfant, congé de maternité porté de quatre à six mois, droit à la retraite renforcée, prêt de 100% pour l'achat d'un logement. »

Le Monde, Dossiers et Documents : la Famille, février 1980.

Annexe V.

« Les obstacles à la promotion des femmes sont cependant de plusieurs ordres, psychologiques ou techniques. Les obstacles de nature psychologique semblent prépondérants : non motivation de la femme elle-même pour accéder à des postes exigeant un engagement personnel parfois important, interrogation de certains responsables sur l'opportunité de promouvoir un encadrement féminin, affectation à des postes sans avenir, vive concurrence en raison des possibilités réduites de promotion interne; dans certains cas, on a évoqué les réactions d'une clientèle traditionnelle peu habituée à traiter d'affaires avec une femme. Les obstacles techniques le plus souvent cités ont été : première formation souvent insuffisante, difficulté de suivre régulièrement des cours de promotion sociale parallèlement à la vie familiale, difficulté plus grande de mobilité professionnelle ou de mutations internes. »

Rapport de la Commission « Femmes et Entreprises »
du Centre National du Patronat Français (CNPF).
Economie et Géographie, n° 163, mars 1979.

Annexe VI.

« Le nombre de diplômes d'ingénieurs délivrés à des femmes est passé de 380 (en 1971) à 862 (en 1976). L'accroissement correspondant est très net (127%), mais le pourcentage de femmes parmi les ingénieurs sortants reste encore faible (8,7%; Ministère de l'Education : 27.1.1978). De même l'Ecole Centrale se targue avec raison d'avoir accepté dès 1921 la première femme ingénieur; mais depuis, il est sorti 12.393 ingénieurs de l'Ecole Centrale, dont 110 jeunes filles seulement, soit moins de 1%. »

Economie et Géographie, n° 163, mars 1979.

Annexe VII.

« Dès qu'une femme franchit la frontière du territoire masculin, la nature du combat professionnel change. Les vertus que l'on exige alors d'une femme, on se demande combien d'hommes seraient capables de les montrer. »

Françoise Giroud, *Si je mens...*, (p. 140), Editions Stock, 1973.

Annexe VIII.

« Etre moi-même, et pas simplement ton contraire, ton pendant, ton complément. Exister sans modèle ni références. M'affirmer sans m'identifier à toi, sans même m'y opposer. Ma féminité ne te doit rien. Et tant mieux si je te plais. Ce n'est plus en tout cas ce qui me détermine. Je prends le risque d'être comme je suis. Et pas nécessairement comme tu me veux. De porter mon visage comme une évidence. Et non pas comme un objet de jugement. De prendre corps sans plus me soucier de tes constructions d'esprit. D'occuper ma place au soleil. Pas celle que tu m'as assignée. Celle que j'ai choisie. »

Mariella Righini, *Ecoute ma différence*, (p. 101), Editions Grasset, 1978.

S3

SYNDICALISME, SYNDICATS

● Un syndicat est une association de personnes exerçant la même profession ou des métiers différents dans une même branche d'activité, et qui a pour objet la défense des intérêts économiques et professionnels de l'ensemble de ses membres.

● La Constitution française garantit la liberté syndicale : « tout homme peut défendre ses droits et ses intérêts par l'action syndicale et adhérer* au syndicat de son choix ». Cette possibilité est étendue aux fonctionnaires, étrangers, mineurs (dès 16 ans), retraités. Par contre, nul n'est tenu d'adhérer à un syndicat. Un employeur ne peut prendre en considération l'appartenance à un syndicat pour arrêter ses décisions concernant l'embauche, la répartition du travail, l'avancement, les rémunérations de ses employés.

* faire partie de

L'exercice du droit syndical est reconnu dans toutes les entreprises employant plus de 50 salariés, où des sections syndicales peuvent être constituées, disposant d'un local, pouvant tenir des réunions dans l'enceinte de l'entreprise et distribuer ou afficher des publications ou tracts de caractère syndical.

Les organisations syndicales reconnues comme représentatives ont un rôle très important : elles sont seules habilitées à signer les conventions* de caractère national ou interprofessionnel, elles sont appelées à donner leur avis lors de l'élaboration du Plan, et sont représentées au Conseil économique et social, à la commission supérieure des conventions collectives, aux conseils de prud'hommes. Sur le plan local, les représentants des syndicats élus comme délégués syndicaux, délégués du personnel ou membres du comité d'entreprise, contrôlent la gestion de l'entreprise, discutent et signent des accords avec le chef d'entreprise.

* accords, contrats
* désaccords, oppositions

Taux de syndicalisation 1975, en %	
Suède	75
Belgique	71
Danemark	70
Irlande	55
Italie	53
Grande-Bretagne	50
Pays-Bas	42
République Fédérale Allemande	41
Japon	34
Etats-Unis	28
Canada	26
France	22

● Le syndicalisme en France touche à peu près un actif sur quatre, ce qui est un taux très faible vue la situation des autres pays développés, mais ce taux ne présume en rien de la force de l'action syndicale, comme l'attestent d'ailleurs le nombre de jours de grève et l'importance des conflits*.

Cinq grands syndicats existent en France, présents dans toutes les professions et à travers tout le pays.

La CGT, Confédération générale du travail, est le principal syndicat avec 2.400.000 adhérents et 40% des sièges dans les comités d'entreprise. Elle est dirigée par un bureau confédéral de 16 membres, avec Georges Séguy comme secrétaire général (depuis 1967). La CGT est proche du Parti Communiste, huit des seize membres du bureau sont au parti, deux d'entre eux, Séguy et Krasucki, sont membres du bureau politique du Comité central du PCF. L'organisation est très hiérarchisée, la discipline est sa grande force, les contestations sont exceptionnelles.

La CFDT, Confédération française démocratique du travail, créée en 1964 (issue de la CFTC), a 1.150.000 adhérents et possède 20% des sièges dans les comités d'entreprise. Bien qu'assez proche de certains

Grèves Nombre de journées de travail (de 8 h) perdues pour 1.000 salariés Moyenne 1970-1975	
Italie	1.399
Grande-Bretagne	655
Etats-Unis	483
Belgique	267
France	208
Japon	147
Suède	53
République Fédérale Allemande	48
Pays-Bas	47

Source : Quid, 1980.

Répartition des votes selon les syndicats			
	1962	1976	1979
CGT	44,3	39,8	42,3
CFDT	21,0	19,6	23,2
CFTC	21,0	3,0	7,2
FO	14,7	9,2	17,3
CGC	4,6	5,6	5,2
Divers	15,4	22,8	4,8

1962 : Elections à la Sécurité Sociale
1976 : Elections aux Comités d'entreprise
1979 : Elections aux Conseils de prud'hommes

* créature
* propage, répète
* séparation

* influence, autorité

* enchère, marchandage
* marquée, jalonnée
* fixent

nes optiques du Parti Socialiste, elle ne peut être considérée comme son *émanation**. Au sein de la CFDT, la divergence de vue est admise, la spontanéité d'action, le renouvellement des idées sont caractéristiques. Elle défend l'expérience autogestionnaire (affaire LIP) et *donne écho** parfois du courant gauchiste. Son secrétaire général est Edmond Maire.

La CGT-FO, Force ouvrière, fondée en 1947 après la *scission** avec la CGT, et que dirige André Bergeron depuis 1963, compte près d'un million de membres et 10% des sièges dans les comités d'entreprise. Résolument anticommuniste, elle recherche le dialogue avec le patronat et le gouvernement, elle est très attachée à la politique contractuelle.

Les deux autres grands syndicats ont une importance moindre. La CFTC, Confédération Française des travailleurs chrétiens, et la CGC, Confédération générale des cadres, ont chacun 200.000 à 300.000 membres et possèdent autour de 5% des sièges dans les comités d'entreprise.

En dehors de ces syndicats, à portée très générale, certains autres, professionnels, peuvent avoir une forte *emprise**, telle la FEN, Fédération de l'Education Nationale, avec ses 550.000 adhérents, ou parmi les syndicats patronaux, le CNPF, Conseil national du patronat français, dirigé par François Ceyrac et qui intéresse quelque 900.000 entrepreneurs.

● La CGT et la CFDT sont à la pointe de la lutte syndicale, l'unité d'action entre ces deux syndicats a souvent été le ferment de grands mouvements de masse dans le passé récent. Proches de point de vue, car ils condamnent le système capitaliste et refusent la coopération avec le patronat, ces deux syndicats ont de grandes difficultés à s'entendre actuellement, victimes de la mésentente politique au sein de la Gauche française. Les objectifs de lutte (semaine de 35 heures, garantie d'emploi et de pouvoir d'achat, augmentation des bas salaires) sont identiques, mais le choix des moyens d'action diffère. Une sorte de *surenchère** s'est engagée, *ponctuée** de violentes polémiques dont le but est l'affaiblissement du syndicat adverse. Les dernières élections aux conseils de prud'hommes *scellent** un recul relatif des deux syndicats et l'offensive de F.O.

DOCUMENTS

Annexe I.

« Les dirigeants de la CGT et de la CFDT sont parvenus à s'entendre sur une déclaration commune le 17 septembre... Dans le cadre de leur accord d'unité de 1974, les deux centrales définissent trois objectifs :
— L'augmentation des bas salaires et du SMIC, lequel devrait être porté à 2.700 F dans les meilleurs délais...
— La réduction du temps de travail vers les trente-cinq heures pour créer des emplois et vivre mieux...
— Le droit d'expression des travailleurs et d'information syndicale... »

Le Monde, 19 septembre 1979.

Annexe II.

* être dépendant

* relais

« La CGT a-t-elle réellement cessé d'*être tributaire** de la conception léniniste concernant le rôle respectif du parti et du syndicat qui fait de ce dernier la *courroie de transmission** du premier ? Ses actuels dirigeants affirment avec force et indignation leur indépendance. Mais il n'est pas étonnant, selon eux, qu'il y ait des convergences entre le PCF et la CGT. C'est que, disait encore M. Séguy, en octobre 1979, devant le Conseil national du parti communiste, sur le plan syndical, le parti communiste ne rencontre qu'une authentique organisation syndicale de la classe : la CGT. »

Jeanine Roy, *Le Monde,* Dossiers et Documents, n° 66 (« La CGT »), décembre 1979.

Annexe III.

* conciliables

« Si les divergences restent profondes au niveau des grandes options idéologiques, si en particulier les alternatives du régime capitaliste sont bien différentes pour la CGT, la CFDT ou FO, ou encore si le problème des relations entre syndicats, partis politiques et pouvoir font l'objet d'analyses peu *compatibles** dans les trois centrales et même à l'intérieur de chaque organisation, il existe un accord très global sur quelques grandes options : le refus du capitalisme en tant que système, ce qui différencie profondément le syndicalisme français du syndicalisme nord-américain ou allemand par exemple, et en second lieu le refus d'un syndicalisme purement corporatif. »

M. Parodi, *L'Economie et la société française de 1945 à 1970,* (p. 297), Coll. A. Colin, série U, 1971.

Annexe IV.

* renoncement
* force

« Si les syndicats ne parvenaient pas à déclencher un mouvement général contre la politique d'*austérité**, les conflits ponctuels n'en avaient que plus de *vigueur**. Ils s'inspirèrent souvent des pratiques utilisées à Longwy et à Denain ... Appels à la mobilisation plus ou moins étendue, manifestation dans les villes, chambres patronales mises à sac, gares occupées, minerais déversés sur les voies ferrées, bagarres avec les services d'ordre. Sans oublier un commissariat attaqué et la mise en marche d'un émetteur radio pirate : « Radio-Lorraine au cœur d'acier », etc. »

Le Monde, Bilan économique et social, 1979.

Annexe V.

« Les grèves illimitées du type de celles qui ont inspiré Zola dans son célèbre Germinal sont en régression sensible à notre époque ... Les grèves sont beaucoup moins

* rythme

héroïques et beaucoup plus techniques ... Certaines sont « tournantes », affectant un atelier après l'autre ... Les grèves sont dites « perlées » lorsqu'elles affectent le rendement et consistent en une diminution volontaire de la *cadence** de production ... A l'inverse, les travailleurs font une grève « de zèle » quand ils déploient une activité excessive ... Tout récemment la pratique s'est encore affinée, mettant au point la stratégie de la « grève bouchon »; la grève d'un seul atelier peut totalement arrêter la fabrication, car situé au point névralgique. »

Grève, *Encyclopaedia Universalis*, volume 8, 1972.

Annexe VI.

* en difficultés

« D'un côté, Heinz-Oscar Vetter, cinquante-sept ans, complet bleu marine, chemise blanche et cravate; de l'autre, Edmond Maire, quarante-quatre ans, en bras de chemise et gilet de laine. H.-O. Vetter préside le Deutsche Gewerkschaftsbund, la plus grande centrale ouvrière d'Europe continentale, au sommet d'un immense imposant de Düsseldorf. Alors qu'on ne semble croiser ici que des employés et des fonctionnaires, square Montholon à Paris, le secrétaire général de la CFDT vit dans une ambiance de militantisme et de politique à la fois plus désordonnée et plus passionnée. H.-O. Vetter est un notable qui siège dans sept conseils d'administration des plus grandes firmes d'Allemagne Fédérale et contrôle à travers le DGB des disponibilités financières estimées à quelque 6 milliards de deutschemark ... Edmond Maire voit la CFDT *« tirer le diable par la queue* »*, prend ses distances à l'égard de tout ce qui peut être participation et cogestion, et s'en tient à un rôle critique et de revendication. »

Le Monde, L'année économique et sociale, 1975.

LES ÉVÉNEMENTS DE MAI 1968 ET LEURS CONSÉQUENCES

* conflit
* enflamme

Les années 1968-69 sont marquées dans le monde entier par des mouvements de *contestation**. Le mouvement qui secoue la France commence, comme partout ailleurs, par une manifestation estudiantine, qui prend de l'ampleur et *embrase** finalement l'ensemble de la société.

* fermentation, agitation

● L'université française est en *effervescence** au début de 1968. Les problèmes que ressentent les étudiants sont nombreux, concernant l'organisation et la finalité de l'enseignement, les règles de la vie quotidienne dans les cités universitaires,

* entrée, participation
* privation, dépouillement

l'*insertion** difficile dans la vie active. Mais le plus grave est le sentiment de *frustration** que ressent l'ensemble des étudiants : être considérés comme mineurs, incapables de raisonnement logique, de comportement responsable. Toutes les questions concernant leur vie de tous les jours sont débattues sans eux et les solutions proposées obéissent à un modèle défini sans leur consentement, modèle recopié ou actualisé de génération en génération. Ils doivent subir les cours magistraux

* ignore volontairement
* durables
* proscrite, condamnée

sans discussion, se plier à une discipline rigide qui *fait fi** de l'évolution des mœurs, accepter des critères de sélection *immuables** et parfois injustes. L'imagination est suspecte et *bannie**, tout doit être conforme à une échelle de valeurs éprouvées que chaque individu doit acquérir pour être accepté par la société.
L'existence du profond malaise n'aurait pas abouti à l'explosion de mai sans

* substance ou machine capable de faire détoner un produit explosif

l'action d'un *détonateur** : il s'agit de « groupuscules » d'inspiration anarchiste, trotskiste et maoïste qui pensent que l'Université est le milieu d'où peut surgir la révolution qui détruira la société capitaliste.

● Particulièrement actifs parmi les étudiants en sociologie de Nanterre, ces groupes parviennent à paralyser le fonctionnement de cette université, qui sera fermée à la fin du mois d'avril. L'agitation gagne la Sorbonne, où, pour parer aux risques de graves incidents, le recteur fait appel à la police.

* clôtures, périmètres

L'entrée de celle-ci dans les *enceintes** universitaires, considérée comme la violation d'un privilège très ancien, ainsi que les brutalités des forces de l'ordre, provoquent une manifestation de solidarité et bientôt toutes les universités françaises seront en grève, avec occupation des locaux. Tandis qu'à Paris, chaque nuit, se répètent de violents affrontements autour des barricades du Quartier Latin, une convergence de vues profonde s'établit entre les étudiants qui, tout au long des discussions interminables, se découvrent solidaires, pleins d'idées, de générosité et d'espoir dans la société à venir.

* favorable

● Observant l'extension du mouvement étudiant et les hésitations du pouvoir, les syndicats voient l'occasion *propice** à des revendications importantes. Une manifestation formidable se déroule le 13 mai à Paris et en province où l'on voit défiler côte à côte étudiants, enseignants, ouvriers, employés. Le succès de cette manifestation

Répartition des sièges à l'Assemblée Nationale		
	1967	1968
Gaullistes (U.D. Vᵉ)	197	294
Républicains Indépendants	43	64
Centre (P.D.M.)	42	27
Centre (divers)	9	9
Socialistes (Fédération) ..	118	57
Communistes (P.C.F.) ...	73	34
Extrême gauche (P.S.U.)	3	—
Total	485	485

* rareté
* marchandises
* salaire minimum agricole garanti

* irritée

* conclusion, solution

* rognés, diminués

est à l'origine de la propagation rapide du mouvement de revendication dans les milieux ouvriers. Le 14 mai, l'usine de Sud-Aviation de Nantes est occupée par les ouvriers et les actions vont se multiplier pour aboutir à la grève générale le 18 mai. Dans une atmosphère sociale lourde, marquée par la *raréfaction* * des *denrées* * de première nécessité et les émeutes du 24 et du 25 mai, le gouvernement invite syndicats et patronat à une réunion de confrontation, dont les résultats (« accords de Grenelle », le 27 mai) sont très importants : augmentation des salaires de 10%, relèvement du SMIG de 35%, du *SMAG* * de 50%, récupération des journées de travail perdues, garantie de niveau de vie et du droit syndical.

● Le gouvernement pense avoir désarmé le mouvement ouvrier. En effet, les syndicats signent les accords, mais la base syndicale les refuse, et n'obéissant plus aux responsables, durcit son action. Les 28, 29 et 30 mai, la situation est explosive, l'incertitude grandit d'autant plus que le Général de Gaulle est parti pour une destination inconnue. L'opposition de gauche croit son moment venu. Le discours, au stade Charléty, de François Mitterand qui annonce sa candidature à la présidence de la République, donne l'impression que la gauche songe à profiter des événements pour faire une sorte de coup d'Etat.

● Revenu d'Allemagne (où il s'est assuré de la fidélité du général Massu et de l'Armée française), de Gaulle prononce le 30 mai un discours à la radio qui renverse la situation : il dissout l'Assemblée Nationale et donne ainsi la possibilité aux Français de faire un choix de société dans le calme, en élisant un nouveau Parlement. La situation sociale se détend progressivement, l'objectif est le gain des élections. Mais déchirée, divisée, la gauche aborde la campagne électorale dans de mauvaises conditions et les élections sont un grand succès pour les Gaullistes (voir tableau). L'opinion a été *exaspérée* * par la multiplication des violences et a choisi la sécurité.

● Malgré ce *dénouement* * inattendu, les événements de Mai 68 n'ont pas été sans conséquence importante. Sur le plan politique, ils entraînent le déclin et l'éclatement des partis politiques traditionnels. Dans le domaine social, les accords de Grenelle améliorent sensiblement la condition ouvrière. Les réformes dans l'Université (participation des étudiants aux conseils, nouveaux systèmes d'examen basés sur le contrôle continu, réforme des règlements dans les cités universitaires) sont reçues avec soulagement. Mais très vite les limites de ces réformes apparaissent, et les acquis sont lentement *grignotés* * ou aménagés. Pourtant, il reste quelque chose d'essentiel, une nouvelle façon de voir la vie, de se comporter, d'espérer, la conscience d'appartenir à une nouvelle « génération ».

DOCUMENTS

Annexe I.

« Ils doivent proclamer qu'ils combattent
— pour prendre en main collectivement les affaires qui les concernent, c'est-à-dire l'autogestion;
— pour détruire les hiérarchies qui paralysent l'initiative des groupes et des individus;
— pour contraindre ceux qui détiennent l'autorité, ou se la voient confiée, à rendre des comptes de façon permanente;
— pour répandre les informations et les idées dans le corps entier de la collectivité;
— pour briser les cloisonnements qui, sous le couvert des exigences de la division technique du travail et de la connaissance, isolent les catégories d'étudiants et d'enseignants les unes des autres;
— pour ouvrir l'Université à tous ceux qui en sont à présent exclus;
— pour faire reconnaître comme une loi de la démocratie la pluralité des tendances et des écoles de pensée. »

Extrait de *L'Enragé* (Caen) n° 1 (fin mai)
Alain Schnapp, Pierre Vidal-Naquet : Journal de la commune étudiante, (p. 557),
Ed. Seuil, nov. 67-juin 68

Annexe II.

« La barricade ferme la rue, mais ouvre la voie. »
« On ne compose pas avec une société en décomposition. »
« La plus belle sculpture, c'est le pavé de grès. Le lourd pavé critique, c'est le pavé que l'on jette sur la gueule des flics. »
« Quand l'Assemblée Nationale devient un théâtre bourgeois, tous les théâtres bourgeois doivent devenir des Assemblées Nationales. »
« L'imagination prend le pouvoir. »
« Déboutonnez votre cerveau aussi souvent que votre braguette. »
« Ne changeons pas d'employeurs, changeons l'emploi de la vie. »
« Ceux qui parlent de révolution et de luttes des classes sans se référer à la réalité quotidienne parlent avec un cadavre dans la bouche. »

Slogans sur les murs de Paris

Annexe III.

* destruction, pillage

« A Paris une nuit de *saccage* * fait suite à l'allocution du chef de l'Etat (du 24 mai). On ne peut pas dire qu'elle lui répond. Pour la première fois, c'est la Rive droite qui est le lieu de déchaînements. Des barricades s'élèvent près de la Gare de Lyon, de la place de la Bastille, et plus à l'est, dans le quartier de la Nation; plus à l'ouest, on met un peu le feu à la Bourse, place Vendôme on jette des boulons au lance-pierres dans les vitres du Ministère de la Justice. Les vandales de la banlieue, sans doute appelés par des groupes anarchistes, prennent la tête des opérations. Les dirigeants nominaux de l'Union Nationale des Etudiants de France et les jeunes responsables du Syndicat National de l'Enseignement Supérieur ont l'air embêté : ils se révèlent impuissants à canaliser la violence lorsqu'elle reflue vers le Quartier Latin. »

Anne et Pierre Rouanet, *Les trois derniers chagrins du Général de Gaulle,* (p. 266),
Edition Grasset, 1980.

Annexe IV.

« Le meeting de Charléty, organisé à l'initiative de l'UNEF avec la participation du SNESUP, de la CFDT et de certains responsables de FO, va mettre nettement en évidence l'opposition de la CGT, qui organise le même jour ses propres meetings en douze points de Paris et qui organisera seule le lendemain, après le refus de la CFDT et de l'UNEF, un grand défilé de la Bastille à la Gare St-Lazare. Dès lors les oppositions des centrales ouvrières vont refléter plus profondément les luttes sociales auxquelles se livrent en ces moments *cruciaux** le Parti Communiste, la FGDS et le PSU. »

* décisifs

M. Parodi, *L'économie et la société française de 1945 à 1970*, (p. 290), A. Colin, Collection U, 1971.

Annexe V.

« L'année 1968, dont certains avaient espéré qu'elle serait l'année d'une nouvelle révolution débouchant sur un nouveau régime social, aura finalement pris le visage d'un nouveau 1848, avec ses enthousiasmes, ses manifestations de rue, ses journées *tumultueuses** et ses débordements oratoires, mais aussi avec le refus de la province de suivre les impulsions parisiennes, et avec le refuge cherché près de l'autorité. Du moins n'aurait-elle pas connu les massacres des journées de juin... »

* agitées, troublées

G. Lefranc, *Le Mouvement syndical de la Libération aux événements de mai-juin 1968*, Payot, 1969.

Annexe VI.

« Le mouvement de mai n'a pas remporté une victoire en triomphant de son adversaire. Il n'a pas fait la révolution. Il n'a ni pris ni tenté de prendre le pouvoir. Mais il a détruit l'illusion d'une société réconciliée avec elle-même par la croissance et la prospérité, remplacé le mirage du bien commun et de la rationalité sociale par le rappel aux contradictions et aux luttes de la société. Il a réinventé, au cœur d'une crise de mutation sociale, la lutte des classes. »

Alain Touraine, *Le communisme utopique, Le mouvement de mai 1968*, (p. 14), Ed. Seuil, 1972.

S5

L'ENSEIGNEMENT

L'enseignement est une tâche noble car elle permet d'accéder à l'enrichissement culturel; mais c'est aussi un investissement économique indispensable car la bonne formation de la population active future en dépend; enfin, l'enseignement est un instrument de l'égalisation des chances dans la vie, de justice sociale.

● Les grands principes du système d'instruction en France ont été établis il y a 100 ans, dans la décennie 1880-90. L'enseignement est gratuit, neutre en matière de religion et obligatoire de 6 à 16 ans. La liberté de l'enseignement permet la coexistence d'un système d'établissements publics (quatre-cinquièmes des élèves) et privés, mais l'Etat impose les programmes, organise les concours et examens, délivre* seul les diplômes jusqu'au baccalauréat. Depuis la loi Debré de 1959, l'enseignement privé est aidé par l'Etat (« contrat d'association ») : il rémunère les professeurs et participe aux dépenses de fonctionnement (neuf-dixièmes des établissements privés, signataires du contrat en bénéficient).

remet

● De façon traditionnelle, on distingue l'enseignement préscolaire (avant 6 ans), l'enseignement primaire (6 à 11 ans), l'enseignement secondaire (11 à 18 ans) sanctionné par le baccalauréat, et enfin l'enseignement supérieur. L'organisation, le contenu, la finalité des cycles d'études sont définis par la loi Haby de 1975, en cours d'application, et qui s'étendra au cours de l'année scolaire 1980/81 à l'ensemble de la scolarité obligatoire. Il existe donc provisoirement (et cela pour quatre années encore) deux systèmes d'enseignement en vigueur : d'un côté écoles élémentaires et collèges régis par les dispositions de la réforme Haby, de l'autre le lycée qui continue à appliquer les règles antérieures à 1975.
Les principaux points de la loi Haby sont les suivants : extension du réseau d'écoles maternelles pour que tous les enfants de 4 et de 5 ans puissent en bénéficier; abandon du redoublement et de l'examen de passage dans les écoles élémentaires et collèges, institution d'un enseignement adapté au niveau de chaque élève (classes de soutien dans les trois matières fondamentales : français, mathématiques, langue vivante); organisation d'un tronc commun de formation, sans spécialisation et sans filière* depuis l'école primaire jusqu'à la sortie du collège; gratuité de l'enseignement par le prêt des manuels scolaires et la prise en charge progressive des frais de transport par l'Etat; participation des élèves et des représentants de parents d'élèves au fonctionnement de la classe et de l'établissement.

voie, hiérarchie

● Dans l'enseignement primaire, l'horaire hebdomadaire est de 27 heures, les matières fondamentales (français 9 h, mathématiques 6 h) sont groupées et enseignées le matin. Les activités d'éveil, qui comprennent aussi des travaux manuels (total 7 h) sont programmées l'après-midi, de même que l'éducation physique et sportive. Cette organisation hebdomadaire en trois grandes catégories d'activités constitue « le tiers temps pédagogique ». Les élèves ont congé mercredi toute la journée et samedi après-midi (voir le schéma de la scolarité en document annexe).

Effectifs des élèves, 1977/78, en millier		
	Public	Privé
Enseignement élémentaire	3.978	653
Collèges	2.584	583
Lycées cycle court	594	162
Lycées cycle long	785	240
Enseignement spécial ...	241	7
Boursiers (2 degrés)	1.511	241

	Enseignement de la langue % des élèves, 1977/78			
	1re langue		2e langue	
	Public	Privé	Public	Privé
Anglais	80,9	91,5	20,7	9,1
Allemand	15,8	7,1	33,9	39,3
Espagnol	2,6	1,1	37,1	47,4
Italien	0,3	0,1	7,0	3,5
Autres	0,4	0,1	1,3	0,7

* critiquées

Dans les collèges, l'enseignement uniforme (avec 24 h hebdomadaires, 8 matières dont une de langue) continue en 6e et 5e, auquel s'ajoutent, en classe de 4e et de 3e, trois heures supplémentaires prises dans un éventail de matières à option et de matières facultatives (latin, grec, 2e langue vivante, 1re langue renforcée). Les élèves ne pouvant suivre le rythme d'études peuvent entrer à 14 ans dans un collège d'enseignement technique ou dans une classe préprofessionnelle. A la fin de l'année de 3e (pour la scolarité normale), un avis d'orientation est communiqué aux parents (poursuite des études dans un lycée d'enseignement général, dans un lycée d'enseignement professionnel ou abandon des études). L'avis de l'établissement peut être contredit par les parents.

Les lycées d'enseignement général préparent au baccalauréat ou au brevet de technicien en 3 ans, les lycées d'enseignement professionnel au BEP ou CAP (niveau ouvrier ou employé qualifié) en 2 ans.

Le système encore en vigueur au cours de l'année scolaire 1979/80 instaure une série de filières conduisant à divers types de baccalauréats : A (philosophie, lettres), B (sciences économiques et sociales), C (mathématiques et sciences physiques), D (mathématiques et sciences de la nature), D' (sciences agronomiques et techniques), E (sciences et techniques), F, G et H (technique).

La réforme Haby prévoit le baccalauréat en deux étapes : à la fin de la classe de 1re, examen dans un ensemble de matières obligatoires, à la fin de la classe de terminale examen dans les matières à option (seules la philosophie et l'éducation physique demeureront obligatoires).

● Le système d'enseignement en France est-il efficace ? Si le niveau de baccalauréat est élevé, ce diplôme ne peut être valorisé que par la poursuite des études. L'enseignement reste trop théorique, l'enseignement technique, trop longtemps méprisé, est insuffisamment développé. Les conditions d'études sont *décriées** par le corps enseignant : surcharge des classes, insuffisance des moyens en personnel et en matériel. Malgré les dispositions de la loi Haby, la sélection sociale persiste ou se reconstitue : le tiers (34%) des enfants d'ouvriers quitte l'école à 16 ans (2% chez les cadres supérieurs ou professions libérales).

DOCUMENTS

Annexe I. Schéma du système d'enseignement primaire et secondaire

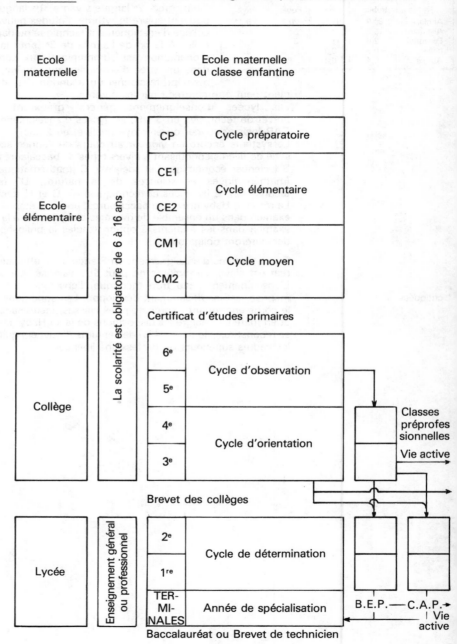

Annexe II.

« Au moment où les travaux préparatoires du VIIᵉ Plan insistent sur la nécessité de réduire les inégalités sociales, l'école doit s'efforcer d'être un instrument efficace de l'égalisation des chances, en s'appliquant à effacer les contraintes que font peser sur certains enfants les conditions matérielles et culturelles de leur milieu familial. »

Exposé des motifs de la loi du 11.7.1975 portant réforme du système éducatif français.
Le Courrier de l'Education, n° 12, juin 1975.

Annexe III.

« Aujourd'hui, 70% des travaux nécessaires à l'activité économique sont des travaux manuels (ce chiffre serait de 80% si l'on y ajoutait le travail des femmes qui restent à la maison). Ainsi peut-on dire que trois jeunes sur quatre doivent s'attendre à effectuer leur vie durant un travail manuel. Or, celui-ci étant dévalorisé à l'heure actuelle, il est possible de dire que trois jeunes sur quatre cherchent et se préparent à faire un travail non manuel. »

Le Nouvel Observateur, « Faits et Chiffres », 1977.

Annexe IV.

« La réforme Haby — dite du collège unique — s'est mise en place de manière très inégale. De la réapparition clandestine des filières — en principe supprimées — au refus, fréquent, du soutien pédagogique, la loi est appliquée dans le désordre ... L'objectif affiché d'égalisation des chances des jeunes Français a-t-il des chances de devenir une réalité ? ... La question se pose, tant cette ambition rencontre d'obstacles à l'intérieur du système éducatif comme à l'extérieur : effectif des classes, insuffisance de la formation des enseignants, habitudes, mentalités, contexte social, choix politiques ... »

Catherine Arditti, Les mille et une réforme Haby, *Le Monde*, 17 janvier 1978.

Annexe V.

« L'opinion des Français sur l'école libre (enquête réalisée par la SOFRES en mai 1974). 87% des Français estiment souhaitable que les parents puissent choisir pour leurs enfants entre des écoles dirigées par l'Etat et des écoles libres. 10% seulement sont contre (en 1968 : 54%, en 1971 : 58%). Les plus favorables : artisans 94%, ouvriers 86%. »

Quid, (p. 989), 1977.

Annexe VI.

Orientation après le baccalauréat en 1976

Série	Nombre de candidats	% de reçus	Orientation des reçus, %					Arrêt des études
			CPGE	IUT	STS	Univers.	Autres	
A	72.109	60,9	5,8	3,2	9,6	58,3	2,9	20,2
B	30.517	68,6	3,2	11,1	8,9	57,7	3,4	18,7
C	42.676	71,2	37,6	6,4	3,9	46,6	2,5	13
D-D'	75.232	62	4	7,6	6,8	60,2	1,4	10
E	8.299	62,6	32,7	22,5	13,6	18,2	1,1	11,9
F	33.669	56,8	0,2	19,8	26,5	9,2	0,3	44,0
G	48.202	64,9	0,2	9,1	13,6	18,6	0,5	58
H	699	59,9	0,2	29,9	29,6	9,8	0,2	30,3
Total	311.403	65,7	9,2	8,5	10,4	44,8	1,8	25,3

CPGE : Classe préparatoire aux grandes écoles
IUT : Instituts Universitaires de Technologie
STS : Sections de techniciens supérieurs

Source : Service des études informatiques et statistiques du Ministère de l'Education

ATTITUDES ET MENTALITÉS

Malgré le risque de subjectivité, on ne saurait nier que l'organisation d'un territoire, les rapports de société, la vie quotidienne sont indissociables de la psychologie des habitants, de leurs traditions, de leurs attitudes collectives. La définition des caractères est particulièrement malaisée en France, tant l'hétérogénéité du peuplement (nordique, alpin, méditérranéen), la juxtaposition et le *brassage** de population créent de tempéraments très différents. Pourtant, certains traits demeurent.

* mélange

● De tout temps on a remarqué la discipline d'esprit des Français : son goût pour la pensée, la théorie, la logique rigoureuse, *cartésienne**. Il est capable d'expression claire et de démonstration séduisante, auxquelles il joint foi et enthousiasme. Si l'esprit d'abstraction permet des synthèses brillantes, la confrontation des idées avec des données réelles, la vérification de détail est souvent oubliée. « L'action intéresse moins le Français que les moments qui le précèdent et qui le suivent, plus riches de possibilités intellectuelles » (Pinchemel). Homme de pensée plus qu'homme d'action, il lui manque la *persévérance**, la *tenacité**. La France est le pays des réalisations brillantes, d'expériences originales, souvent uniques dans le monde, mais qui restent à l'état de prototypes. Elle suscite à l'étranger l'admiration plus que la confiance.

* méthodique et rationnelle

* constance, persistance
* obstination, fermeté

● Aucun autre pays n'a autant lutté, sacrifié pour la liberté que la France. Chaque Français y attache une très grande importance. Un véritable arsenal de règlements existe pour protéger le droit individuel et collectif. Mais chaque Français pense que la loi et le droit sont pour lui tout seul et si ce n'est vraiment pas le cas, alors selon son tempérament il se révolte, il se met en marge de la société, ou bien il cherche le moyen de contourner la loi en sa faveur. Cette liberté « absolue » fort bien protégée par la loi devient obstacle à toute évolution, tout changement car la remise en ordre des structures n'est pas examinée en fonction des réalités, mais par rapport aux grands principes politiques (la liberté) et juridique (le droit de propriété).

● La mise en valeur des paysages, l'ordonnance des cités pavillonnaires, l'*émiettement** des entreprises industrielles et agricoles mais aussi et surtout les attitudes humaines dénotent une forte tendance à l'individualisme. Individualisme qui *engendre** parfois des comportements collectifs d'autodéfense : *patriotisme de clocher**, solidarité d'intérêt des groupes socio-professionnels, régionalisme.

* dispersion

* occasionne, crée
* fort attachement à l'espace de vie (clocher = église = commune)
* extravagance, plaisanterie
* expérience, habitude

● Dire du pays des révolutions qu'il est peuplé de conservateurs relève de la *boutade**. Pourtant ce conservatisme est indéniable; *routine** et traditions marquent profondément les campagnes françaises et le Code Napoléon domine toujours une grande partie du domaine juridique; ainsi le Français s'attache plus à la défense des droits ou situations acquises qu'à l'amélioration de son statut par des entreprises hardies. Il cherche à se garantir contre toute mutation éventuelle, de peur que ses intérêts soient quelque peu *égratignés**. Le fonctionnaire immuable qui attend tranquillement sa retraite est l'exemple type de cet état d'esprit. Il en résulte une force massive d'inertie et d'immobilisme (y compris d'ailleurs l'immobilisme géographique).

* blessés

● Le nationalisme des Français est universellement souligné. Ce nationalisme, qui incitait à tant d'actes patriotiques dans le passé, semble dépassé, malgré la période récente dominée par la personnalité du Général de Gaulle. Les réflexes nationalistes demeurent pourtant : on reste en France encore persuadé que la langue française est toujours universelle, que la civilisation française est la plus brillante et plus admirée. Un certain désintéressement, un manque d'ouverture vers le monde extérieur sont inévitables. Que le Français ignore la géographie, qu'il prononce les noms étrangers à sa façon ne gène personne. L'ignorance générale n'est pas une ignorance. Ce nationalisme n'a pas que des *travers* * même si l'étranger peut être *agacé* *. L'attachement au sol natal (le Français émigre peu) la reconnaissance des valeurs *ancestrales* * sont garants de force et de permanence, seulement l'évolution du monde est rapide, les structures sont remises en cause continuellement, et la France a de plus en plus de difficultés pour s'adapter.

* défauts, faiblesses
* irrité, ennuyé
* anciennes

● Il existe un thème qui nourrit toujours les conversations des Français, intarissables sur ce sujet : le Gouvernement. L'étranger peut penser que les Français sont très politisés. Il n'en est rien. Depuis longtemps la France vit sous un pouvoir hypercentralisé, dont les *rouages* * sont constitués par une bureaucratie *tentaculaire* * et souvent *tatillonne* *. Le Français confond Gouvernement et Etat. Cet Etat est abstrait, source pour les Français de tous les maux, mais c'est aussi l'Etat providence qui doit résoudre tous les problèmes. Cette vision de l'Etat explique tant d'immobilisme, de passivité mais aussi tant de grèves et de manifestations.

* parties d'un mécanisme
* enveloppant (ici)
* minutieuse

● Les attitudes, les mentalités les plus généralement répandues seraient-elles donc plutôt négatives ? C'est que l'on n'a pris en compte que les trop lourds traits qui sont déterminants dans l'explication de l'évolution de l'économie et de la société. Pour compléter son image, on doit lui reconnaître d'autres traits de caractère complémentaires : le Français est accueillant et *tolérant*; gai, amusant et bon vivant, enthousiaste et entraînant, débordant de vitalité et d'idées...

* libéral, large d'esprit

DOCUMENTS

Annexe I.

« Le substratum français reste à peu près intact, depuis trois siècles. La centralisation bureaucratique, les affirmations dogmatiques, l'esprit d'abstraction, le *sectarisme** manichéen. Le cloisonnement en castes hostiles. La passivité du citoyen, coupée de brusques révoltes. L'incompréhension de la croissance, le malthusianisme démographique et social… Une force massive d'inertie *dissuade** et dissout les essais de réforme; les seules qui prennent sans mal sont celles qui *flattent** notre individualisme.»

*intransigeance, étroitesse

*décourage, écarte
*glorifient, louent

Alain Peyrefitte, Le mal français (p. 66), Ed. Plon, 1977.

Annexe II.

Aux yeux de ses habitants, dont ils sont les enfants, la France est une personne, un bien, un sol, une idée que l'on admire, possède et défend; mais elle n'apparaît pas comme un espace, une organisation territoriale. La France est un concept plus ou moins anthropomorphisé, beaucoup plus qu'une nation spatialement et géographiquement définie. Et la France fait figure aux yeux des Français d'une personne riche, bénie des dieux, d'une entité qui ne peut pas mourir, qui sortira toujours victorieuse des difficultés. Toute cette conception personnaliste est loin de favoriser une attitude de curiosité à l'égard des problèmes proprement territoriaux, c'est-à-dire, au sens strict, géographique.»

Philippe Pinchemel, La France (tome I, p. 209), Ed Armand Colin, 1969.

Annexe III.

« Les Français sont atteints d'un mal profond. Ils ne veulent pas comprendre que l'époque exige d'eux un effort gigantesque d'adaptation. Ils *s'arc-boutent** tant qu'ils peuvent, pour faire obstacle aux changements qu'elle entraîne. Regardez le passé : se sont-ils jamais montrés capables de s'organiser spontanément, d'investir, de produire, d'exporter par eux-mêmes ? Non. Ils attendent passivement que la puissance publique fasse tout à leur place. Il faut que ce soit elle qui veille à tout, qui *vaque** à tout, et spécialement aux transformations nécessaires; ensuite ils les refusent, parce que c'est elle qui les leur apporte. »

*font tout ce qui est possible (ici)

*s'occupe de

Général de Gaulle, propos rapportés par Alain Peyrefitte, Le mal français (p. 61).

Annexe IV.

« L'ordre français est officiel, imposé d'en haut, quoique accepté d'en bas; intellectuel, artificiel, règlementé, précédant l'action par un système compliqué de règles écrites en prévision de tous les cas possibles. La tendance intellectualiste *s'empare** aussitôt du champ de l'action, le limite et le définit et elle y jette un *quadrillé** de principes auxquels devra s'ajuster tout acte futur. C'est le Droit. Ces principes restent naturellement trop souvent des irrégularités de la vie dans leur parfaite régularité. Afin de serrer de plus près les choses et les actes, l'intelligence insère dans le quadrillé du droit un quadrillé encore plus fin. Ce sont les règlements. »

*prend, accapare
*système régulier de lignes qui se croisent

Salvador de Madariaga, Anglais, Français, Espagnols. Paris, 1952.
Cité par P. Pinchemel, La France (tome I, p. 210).

Annexe V.

« Bien qu'il ait pris la Bastille, il y a près de deux siècles, le Français n'est pas encore parvenu à se représenter qu'il n'est plus un sujet, mais un citoyen; d'où cette attitude de sujet mécontent, cette tendance à confondre l'Etat et le gouvernement, voir la nation, sous le vocable « Ils » ou « On ».»

Alfred Sauvy, *Le coq, l'autruche et le bouc... émissaire* (p. 17), Ed. Grasset, 1980.

Annexe VI.

* réfractaires, entêtés

* menace, provocation
* déplait

« En tout pays, chacun renacle devant certaines contraintes du progrès. Mais dans les pays polycentriques, ce refus est surmonté : les *récalcitrants** ne peuvent s'en prendrent à personne d'une évolution qui est celle de l'époque; elle les déborde de toutes parts; elle est un *défi**, qu'ils relèvent. Cette démarche pragmatique *répugne** à la mentalité monocentrique : puisque l'Etat peut tout, il doit arrêter le soleil; ou faire tourner la terre plus vite. Qu'il ordonne le changement, tout de suite, et pour tous... Les Français sont aussi attachés au statut quo, qu'ils en sont mécontents. Ce sont des conservateurs contestataires. »

Alain Peyrefitte, *Le mal français (p. 379).*

Annexe VII.

Selon un sondage personnel auprès des étudiants étrangers les Français sont plutôt :

nationalistes, chauvins :	95%	attachés aux traditions :	79%
fiers, orgueilleux :	89%	sympathiques, accueillants :	77%
bon vivants :	86%	bien élevés, polis :	75%
beau-parleurs, flatteurs :	84%	cultivés :	75%
turbulents :	83%	susceptibles :	74%
peu disciplinés :	81%	sentimentaux :	74%

Enquête effectuée au Centre Universitaire de Vacances à Montpellier, auprès de 397 étudiants, au cours des années 1977-78-79.

LES ÉTRANGERS VIVANT EN FRANCE

De tout temps la France a été un pays d'accueil : pays d'accueil pour ceux qui désiraient y vivre ou travailler, terre d'asile pour ceux qui fuyaient un régime politique quel qu'il soit. De ce fait, la population française a toujours compté un nombre d'étrangers élevé : plus de 1 million en 1900, 2.700.000 en 1930, 4.200.000 actuellement; ce qui correspond à 8% de la population totale. Si l'on y ajoute les quelque 1.500.000 naturalisés et les ressortissants de l'ancien empire colonial français ayant opté* pour la nationalité française, on doit approcher les 15% de population totale.

* choisi

ha !

● Ce chiffre élevé indique une tradition d'hospitalité vis-à-vis des étrangers, pas seulement officielle et formelle, mais populaire. L'histoire contemporaine est un enchaînement d'exemples : accueil de près de un million d'Espagnols victimes de la guerre civile (1938), accueil des réfugiés hongrois (1956), tchèques (1969), chiliens (1973), chypriotes (1974), bienveillance à l'égard des Algériens à peine la guerre d'Algérie terminée, et la dernière preuve, la formidable solidarité nationale en faveur des Cambodgiens (1979) que pourtant peu de pays s'empressaient* d'accepter. Le principe du contingentement* n'est que très rarement appliqué (travailleurs algériens après le traité d'Evian), et la régularisation de la situation des étrangers entrés illégalement est très généralement pratiquée par l'Office National d'Immigration.

* se complaisaient
* répartition, limitation du nombre (ici)

Un autre trait positif concerne la facilité d'adaptation et d'assimilation de la plupart des étrangers, comme l'indique le taux élevé des naturalisations. Certaines régions françaises du Midi ne pourraient se définir sans ces Espagnols et Italiens fondus dans la population et que seuls leurs patronymes* distinguent des Français de souche*.

* noms de famille
* de naissance, d'origine

● La majeure partie des étrangers constitue une population mouvante, venant en France pour travailler pendant trois, quatre ans puis retournant dans le pays d'origine, remplacée par d'autres qui arrivent. Ce phénomène s'est développé au cours des années 1960, pendant la période de la croissance économique rapide.

Les accords d'Evian prévoyaient l'arrivée de 35.000 Algériens par an, chiffre réduit à 25.000 en 1972 et 73. En 1973, le gouvernement algérien a décidé d'interrompre l'émigration vers la France. Actuellement, les Algériens (plus de 800.000 personnes) avec les Marocains et Tunisiens, au total les Nord-Africains, constituent le tiers de la population étrangère. Plus de 2 millions de personnes, 54% des étrangers, sont originaires de l'Europe Méditerranéenne. Espagnols et Italiens, dominants dans les années 50, sont en diminution régulière, car l'immigration a cessé avec le développement rapide de ces pays. L'immigration portugaise démarre dans les années 1960 et ne cesse de s'amplifier comptant actuellement près de 900.000 éléments. Contrairement à ce qui se passe en Allemagne ou en Suisse,

Etrangers en France au 1.1.1979 nombre en milliers		
	Total	Actifs
Portugais	880	360
Algériens	830	335
Italiens	528	200
Espagnols	486	203
Marocains	376	152
Tunisiens	176	73
Turcs	81	31
Polonais	80	23
Yougoslaves	77	42
Belges	65	20
Autres	500	161
Total	4.080	1.600

Source : Estimations du Ministère de l'Intérieur

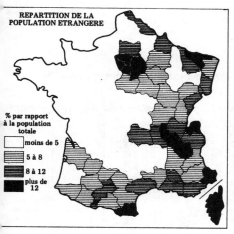

REPARTITION DE LA POPULATION ETRANGERE

% par rapport
à la population
totale

- moins de 5
- 5 à 8
- 8 à 12
- plus de 12

* personnel de nettoiement
* économie
* paient leur quote-part, participent financièrement

* élémentaires, aléatoires

les autres Méditerranéens, Yougoslaves, Grecs, Turcs sont peu nombreux : la crise économique a arrêté le mouvement d'immigration. Sur 4 millions d'étrangers, 1.580.000 sont actifs en 1979. Ils travaillent essentiellement dans l'industrie du bâtiment et travaux publics (un tiers) et dans le secteur de services d'hygiène et domestique (un autre tiers). Ils forment plus de 10% de la population totale dans les régions urbaines et industrielles (Région parisienne 16,2; Rhône-Alpes 12,8%; Provence-Côte d'Azur 11%).

● La présence de cette main-d'œuvre étrangère est vitale pour l'économie française. Elle accepte les emplois dont les Français ne veulent plus (*éboueurs**, manœuvres, maçons, ouvriers professionnels à la chaîne, mineurs, terrassiers, femmes de ménage); elle est bon marché et très mobile. Une autre série d'avantages est liée à l'économie réalisée en ce qui concerne les dépenses sociales : ils arrivent déjà à l'âge adulte (pas de dépense d'investissement pour la formation de base), ils viennent souvent seuls (d'où une *épargne** de frais sociaux), *cotisent** à l'assurance et à la retraite, mais n'en bénéficient que peu (étant jeunes ils sont moins malades et ils repartent avant l'âge de la retraite). Les désavantages pour la France viennent du fait qu'ils envoient une partie de leurs salaires (un tiers) dans le pays d'origine (perte pour la consommation), qu'ils sont souvent illettrés et sans aucune formation professionnelle (nécessité d'organisation de stages d'alphabétisation et de formation professionnelle), enfin la plupart d'entre eux posent un problème social d'adaptation.

● Cette main-d'œuvre étrangère est souvent exploitée. Malgré toutes les lois d'égalité votées, nombre d'entrepreneurs font travailler sans contrat les immigrés pour les salaires inférieurs au SMIG, les conventions collectives ne sont pas appliquées, la durée du travail est plus longue (souvent 60 heures par semaine) et les avantages sociaux les plus élémentaires leurs sont refusés. Leurs conditions de vie sont *précaires**, surtout pour ceux qui sont entrés illégalement : ils s'entassent dans des logements surpeuplés, dans des bidonvilles, isolés du reste de la population, éternels marginaux. Par réflexe d'autodéfense, ils se regroupent, mais alors, par leur nombre élevé, ils peuvent susciter une réaction de xénophobie pouvant aboutir à des incidents graves.

DOCUMENTS

Annexe I.

Origine de la population active étrangère, mille personnes, en 1974

Pays d'immigra- tion Pays d'émigration	Allemagne	Suisse	France	Belgique	Pays-Bas	Roy.-Uni	Autriche
Portugal	81	3	475	4	4	10	—
Espagne	160	75	265	34	19	17	—
Italie	405	306	230	70	10	—	2
Yougoslavie ...	495	23	50	3	9	—	166
Grèce	223	5	5	6	2	—	—
Turquie	585	14	25	10	33	—	29
Maroc	15	—	130	30	23	—	—
Algérie	—	—	440	3	—	—	—
Tunisie	11	—	70	—	1	—	—
Autres	415*	158	209**	70	58	1.772***	32

(*) dont 100.000 Autrichiens
(**) surtout Africains
(***) dont 47.800 Irlandais, 631.000 ressortissants du Commonwealth

Source : *L'Observateur de l'OCDE,* n° 76, juillet-août 1975.

Annexe II.

« Si l'on en croit un volumineux rapport qui vient d'être rédigé à Dakar pour le compte des Nations Unies, le nombre des travailleurs africains en France augmente-rait d'environ cinq mille chaque année. Presque tous arrivent *clandestinement**, après avoir payé — en moyenne — 4.000 francs pour un voyage qui coûterait à peine 2.000 francs par les voies ordinaires. Chaque émigrant laisse donc 2.000 francs entre les mains des passeurs et trafiquants *disséminés** de Dakar à Paris. »

* secrètement

* répandus, dispersés

Le Monde, Dossiers et Documents, « Les immigrés en France », mars 1976.

Annexe III.

« De l'extérieur, l'immeuble paraît correct ... Mais il y a ce grillage, justement, de 1,80 m, qui marque la frontière et signale la présence d'un monde autre ... Les rési-dents étrangers du Foyer Romain-Rolland, à St-Denis, sont des gens à part. A tenir en respect *à coup de** règlements et de loyers élevés et, au besoin, à l'aide d'anciens parachutistes promus gérants ... La chambre ? C'est une cellule de 6 mètres carrés, toute en longueur, où le locataire, coincé entre un lavabo qui fuit, une petite table *branlante** et un lit étroit, ne peut rester que couché ou assis, à écouter tousser son voisin. Le nettoyage ? Il n'est pratiquement pas assuré : trois employées ont à charge treize étages. L'hygiène ? Les douches, quatre pour vingt-quatre personnes, sont fréquemment endommagées. Les peintures *s'écaillent**, les murs *se lézardent**, partout flotte une odeur rance de cuisine... »

* à l'aide de

* instable

* se détachent en plaques minces
* se fendent, se crevassent

Le Monde diplomatique, juin 1975

Annexe IV.

« Pour diminuer le chômage, plusieurs gouvernements européens ont entrepris de réduire le nombre des travailleurs immigrés ... Cette stratégie pourra-t-elle enrayer le chômage ? Un rapport officiel qui fait autorité en France a démontré qu'une réduc-tion nette de 500.000 travailleurs immigrés pour le total d'environ 1.900.000 durant la période 1976-1980 ne se traduirait que par 13.000 emplois supplémentaires pour les travailleurs nationaux, en raison notamment de l'écart entre les salaires des immigrés et ceux des travailleurs français. Du même coup serait affectée la compétitivité extérieure et ralentie la croissance de la production industrielle. L'économie de la France n'a rien à gagner au départ des immigrés et celui-ci ne résoudrait en rien le problème du chômage. »

J. Benoit, *Le Monde,* 4 octobre 1977.

Annexe V.

« En France, l'introduction de travailleurs permanents étrangers a été suspendue par la circulaire du 5 juillet 1974. Seuls les travailleurs d'origine de l'Europe des Neuf et ceux dits saisonniers ne sont pas concernés. La France a pris deux mesures récentes : l'autorisation donnée aux familles de rejoindre en métropole le travailleur immigré (loi du 1er juillet 1975), et « l'aide au retour » d'avril 1977. 10.000 F pour le travailleur, plus 10.000 F si le conjoint est salarié, plus 5.000 F par enfant mineur salarié. Au début 1978, cette offre avait été faite à 49.116 chômeurs étrangers, mais 3.061 seulement l'avaient acceptée.

Revue *Population,* janvier-février 1978, citée par *Le Nouvel Observateur,* « Faits et Chiffres », 1978.

Annexe VI.

« L'année 1979 a vu s'accentuer le processus amorcé dès 1976 par M. Lionel Stoleru, Secrétaire d'Etat à la condition des travailleurs étrangers, *à l'encontre** des travailleurs immigrés. Le gouvernement tentait de faire voter par le Parlement, lors de la session de printemps de 1979, deux projets de loi d'une complémentarité très étudiée. Le premier, connu sous le nom de « projet Barre-Bonnet », visait, sous prétexte de résorber l'immigration irrégulière, à renforcer les moyens policiers à l'encontre des étrangers. Le second, dit « projet Stoleru », conduisait, sous couvert de simplifications administratives, à rendre plus précaires les conditions de séjour de nombreux immigrés ... Seul le « projet Bonnet » a été voté ... L'examen du « projet Stoleru » a été repoussé. »

Le Monde, Bilan économique et social, 1979.

* contre, contraire à

Annexe VII.

« Du temps de la « prospérité inflationniste », rien n'était trop beau pour attirer la main-d'œuvre étrangère. Les situations les plus illégales se régularisaient sans tarder ... Ce n'est plus vrai aujourd'hui. Le réalisme commande sans doute de fermer les frontières, ou du moins de ne les ouvrir que dans le sens du retour. Mais la ligne de partage est bien mince entre ce qui paraît dicté par les difficultés économiques et ce qui subsiste de méfiance raciale. »

F. Simon, *Le Monde,* 26 juin 1979.

3
LA VIE POLITIQUE EN FRANCE

Le système politique que connait la France actuellement a été établi par la Constitution du 4 octobre 1958. Approuvée par référendum, elle fut révisée en 1962 afin que le Président de la République soit élu au *suffrage universel**. Cette modification renforce le caractère de régime présidentiel qui *régit** désormais la France.

● La Constitution définit les différents pouvoirs et compétences (voir annexes).

— Le Président de la République, élu pour 7 ans par l'ensemble des citoyens, est le chef de l'exécutif. Son pouvoir est très étendu : il nomme le Premier Ministre, ainsi que les grands fonctionnaires civils et militaires de l'Etat, il choisit le tiers des membres du Conseil Constitutionnel et les 9 membres du Conseil Supérieur de la Magistrature. Il préside le Conseil de la Défense Nationale et le Conseil Supérieur de la Magistrature, autrement dit il est le chef politique, militaire et judiciaire du pays. Il dirige la diplomatie, mène les négociations, signe les traités. Il *promulgue** les textes de lois, d'ordonnances et de décrets *délibérés** en Conseil des Ministres. Il arbitre les conflits : peut demander au Parlement le réexamen d'un texte rejeté, peut faire appel au Conseil Constitutionnel pour refuser éventuellement un texte de loi proposé par le Parlement, peut dissoudre ce dernier, ou dans des affaires concernant l'organisation des pouvoirs et la politique étrangère il peut directement s'adresser au peuple par voie de référendum. Il possède en plus les pouvoirs spéciaux en cas de situation grave menaçant l'existence des institutions (article 16).

— Le Gouvernement est composé du Premier Ministre, désigné par le Président, et des Ministres et Secrétaires d'Etat, nommés par le Président sur proposition du Premier Ministre. Ils peuvent être des parlementaires ou non; s'ils le sont, en accédant au Gouvernement ils perdent leurs sièges. Leur nombre varie : entre 15 à 20 Ministres et 10 à 26 Secrétaires d'Etat dans la dernière décennie. L'actuel gouvernement, le troisième que dirige Raymond BARRE, comprend 20 Ministres et 17 Secrétaires d'Etat, 11 sont non-parlementaires.

Le Premier Ministre dirige l'action du Gouvernement, il assure l'exécution des lois. Il est consulté par le Président en cas de dissolution du Parlement ou d'utilisation de « l'article 16 ». Il est, avec le Gouvernement, responsable devant le Parlement. Les décisions gouvernementales sont prises au cours du Conseil des Ministres, réuni (en principe tous les mercredis) et présidé par le Président de la République. Les textes de lois ou les décrets sont préparés par les Comités interministériels en réunions *restreintes** comprenant autour du Premier Ministre, les Ministres et les Secrétaires d'Etat intéressés par une question.

Le Parlement comprend l'Assemblée Nationale et le Sénat.

— L'Assemblée Nationale est la réunion de 491 députés (métrople 474, départements d'outre-mer 17) élus au suffrage universel pour 5 ans, la durée d'une *législature**. Elle se réunit deux fois par an en *session** ordinaire (le 2 avril et le

---

* désignation des représentants par l'ensemble des citoyens
* dirige, gère

* décrète, rend officiel
* discutés, décidés

* réduites

* période d'exercice des élus
* réunion, assise

2 octobre pour 90 jours au maximum), mais elle peut être convoquée en session extraordinaire par le Premier Ministre ou la majorité de l'Assemblée. Elle se prononce sur les projets ou propositions de lois émanant du gouvernement ou de l'Assemblée, après examens des textes en commission. Elle peut proposer des modifications aux textes (« amendements »), ou exiger une explication du gouvernement. L'Assemblée a la possibilité de renverser le gouvernement : si elle désapprouve la déclaration de politique générale du Premier Ministre ou si une « motion de censure » déposée recueille la majorité des voix. En 20 ans (1958-1978) 24 motions de censure ont été déposées, seule celle du 4.10.1962 motivée par le projet concernant l'élection du Président de la République au suffrage universel avait permis à l'opposition de renverser le gouvernement (Pompidou). L'Assemblée Nationale a d'autres rôles aussi : elle discute et vote le budget, *ratifie** les traités internationaux, nomme les fonctionnaires de justice, peut provoquer la révision de la Consitution.

* confirme

— Le Sénat, de 305 membres en 1980 a des fonctions législatives semblables à celles de l'Assemblée Nationale. Les projets de lois du gouvernement peuvent être en effet déposés soit au Sénat soit à l'Assemblée Nationale en première lecture. Les deux assemblées discutent et votent les projets de loi et propositions budgétaires. Une divergence de vue donne lieu au réexamen de la question. Mais le Sénat (les Sénateurs ne sont pas élus par l'ensemble des électeurs) reste *subordonné** à la décision ultime de l'Assemblée Nationale.

* soumis

En tant que « corps inutile », le Général de Gaulle voulait supprimer le Sénat, mais il a échoué (référendum de 1969). Les Sénateurs, des notables représentant les collectivités locales ont de très fortes *assises** dans les campagnes françaises.

* fondements, influences

— Le Conseil économique et social, composé de 200 membres réunit les représentants des principales activités économiques et sociales, des différentes catégories sociales de la population (désignés par les syndicats) ainsi que les personnalités nommées pour leurs compétences dans le domaine économique ou social (décret du Conseil des Ministres). Ce Conseil donne son avis sur les projets et propositions de lois, peut être consulté par le Gouvernement ou le Parlement et l'est obligatoirement pour tout projet de programme économique et social (à l'exception des lois de finances).

— Le Conseil Constitutionnel, veille à la régularité des élections et se prononce sur la conformité à la Constitution des lois ou règlements avant leur promulgation sur la demande du Président de la République ou un groupe de 60 députés ou sénateurs. Il est composé de 9 membres nommés pour 9 ans (3 par le Président de la République, 3 par le Président de l'Assemblée Nationale, 3 par le Président du Sénat) ainsi que par tous les anciens Présidents de la République. Au cours de la Ve République, plusieurs fois le Conseil Constitutionnel a refusé des projets de lois ou de règlements, le dernier en date est le projet de budget du Gouvernement pour 1980.

● La Constitution de 1958 a créé les conditions d'une grande stabilité des institutions et par delà du régime politique, en affaiblissant considérablement le rôle du Parlement, et en créant un fort pouvoir présidentiel, qui jusqu'ici a empêché tout conflit.

Les deux pouvoirs *émanant** du choix populaire par le suffrage universel — Président et Assemblée Nationale — pourraient entrer en conflit. L'incertitude législative existe dans le cas où la majorité des députés élus serait *hostile** à la politique proposée par le Président. Mais si le Président peut dissoudre l'Assemblée, celle-ci n'a aucun contrôle sur le chef de l'Etat, elle ne peut agir par les motions de censure que contre le Gouvernement qui, il est vrai, réalise la politique *suggérée** par le Président. Dans un tel cas, déjà posé, le Président change le gouvernement.

* venant

* opposé

* proposé

Au cas d'une nouvelle désapprobation cela signifierait que le Président ne peut plus exercer le pouvoir, et pourtant aucun texte ne l'oblige à démissionner. Le Général de Gaulle a toujours affirmé que s'il n'avait plus la confiance du pays il quitterait le pouvoir, ce qu'il a d'ailleurs fait. Valéry Giscard d'Estaing laissait entendre avant les élections de 1978, où l'opposition avait une chance de devenir majoritaire à l'Assemblée, qu'il resterait au pouvoir.

En fait la Ve République est stable, car il y a toujours eu une majorité parlementaire qui concordait à « la majorité » présidentielle. Cette majorité suscitée par l'élection d'un Président est une chose fondamentale. Le Président de la République est au dessus des partis politiques. L'élection du Général de Gaulle est antécédente à la formation de l'UNR; après lui, Georges Pompidou s'impose, alors qu'il est un ancien premier ministre en disgrâce, sans fonction officielle, y compris au sein de l'UDR: Valéry Giscard d'Estaing a quitté la direction de son parti (R.I.) un an avant d'être candidat à la présidence. De Gaulle disposait, par sa très forte personnalité, d'une majorité acquise à sa politique personnelle. Valéry Giscard d'Estaing obtient aussi une majorité, non pas *dévouée* * à sa personne, mais qui défend une conception de société dont le Président est le *porte-drapeau* *. Si le pouvoir suprême continu à être personnifié en France, le rôle du Président peut évoluer, justement en fonction de la personnalité du Président et de son influence dans les milieux politiques.

Quelle que soit son évolution future, le grand courant politique actuel ne mettra pas en cause les institutions de la Ve République en général et le rôle primordial du Président en particulier. Même le Programme commun de gauche s'accommodait de ces règles. La France s'est attachée au principe du choix direct du chef du pays et malgré une possibilité de transformation de la démocratie en dictature (article 16 de la Constitution), on pense que le fort pouvoir personnel du Président est nécessaire à la stabilité politique et que le Président restera toujours dans les limites de la démocratie.

* attachée à
* chef de file, personnage le plus important

● Les partis politiques, malgré la faiblesse des effectifs, jouent un rôle important dans la société française. Ils forment, influencent et mobilisent l'opinion publique. Ils déterminent les grands courants de pensée. Les représentants élus de la population dans leur grande majorité se réclament d'un des partis *prépondérants* * et d'ailleurs sont élus en tant que tels, car au moment des élections la personnalité des candidats a moins d'importance, que leur appartenance à tel ou tel parti politique.

* dominants, influents

Dans la plupart des démocraties il existe un accord très large sur les principes d'organisation de la vie sociale. La compétition politique, aussi vive qu'elle soit, se joue entre des équipes qui proposent des méthodes peut-être différentes pour exercer le pouvoir, mais qui ne mettent pas en cause les fondements de la société ni la nature du pouvoir. C'est le cas entre autres des Etat-Unis, de l'Allemagne Fédérale, de la Grande-Bretagne ou encore des pays scandinaves. Certes, au moment des élections, apparemment ces pays sont partagés entre deux tendances majeures, mais c'est un résultat habituel dans tout *scrutin* * majoritaire, et non le signe d'une opposition incompatible. L'alternance au pouvoir de ces différentes équipes politiques ne représente pas des bouleversements révolutionnaires; mais une suite d'inflexions dans la progression de la société.

* vote

En France, depuis une dizaine d'années, le débat politique est une lutte entre deux conceptions opposées de la société, entre deux vérités qui s'excluent. A chaque consultation électorale les Français sont appelés à choisir entre deux idéologies; aussi la polémique politique, chargée d'intolérance et de violence, fait-elle partie de la vie quotidienne.

D'un côté, la « Majorité » défend la société libérale capitaliste qu'elle fait progresser en douceur par des réformes dans le sens d'un plus grand bien-être individuel et collectif. De l'autre, la « Gauche » propose une société socialiste, fondée sur une nouvelle distribution des richesses, la participation de tous à une vie sociale plus riche dans une société plus juste, plus humaine.

Unique exemple en Europe Occidentale, les socialistes ont choisi le rapprochement avec les communistes. La signature en 1972 du Programme commun de gouvernement est le premier pas de la Gauche pour conquérir le pouvoir par des moyens légaux. Devant les progrès incessants de l'opposition aux différentes élections, le centre et la droite politiques, abandonnant l'émiettement qui les caractérisaient jusqu'alors, ont constitué une coalition suffisamment solide pour se maintenir au pouvoir.

A côté des deux grands blocs politiques hostiles, il n'y a guère de place pour les extrêmes : l'extrême-gauche a éclaté en une multitude de groupuscules depuis 1968, l'extrême-droite ne cesse de perdre *l'emprise** sur l'opinion avec la fin des guerres coloniales et l'assimilation progressive des rapatriés d'Algérie.

*influence

Ce schéma simple, qui a entraîné la bipolarisation de la vie politique et qui a conduit à la bataille électorale de 1977-1978, semble être déjà du domaine du passé. L'entente au sein des blocs est remise en question. A la veille de l'affrontement politique pour l'élection présidentielle de 1981, la Majorité de même que la Gauche sont divisées, déchirées : « Giscardiens » et Gaullistes d'une part, Socialistes et Communistes d'autre part, se découvrent plus de divergences que de liens unitaires.

● Le jeu politique n'est pas le seul déterminant de la vie sociale, même s'il est l'aspect le plus voyant. Dans un état hypercentralisé comme la France, l'administration publique pèse souvent d'un poids plus grand. La force du pouvoir administratif réside dans la stabilité et la complexité de ses structures, dans la permanence des équipes de direction des grands services. L'administration est « le visage quotidien du pouvoir ». Le petit fonctionnaire, en classant des dossiers, a souvent un pouvoir très grand, renforcé par le statut des fonctionnaires (pratiquement *inamovibles**) et un certain *ésotérisme** qui y règne.

* qui ne peuvent être desti-
  tués
* culte du secret
* la plus grande partie
* imposable, assujetti

Un parlementaire (élu des citoyens) passe *le plus clair** de son temps à des interventions auprès des services publics pour arranger telle ou telle affaire de ses électeurs; mais étant ainsi *redevable**, il doit à son tour intervenir auprès du Parlement ou des directions de parti pour favoriser tel ou tel service (par exemple au moment du vote du budget).

Le troisième grand tenant du pouvoir est économique : le pouvoir de l'argent. Les groupes de pression financiers agissent de façon occulte et dans tous les domaines de la vie.

Ces trois pouvoirs (politique, administratif, économique) caractérisent la plupart des pays avancés. Mais si ailleurs ils sont exercés par différents types d'hommes, en France ces trois centres de pouvoir sont de plus en plus occupés par des hommes de même formation qui passent aisément d'un secteur à l'autre. Ils viennent tous de quelques « grandes écoles » : l'Ecole Nationale d'Administration (les « énarques »), l'Ecole Polytechnique, St Cyr, et forment un milieu très restreint, homogène et extérieur au corps social. Mais contrairement à bien des pays, le recrutement des futurs hauts fonctionnaires est surtout fondé sur les capacités, et non sur l'opinion politique ou l'origine sociale. En 1962 par exemple, l'entrée simultanée à l'E.N.A. de l'ancien président de l'*UNEF** et d'un étudiant qui avait été interné pour activisme d'extrême droite symbolise un libéralisme dont on ne trouve guère d'équivalent dans d'autres pays.

Union Nationale des Etudiants de France, syndicat étudiant proche du Parti communiste

DOCUMENTS

Annexe I.

Extraits de la Constitution Française, concernant le rôle du Président de la République.

ARTICLE 5 — Le Président de la République veille au respect de la Constitution. Il assure, par son arbitrage, le fonctionnement régulier des pouvoirs publics ainsi que la continuité de l'Etat...

ARTICLE 10 — Le Président de la République promulgue les lois...

ARTICLE 12 — Le Président de la République peut, après consultation du Premier Ministre et des Présidents des Assemblées, prononcer la dissolution de l'Assemblée Nationale.

ARTICLE 16 — Lorsque les institutions de la République, l'indépendance de la Nation, l'intégrité de son territoire ou l'exécution de ses engagements internationaux sont menacés d'une manière grave et immédiate et que le fonctionnement régulier des pouvoirs publics constitutionnels est interrompu, le Président de la République prend les mesures exigées par ces circonstances, après consultation officielle du Premier Ministre, des Présidents des Assemblées ainsi que du Conseil Constitutionnel. Il en informe la Nation par un message.

Annexe II.

« La clé de voûte de notre régime, c'est l'institution nouvelle d'un Président de la République désigné par la raison et le sentiment des Français pour être le Chef de l'Etat et le guide de la France... La Consitution lui confère, à présent, la charge insigne du destin de la France et celui de la République ».

Charles de Gaulle, Conférence de presse, 20 septembre 1962.

Annexe III.

« La France a choisi présentement un système intermédiaire (entre le régime présidentiel américain et le régime parlementaire britannique) où le Chef de l'Etat, qui inspire la politique générale, trouve dans le suffrage universel la base de son autorité, mais ne peut exercer ses fonctions qu'avec un gouvernement qu'il choisit et nomme, certes, mais qui, pour durer, a constamment besoin de la confiance de l'Assemblée. »

Georges Pompidou, discours à l'Assemblée Nationale, le 24 avril 1964 cité par F. Goguel, A. Grosser, *La politique en France,* Ed. Colin, 1975.

Annexe IV.

« La Constitution adoptée par le peuple français en 1958 a permis de mieux équilibrer les pouvoirs et d'assurer la stabilité de l'exécutif. Avec le droit de dissolution, le Président de la République dispose d'une prérogative qui fait contrepoids au pouvoir du Parlement de renverser le Gouvernement. D'autre part, le Parlement lui-même ne peut censurer le Gouvernement qu'en adoptant à cet effet une motion votée à la majorité absolue. Le Gouvernement, nommé par le Président de la République, est ainsi mieux protégé à l'égard des manœuvres des hommes et des partis ».

Valéry Giscard d'Estaing, *Démocratie française* (p. 152), Fayard 1976.

LA HIÉRARCHIE DU POUVOIR ET LE SYSTÈME ÉLECTORAL

Le Président de la République, l'Assemblée Nationale, le Sénat, élus au suffrage universel, sont appelés à décider dans les questions intéressant toute la France. A côté de ces instances supérieures, existent au niveau local ou régional d'autres centres de décision, correspondant aux divisions administratives du pays.

● L'unité territoriale la plus petite en France est la commune, administrée par un Maire, entouré du Conseil Municipal. La commune possède son budget propre provenant des recettes de taxes et d'impôts locaux (taxe professionnelle, taxe locale d'équipement, taxe sur les propriétés, taxe en contrepartie des services rendus aux habitants, taxe de voirie, de spectacle, de publicité, etc.), de la vente des propriétés communales auxquelles s'ajoute la subvention de l'Etat. Ces recettes peuvent être complétées par des emprunts bancaires. Avec ces ressources, le Conseil Municipal entretient et modernise l'infrastructure communale, gère, développe les unités de production et les services techniques qui sont sous sa dépendance et rétribue le personnel employé. Le Maire a des pouvoirs très étendus, administratif, juridique, économique, policier, sur le territoire de la commune, son autorité est renforcée par l'élection au suffrage universel. Il est évident que les différences de pouvoir sont très grandes entre le Maire d'un petit village et celui d'une grande ville. Aussi les modalités d'élections ne sont-elles pas identiques : dans les communes de moins de 30 000 habitants si des listes sont déposées, on peut choisir lors de l'élection des conseillers, sur plusieurs listes opposées (« scrutin plurinominal »); à partir de 30 000 habitants, la liste qui obtient la majorité absolue ou relative de voix l'emporte (« scrutin majoritaire de liste à 2 tours ») et l'élection *revêt** souvent un caractère politique. Dans les cinq grandes villes françaises (Paris, Marseille, Lyon, Toulouse, Nice) on vote par secteur urbain. Le Maire est choisi par le Conseil Minicipal au cours de sa première assemblée générale.

* dans ce sens : contient

● Le regroupement d'une dizaine de communes en moyenne s'appelle le canton. Si le canton peut être le siège de services intercommunaux (gendarmerie, ponts et chaussées etc.), il est essentiellement une circonscription électorale pour élire un conseiller général (voir plus loin).
Plusieurs cantons constituent un arrondissement, division administrative, dirigée par un sous-préfet nommé (par le Gouvernement).

● Avec la commune, le département est l'unité territoriale fondamentale. Créé par la Révolution et Napoléon, comme les autres subdivisions spatiales, il a reçu des *prérogatives** importantes, semblables à celles d'une commune : grâce à son budget propre dont les recettes sont librement fixées (« les centimes additionnels ») il gère et crée un ensemble d'équipements très importants (routes, électricité, logements, transports, activités sportives et culturelles). Sa direction est double : A la tête de

* attributs, pouvoirs, privilèges

chacun des 96 départements (auxquels s'ajoutent 5 départements d'Outre-Mer) se trouve le Préfet, haut fonctionnaire nommé par le Gouvernement dont il est l'intermédiaire. Il surveille l'application de la loi, dirige l'administration, élabore le budget, dispose de la police. Il représente donc le pouvoir exécutif. A côté du Préfet, siège le Conseil Général qui décide par ses votes de toutes les actions : il est le pouvoir législatif. Ses conseillers sont élus au suffrage universel au sein des cantons, au « scrutin uninominal majoritaire à deux tours » (le candidat arrivant en tête étant élu), pour 6 ans.

● C'est ce mode de scrutin aussi qui est en vigueur pour l'élection des députés à l'Assemblée Nationale, de même que pour l'élection présidentielle.

Les députés sont élus dans le cadre du département, mais les circonscriptions électorales ne correspondent ni aux limites du canton, ni à celles de l'arrondissement (voir annexes). Le découpage de 1958, en vigueur, évite d'avoir des circonscriptions purement urbaines; on a donc souvent *accouplé** les quartiers d'une ville à des cantons ou arrondissements ruraux *limitrophes**, voulant ainsi tempérer le vote des ouvriers avec celui des ruraux. L'injustice réside surtout dans le nombre différent d'électeurs par circonscriptions, variant de 25 000 à 150 000.

Les sénateurs ne sont pas directement élus par les citoyens. Le corps électoral qui les choisit est formé de tous les députés et conseillers généraux auxquels s'adjoignent les délégués des conseils municipaux en nombre variable selon l'importance de la population.

* réuni, mis ensemble
* voisins

DOCUMENTS

Annexe I.

Exemple de division territoriale.

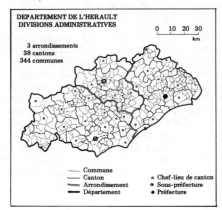

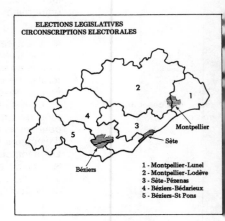

Annexe II.

Elections législatives, 1958-1978. Répartition des sièges à l'Assemblée Nationale

	1958	1962	1967	1968	1973	1978
Gaullistes	165	229	200	294	184	150
Républicains Indépendants	28	20	44	64	54	71
Majorité présidentielle						16
Centre	59	37	41	27	23	44
Radicaux					31	7
Radicaux de gauche	} 41	} 42	} 121	} 57	12	10
Socialistes	41	65			89	104
Communistes	10	41	73	34	73	86
Extrême-Gauche		2			3	1
Indépendants	106	28			8	1
Divers		1	8	9	11	
Total	462	465	487	485	488	491

Annexe III.

Elections municipales de 1977 :

*A l'issue** des deux tours, la majorité conserve 17 des 39 villes de plus de 100.000 habitants; l'opposition en conserve 12 et en gagne 10. Dans les villes de 30.000 à 100.000 habitants la majorité conserve 46 mairies, l'opposition en conserve 84 et en gagne 47.

Majorité — RPR : Paris, Bordeaux, Dijon, Dunkerque, Troyes...
R.I. : Toulouse, Nice, Toulon, Caen...
Divers : Lyon, Rouen, Strasbourg, Nancy, Tours, Metz, Orléans...

* à la fin

Opposition — P.S. : Marseille, Rennes, Nantes, Lille, Grenoble, Brest, Montpellier, Clermond Fd, Limoges, Besançon...
P.C.: Le Havre, Reims, Le Mans, St Etienne, Nimes, Amiens...
M.R.G. : La Rochelle...

Annexe IV.

Elections présidentielles de 1974
Pourcentage de voix obtenues

	1er Tour	2e Tour
Mitterrand	43,25	49,19
Giscard d'Estaing ..	32,60	50,81
Chaban Delmas ...	15,11	
Royer	3,17	
Laguiller	2,33	
Dumont	1,32	
Le Pen	0,75	
Muller	0,69	
Krivine	0,37	
Renouvin	0,17	
Sebag	0,16	
Heraud	0,08	

Annexe V.

Elections législatives de 1978
Pourcentage de voix obtenues

	1er Tour	2e Tour
Votants	82,77	84,60
Suffrage exprimés .	81,12	82,20
Extrême-gauche ...	3,33	—
Parti communiste ..	20,55	18,62
Parti socialiste	22,58	28,31
M. Rad. de gauche	2,11	2,36
R.P.R.	22,62	26,11
U.D.F.	21,45	23,18
Majorité président.	2,29	1,20
Ecologistes	2,14	—
Divers	2,77	0,22

Annexe VI.

* justice
* porter atteinte, compromettre

« Je souhaite un système où l'exécutif et le Président de la République élus au suffrage unviversel pour cinq ans disposeront d'une large autorité et des moyens de la stabilité, mais où le Parlement sera élu au scrutin proportionnel. Ainsi nos institutions rétabliront-elles l'équité * dans la représentation nationale sans nuire * à l'efficacité du pouvoir exécutif. »

François Mitterrand, Un socialisme du possible (p. 37), Ed. Seuil, 1970.

Annexe VII.

* recherchent des subtilités

* remplaçant

En France, le rêve du notable local, c'est de devenir député — maire — président du district ou de communauté urbaine — conseiller général - conseiller régional. Certains raffinent * en se faisant élire, en prime, à une des assemblées européennes. D'autres, en plus, à la présidence du conseil général ou du conseil régional. D'autres encore sont en même temps ministre, et continuent à exercer leur mandat parlementaire sur le terrain, même si, comme l'exige heureusement la Constitution, ils cèdent à leur suppléant * leur siège au Parlement... Ainsi voit-on les mandats accaparés par une caste politique étroite, et presque indéracinable. »

Alain Peyrefitte, Le mal français (p. 309), Ed. Plon, 1976.

Annexe VIII.

« Le problème essentiel que pose le fonctionnement de notre vie politique n'est pas en réalité, institutionnel. Il tient au caractère inutilement dramatique du débat politique dans notre pays. »

Valery Giscard d'Estaing, Démocratie française (p. 153), Ed. Fayard, 1976.

LE COMPORTEMENT ÉLECTORAL

* domaine
* entourant
* centres
* concomitances, synchro-
nismes

REFERENDUM DU 5 MAI 1946
(Projet de Constitution)

Majorité de "NON"

Majorité de "OUI"

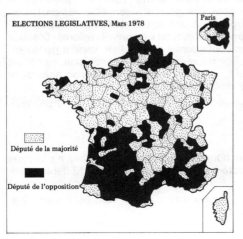

ELECTIONS LEGISLATIVES, Mars 1978

Paris

Député de la majorité

Député de l'opposition

La fréquence des consultations électorales ainsi que la pratique du suffrage universel permettent d'observer les grandes tendances politiques de l'électorat français. Sa stabilité est une des données de base du comportement social.

La participation aux élections n'est pas obligatoire en France, pourtant les taux d'abstention de l'après-guerre dépassent rarement le tiers des inscrits (élections ou référendum sur la question européenne). Au moment des consultations les plus importantes (1958, 1968, 1978) leur nombre reste inférieur même à 20%. Cela traduit un degré élevé de civisme, que la propagande électorale intense précédant les votes, entretient.

● L'opinion politique en France est surprenante par sa stabilité. La comparaison des deux cartes ci-jointes, correspondant à la première et à la dernière en date des consultations de l'après-guerre, séparées de 34 ans, montre la permanence des tendances politiques. La Droite et la Gauche ont leurs *fiefs**. Les conservateurs, les modérés, la droite classique dominent trois grandes zones géographiques : La France de l'ouest (Normandie, Bretagne, Pays de la Loire), la France de l'Est (Alsace, Lorraine, Champagne) et le Sud-est du Massif Central (du Lyonnais jusqu'aux Causses). Parfois, à la faveur des grands courants politiques unificateurs — comme fut le gaullisme — ces trois grandes zones se rejoignent, attirant vers elles les régions les plus hésitantes au sud du Bassin Parisien, en Bourgogne et dans le Jura.

A cette « France modérée » s'opposent des régions votant traditionnellement à gauche et qui forment une longue zone continue dans le Midi de la France — de la frontière italienne à l'Atlantique — s'élargissant dans le Sud-ouest et *enveloppant** par le Nord la région conservatrice du Massif Central. A celle-ci s'ajoute le « triangle » Paris - Pas-de-Calais - Ardennes. Dans ce schéma de répartition des tendances, les exceptions sont nombreuses, parfois importantes : l'opposition de la ville de Paris et de sa banlieue (ou même de l'Est et de l'Ouest de l'agglomération), ou dans le Midi socialiste la persistance des *foyers** conservateurs du Pays Basque ou des Alpes Maritimes.

● L'explication de ces tendances et de la permanence des oppositions n'est pas toujours aisée. Les fortes *coïncidences** du conservatisme et de la pratique religieuse (voir carte en annexe) sont troublantes. Si le catholicisme perd du terrain, les comportements sociaux sont toujours marqués par des attitudes traditionalistes, surtout dans les campagnes qui ont connu peu de transformation.

La structure socio-professionnelle différente paraît être un deuxième facteur d'explication. Le succès électoral de la Gauche a toujours été plus grand dans les zones où le développement industriel a donné naissance à une classe ouvrière dynamique (radicaux du tournant du siècle, socialistes entre les deux-guerres et enfin communistes depuis 1945). Les banlieues ouvrières de Paris, les régions minières et industrielles du Nord et du Pas-de-Calais en sont des exemples. La généralisation est pourtant difficile, car nombre de grands foyers industriels et ouvriers ne se comportent pas de la même façon (ainsi la région lyonnaise ou la Lorraine). De même les régions agricoles ou rurales ne sont pas forcément conservatrices : la preuve en est fournie par le Sud-ouest.

L'étude des tendances économiques apporte plus de certitudes : les régions dont les activités économiques — qu'elles soient agricoles, industrielles ou tertiaires — sont en difficulté permanente manifestent leur inquiétude par des votes favorables à l'opposition, donc à la gauche; l'inverse étant vrai aussi.

Tous ces facteurs d'explication restent pourtant insuffisants dans certains cas, comme la Lorraine ou le Midi viticole. Les régions de l'Est ont longtemps témoigné une méfiance vis-à-vis des partis antimilitaristes ou internationalistes, les suspectant de ne pas être prêts à assurer — si besoin était — la défense du pays, eux qui ont en premier souffert des invasions et subi des destructions. Gaullisme, anticommunisme, et peut-être aussi une certaine attirance vers les formules politiques de l'Allemagne de l'Ouest proche, sont les expressions actuelles de cette méfiance ancestrale. Bastion du socialisme historique en France, le Midi lui reste fidèle. Est-ce une fidélité aux idéaux socialistes, est-ce l'expression d'un enthousiasme spécifique aux Latins dans leur conception à la fois idéaliste et romantique du progrès, est-ce une façon de s'accrocher aux modes de vie et aux formes économiques valables dans le passé ? La réponse ne pourra probablement être donnée que si un régime socialiste s'installe durablement en France.

DOCUMENTS

Annexe I.

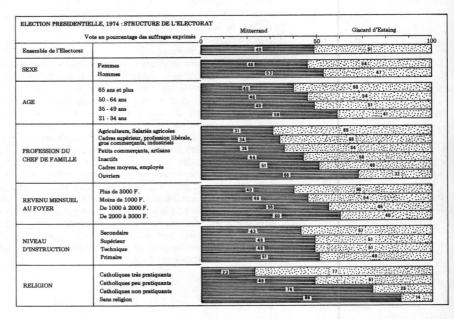

ELECTION PRESIDENTIELLE, 1974 : STRUCTURE DE L'ELECTORAT		Mitterrand	Giscard d'Estaing
Vote en pourcentage des suffrages exprimés		0 50	100
Ensemble de l'Electorat		49	51
SEXE	Femmes	46	54
	Hommes	53	47
AGE	65 ans et plus	40	60
	50 - 64 ans	46	54
	35 - 49 ans	49	51
	21 - 34 ans	59	41
PROFESSION DU CHEF DE FAMILLE	Agriculteurs, Salariés agricoles	31	69
	Cadres supérieur, profession libérale, gros commerçants, industriels	34	66
	Petits commerçants, artisans	36	64
	Inactifs	44	56
	Cadres moyens, employés	51	49
	Ouvriers	68	32
REVENU MENSUEL AU FOYER	Plus de 3000 F.	40	60
	Moins de 1000 F.	46	54
	De 1000 à 2000 F.	55	45
	De 2000 à 3000 F.	60	40
NIVEAU D'INSTRUCTION	Secondaire	43	57
	Supérieur	49	51
	Technique	49	51
	Primaire	51	49
RELIGION	Catholiques très pratiquants	23	77
	Catholiques peu pratiquants	49	51
	Catholiques non pratiquants	74	26
	Sans religion	86	14

Source : Sondages *S.O.F.R.E.S,* réalisés les 20 et 21 mai 1974 pour le *Nouvel Observateur.*
Encyclopaedia Universalis (p. 560), Universalia 1975.

Annexe II.

« Les jeunes et l'élection

7,3% des 17 à 21 ans appartiennent à un parti ou participent à ses activités; 61% des 18 à 24 ans votaient à gauche en 1976, 62,1% en 1977. Si les jeunes de 18 à 21 ans avaient voté en 1974, 59% d'entre eux auraient choisi Mitterrand. Parmi les étudiants 32,8% votent écologiste. Les 18 à 24 ans représentent 12% des votants et 17% des abstentionnistes. »

Quid (p. 718), 1980.

Annexe III.

« Question : Vous venez de manifester l'intention de voter pour un candidat de l'opposition aux prochaines élections législatives. Laquelle de ces trois affirmations vous semble la plus proche de votre pensée ?

Vous êtes profondément de gauche 29%
Vous êtes de gauche et, en plus, vous croyez à la réussite
du programme commun 34%

Vous n'êtes pas de gauche, mais vous êtes mécontents de la politique
du pouvoir actuel 32%
Ne sait pas 5%

Sondage *Publicis,* 19-21 avril 1977.
R. Muraz, *La parole aux français* (p. 200), Dunod, 1977.

Annexe IV.

« Il n'y a pas d'identité entre les limites des groupes sociaux et celles des familles politiques. Nos divisions politiques proviennent moins de déterminismes sociologiques, parfois invoqués, que de traditions historiques et de tempéraments individuels.

Valéry Giscard d'Estaing, *Démocratie française* (p. 155).

Annexe V.

Elections législatives de 1978 : répartition des voix

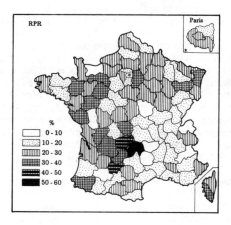
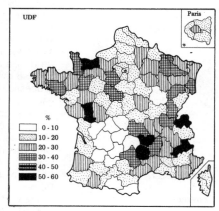
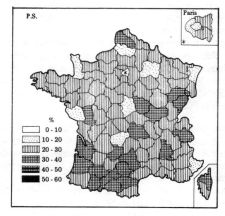
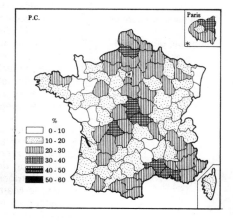

P3

LA MAJORITÉ

* expression, mot

On désigne sous le *terme** de « majorité » l'ensemble des formations politiques appuyant l'action du Président de la République et du Gouvernement. Elle comprend un éventail politique allant de l'extrême-droite au centre-gauche, regroupé au sein de deux blocs : le RPR (Rassemblement pour la République) et l'UDF (l'Union pour la démocratie française).

* cause, finalité

● Le RPR est le mouvement gaulliste, issu de ce vaste rassemblement qu'ont suscité la personnalité et la politique du Général de Gaulle dès 1958. Si le mouvement a souvent changé de nom (UNR, UNR-UDT, UD Ve République, UDR) il reste long-temps fidèle à une seule *motivation** : le soutien de l'action du Président. Ce mouvement ne se transforme en véritable parti politique qu'en 1967 (Congrès de Lille) en se donnant des structures solides, qui lui assurent sa continuité après la disparition de de Gaulle. Obtenant 4 millions de voix en 1958, 6 millions en 1962, 9 millions en 1968, 8 millions en 1973, le mouvement, perd des électeurs d'extrême-droite avec le processus de décolonisation, s'élargit vers le centre et domine la vie politique fran-çaise. La mort *subite** du Président Pompidou divise le mouvement sur la question de la succession, et la *mésentente** profonde parmi les hommes influents — les « barons du gaullisme » — Michel Debré, Maurice Couve de Murville, Olivier Gui-chard, Jacques Chaban-Delmas, Pierre Messmer, entre autres, conduit à l'échec aux élections présidentielles de 1974 : Jacques Chaban-Delmas n'obtient que 14,6% des voix.

* brusque, imprévue
* discorde

* décomposer

* conquiert, enlève

Le mouvement semble se *désagréger** lorsque Jacques Chirac, ancien Ministre de Pompidou et Premier Ministre démissionnaire de Valéry Giscard d'Estaing *s'empare** de sa direction. Le RPR, créé en décembre 1976, se donne comme but de défendre les institutions de la Ve République qui « assurent la stabilité politique et l'équilibre des pouvoirs », de lutter contre le Programme commun de la gauche, jugé dangereux pour les libertés, de *veiller** au maintien — dans la conception gaulliste — de l'indépendance de la France.

* appliquer son attention à

* suggérée, déterminée

Le mouvement veut se situer — dans la tradition *inspirée** par de Gaulle — au delà des partis politiques, qu'il accuse de ne pouvoir apporter aux problèmes posés que « de mauvaises raisons et de fausses réponses ». Son succès relatif aux élections de 1978 permet au RPR de demeurer le groupe le plus important de l'Assemblée Natio-nale avec 150 députés (plus 11 apparentés) et un mouvement populaire non négli-geable avec 760 000 adhérents en 1979.

● L'UDF est une fédération de partis, née à la veille des élections de 1978 pour s'opposer à la gauche en soutenant l'action du Président de la République, et en œuvrant pour la réalisation du programme de société défini par Valéry Giscard d'Estaing dans « Démocratie Française ». Elle réunit le Parti Républicain, le Centre des Démocrates Sociaux, le Parti Radical Socialiste, les clubs Perspectives et Réali-tés, le Mouvement Démocrate Socialiste de France, ainsi que les adhérents à titre personnel (« majorité présidentielle »).

Le Parti Républicain est l'héritier de la Fédération des Républicains Indépendants créée par Valéry Giscard d'Estaing et qui est demeuré l'allié fidèle, mais difficile (la politique de « Oui, mais... ») du gaullisme. L'élection à la présidence de la République de son *chef de file** lui donne une importance plus grande : contre 20 à 30 députés au temps du Général de Gaulle, il a 71 élus en 1978; le PR reste pourtant une petite formation politique (même si l'on y ajoute les 16 députés élus avec l'*étiquette** « majorité présidentielle »), comme l'indique d'ailleurs le nombre restreint de ses adhérents (90.000 en 1979). Les personnalités les plus en vue sont Jacques Blanc (secrétaire général), Michel Poniatowski, Michel d'Ornano, Jean-Pierre Soisson.

Le Centre des Démocrates-Sociaux (CDS), représente la droite libérale, issue de l'éclatement du MRP, dans l'opposition au temps de de Gaulle et de Pompidou, il participe au gouvernement actuel (4 ministres). Son européanisme le distingue des autres formations de la Majorité : 35 députés, 62 sénateurs, 4 000 maires *s'en réclament**. Les dirigeants sont Jean Lecanuet (Président), André Diligeant, Jacques Barrot, Bernard Stasi.

Le Parti Radical Socialiste est le plus ancien parti, en France, dominant la vie politique dès la IVᵉ et même la IIIᵉ République, représentant le centre-gauche réformiste, allié des socialistes. Très affaibli, veilli, déchiré par des tendances centrifuges, il éclate définitivement quand se pose la question de l'alliance avec les communistes. Jean-Jacques Servan-Schreiber essaye de *revigorer** le parti (« Manisfeste radical » de 1970), mais il échoue dans sa tentative de rassemblement du centre-gauche.

En 1974, le Parti Radical Socialiste soutient Valéry Giscard d'Estaing et depuis il participe au gouvernement, mais n'a qu'un rôle parlementaire limité (7 députés, 14 sénateurs).

● Si la priorité de lutte contre l'union de la Gauche provoquait une certaine cohésion de la Majorité, depuis les élections de 1978, l'entente est loin d'être parfaite. Les gaullistes critiquent vivement la politique du gouvernement qui, pour faire accepter ses propositions par le Parlement a dû régulièrement faire appel au «vote bloqué ». L'approche des élections présidentielles de 1981 ne fait que raviver les tensions.

---

* leader

* écriteau, ici appartenance

* en appellent

* ranimer, relever le moral

DOCUMENTS

Annexe I.

Opinion des sympathisants de la majorité (% en 1978)

	Radicaux et CDS	PR	RPR
Préfèrent la sécurité au changement	78	85	89
Sont favorables à la nationalisation des banques	34	26	20
Citent le SMIG à 2 400 F comme l'une des deux mesures les plus aptes à lutter contre les inégalités	22	27	24
Estiment que les mœurs sont trop libérales	52	54	53
Estiment que l'avortement a amélioré la condition des femmes	44	51	46
Souhaitent faire un pas de plus dans la construction d'une Europe unie	68	73	68
Pensent que M. Giscard d'Estaing est dans la ligne définie par De Gaulle pour l'indépendance nationale	72	61	63
Ont une bonne opinion de la politique des Etats-Unis dans le monde	73	58	61

D'après *Quid,* 1980

Annexe II.

« Notre projet est celui d'une société démocratique moderne, libérale par la structure pluraliste de tous ses pouvoirs, avancée par un haut degré de performance économique, d'unification sociale et de développement culturel ».

Valéry Giscard d'Estaing, *Démocratie française* (p. 170), Fayard 1976

Annexe III.

« Gouverner au centre sans gouverner contre la gauche. Etre au milieu sans être neutre. Séduire par la modération sans décevoir par l'excès de timidité. Se placer au point de rencontre des convergences nationales et au lieu géométrique de l'*apaisement* * : telle est la stratégie giscardienne. Elle vaut aussi bien pour la manière de gérer que pour celle de faire campagne ».

* calme

N.J. Bergeroux, *Le Monde,* 25 mars 1980

Annexe IV.

« Centristes, radicaux et héritiers directs du Giscardisme coexistent sans se fondre.. L'autre caractéristique est la solidité. Sans nul doute et quelles que soient les discordances, l'U.D.F. existe. Aucune des formations qui la composent n'envisage d'exister hors d'elle. L'alliance du PR, du CDS et du Parti radical est un fait acquis. Au moins jusqu'en 1981 ».

Le Monde, 25 mars 1980

Annexe V.

« Ce qui arrivera quand de Gaulle aura disparu ? Eh bien, je vous dis ceci, qui peut être vous expliquera dans quelle direction à cet égard nous allons marcher : ce qu est à redouter, à mon sens, après l'évènement dont je parle, ce n'est pas le vide politique, c'est plutôt le trop-plein ! »

Charles de Gaulle, Conférence de presse, 15.5.1962.
Jean Lacouture, *Citations du Président de Gaulle* (p. 174), Seuil, 1968.

Annexe VI.

« Il n'est pas homogène. Aucun parti ne peut d'ailleurs y prétendre. Un clivage ancien et profond sépare les chefs historiques, les nostalgiques des grandes heures du gaullisme, et ceux qui ont vécu pour et par l'Etat-UDR. Combien de fois, les premiers ont-ils été acclamés, en congrés, par les militants tandis que le nom de Georges Pompidou tombait dans le silence ? Mais l'éclatement que certains attendaient, préconisaient, espéraient ou redoutaient ne s'est pas produit ».

Françoise Giroud, *La comédie du pouvoir* (p. 127), Fayard 1977.

Annexe VII.

« On se demande finalement si la doctrine hypercentraliste de M. Debré n'est pas pour la France une des plus dangereuses qui soient. Son *aversion** pour la diversité qui fait la richesse de ce pays, et unit en profondeur, n'a d'égale que son hostilité à la Fédération européenne, sans laquelle pourtant un avenir proche nous balaiera comme *fétu de paille**.

Guy Héraud, *Le Monde* , 4 mars 1980.

Annexe VIII.

« Reste Jacques Chirac. Depuis les élections, il multiplie les *ruades** intempestives, tente de hisser Edgar Faure au *perchoir** de l'Assemblée Nationale et se fait rafler cette position stratégique par son vieil ennemi Jacques Chaban-Delmas. Un jour il se prend pour Richelieu et ne veut pas du mariage avec l'Espagne, un autre, pour le chef d'une opposition *virtuelle** qui exige une politique économique radicalement différente (discours du Gers). Bref, il accumule les éclats, c'est le moins que l'on puisse dire ».

Georges Suffert, *Le Point,* 4-10 septembre 1978.

Annexe IX.

« C'est vrai. Il y a des convergences entre le mouvement gaulliste et les électeurs socialistes. Depuis l'échec de l'union de la gauche, le parti socialiste n'a plus d'espoir. Il est dans l'impasse. Désormais c'est nous qui représentons la seule possibilité d'alternance au pouvoir actuel... car nous demeurons fidèles à notre choix pour une société libre ».

Déclaration de Bernard Pons, Secrétaire Général du RPR,
Le Monde, 18 mars 1980.

---

* éloignement

* brin de paille, petite chose

* coups de pied, protestations
* siège haut placé, ici présidence de l'Assemblée

* qui n'est pas encore réalitée

L'OPPOSITION DE GAUCHE

L'opposition parlementaire existe dans tous les pays démocratiques. La particularité de la France, c'est que l'opposition ne propose pas une méthode différente de gouvernement, mais un choix de société. C'est le seul exemple dans les pays développés où parti socialiste et parti communiste s'associent autour d'un programme d'action et obtiennent une large assise populaire.

● Le rapprochement des deux grands partis de la gauche est le résultat d'un changement progressif et *concomitant** des structures des idées et des hommes.

* simultané

Au cours des années 1960, diverses tentatives d'union ont lieu entre les différents courants socialistes et le centre-gauche représenté par le Parti radical, sans aboutir à des résultats durables. Après 1968, la seule solution possible reste l'alliance communiste que préconise François Mitterrand, président de la Convention des Institutions Républicaines (réunion des « clubs » socialistes) et la jeune gauche intellectuelle du vieux parti socialiste, la SFIO. L'abandon de la direction de la SFIO par Guy Mollet (opposé au rapprochement avec les communistes), l'ouverture d'une crise de direction dans la SFIO permet à François Mitterrand de s'imposer. Au Congrès d'Epinay-sur-Seine en octobre 1971, la fusion de la SFIO et de la Convention est décidée, la motion recommandant un programme commun de gouvernement avec le PCF l'emporte, et François Mitterrand est désigné comme Premier secrétaire du nouveau Parti Socialiste.

* attachement
* paralysé

Le Parti Communiste, malgré la masse de ses adhérents et le *dévouement** de ses militants apparaît un parti vieilli et *sclérosé*, dirigé par des hommes usés (Maurice Thorez reste secrétaire général de 1930 à 1964, Waldeck-Rochet et Jacques Duclos ont plus de 60 ans), renfermé dans des positions idéologiques inacceptables pour la grande majorité des Français, d'autant plus que l'alignement sur les positions de l'URSS est la règle. Pourtant à la fin des années 1960 des changements importants interviennent. Annonçant l'invasion soviétique en Tchécoslovaquie, le PCF « exprime sa surprise et sa réprobation ».

Au cours des évènements de mai 1968 le PCF apparaît fondamentalement hostile à l'action révolutionnaire. L'ouverture, accompagnée d'un changement de style se développe de façon continue à partir de 1970, sous la direction de Georges Marchais (qui supplée à Waldeck-Rochet malade, puis qui lui succède en 1972).

● Les pourparlers entre les deux grands partis aboutissent à la signature d'un programme commun de gouvernement en juin 1972, scellant une alliance prétendant aller au-delà d'une combinaison électorale, vers une véritable charte idéologique et une action pratique. (voir le détail sur le Programme commun au chapître suivant). C'est en se référant sans cesse à ce document de base que les grandes batailles électorales sont abordées. Mais surtout, commence pour les deux partis une grande campagne d'explication et de propagande pour augmenter le nombre de ses adhérents et son électorat de base. L'entente entre socialistes et communistes provoque d'abord l'éclatement des deux partis situés plus à droite et plus à gauche, amenant une partie des radicaux sous la conduite de Robert Fabre à signer le Programme commun (« Mouvement des radicaux de gauche »), de même qu'une partie du PSU (Parti socialiste unifié), avec ses principaux dirigeants : Michel Rocard et Robert

Chapuis. D'autres personnages, venant d'horizons plus lointains (comme certains « gaullistes de gauche ») rejoignent l'Union de la Gauche. Le bénéficiaire principal de cette union sera le Parti Socialiste qui réussit à étendre considérablement son audience dans tous les milieux sociaux. Ses adhérents passent de 75.000 en 1971 à 180.000 en 1978, il obtient près de 23% des votes en 1978 (il devance nettement le Parti communiste qui en obtient moins de 21%) et emporte 104 sièges de députés. Le Parti communiste s'efforce de paraître un parti démocratique : l'abandon de la « dictature de prolétariat » et du principe révolutionnaire de la conquête du pouvoir, la distance prise par rapport à Moscou et le rapprochement vers le PC italien, les appels aux catholiques, aux gaullistes sont autant de signes de changement profond, ou du moins tactique, que complète la propagande très habile de Georges Marchais, véritable artiste des mass-média.

● L'échec des discussions concernant l'actualisation du Programme commun met au grand jour la mésentente profonde (voir chapitre suivant) entre socialistes et communistes et se pose alors la question de la survie de l'Union de la gauche. La perte des élections est le point de départ d'une longue période de crise qui continue encore en 1980. Crise de l'unité (accusations réciproques, isolationnisme, jusqu'au refus du 1er Mai unitaire) mais crise aussi à l'intérieur des partis : contestation de la structure et de l'autorité au sein du Parti communiste (affaire d'Ellenstein, d'Althusser); apparition d'une multitude de tendances à l'intérieur du Parti socialiste (autour des personnages importants : François Mitterrand, Michel Rocard, Pierre Mauroy, Jean-Pierre Chevènement; remplacement de Robert Fabre par Michel Crépeau à la tête des Radicaux de Gauche).
L'unité de direction n'existe plus. L'alignement du parti communiste sur les positions soviétiques dans l'affaire d'Afghanistan (mai 1980) montre-t-il un retour en arrière et la fin des rêves de la gauche française ?

DOCUMENTS

Annexe I.

« Pour sortir de la crise, il faut sortir du capitalisme en crise. Puisque la crise est la stratégie du capitalisme pour rétablir ses profits et restaurer son pouvoir, il nous faut inventer une autre logique de développement vers d'autres finalités avec d'autres incitations. Il n'est possible de sortir de la crise économique qui tend à faire de la France une filiale des Etats-Unis d'Amérique qu'à condition de renverser radicalement l'évolution actuelle. La recherche du profit ne doit plus décider souverainement de l'investissement ni des marchandises. Elle doit céder le pas à la rationalité des citoyens affirmant démocratiquement leurs besoins, à travers la planification et le marché. Ainsi sera rendu possible une croissance sociale ».

Le projet socialiste.
Le Poing et la Rose n°85 (p.49), novembre-écembre 1979.

Annexe II.

« L'extension des libertés est inséparable d'une nouvelle logique de développement. Il ne peut pas y avoir essor de la démocratie dans le cadre du capitalisme actuel. Une rupture est nécessaire si on ne veut pas que l'introduction des réformes dans un mécanisme demeuré capitaliste n'aboutisse au contraire à renforcer le contrôle social et à *intérioriser** les contraintes du système. Le projet socialiste est un projet global et radical de réorganisation de la société, même s'il doit être *graduel**.

* rendre plus efficaces
* progressif

Le projet socialiste.
Le Poing et la Rose, n° 85 (p.35), novembre-décembre 1979.

Annexe III.

« 6-8 avril : Au Congrès du PS à Metz, la motion de F. Mitterrand devance avec 47% des mandats, celles de MM. Rocard (21%) et Mauroy (17%). Un accord, conclu le 22 permet au CERES (15%) de siéger à nouveau au secrétariat national ».

Les évènements de 1979, *Le Monde*, 1er janvier 1980.

Annexe IV.

« Notre objectif fondamental est de refaire un grand parti socialiste sur le terrain occupé par le PC lui-même, afin de faire la démonstration que, sur les cinq millions d'électeurs communistes, trois millions peuvent voter socialistes ».

Déclaration de François Mitterrand, citée par *Le Point* (p. 70), 6-12 mars 1978.

Annexe V.

« Ceux qui exigent de moi que je me place dans une autre logique que celle du programme commun se trompent d'adresse. L'arrivée de la gauche au pouvoir résultera du besoin ressenti par la majorité des Français, d'un renversement catégorique de tendance. A cet égard, le débat qui oppose droite et gauche se fonde sur un malentendu : les uns parlent structure quand les autres pensent conjoncture ».

François Mitterrand, *La partie et le grain* (p.250), Flammarion, 1975.

Annexe VI.

« Le parti communiste est de gauche si l'on considère les cinq millions d'électeurs qui votent pour lui. Il ne l'est pas si l'on retient ses méthodes d'action, son refus de la libre discussion, son sectarisme autoritaire ».

François Mitterrand, *Politique* (p.370), Fayard 1977 (Interview du 29.6.1957).

Annexe VII.

continuent

sans pitié

Les socialistes... *s'obstinent** à voir les premiers symptômes d'une démocratisation future dans ce qui n'est qu'une des phases classiques de la tactique communiste : celle dite de Front populaire ou d'Union de la Gauche. Cette tactique a un double but : ajourner une lutte *sans merci** avec une « droite » que le PC estime momentanément trop forte pour être détruite par une attaque violente; et surtout, empêcher la formation d'un bloc réformiste ou social-démocrate, en coupant en deux les effectifs sociaux et électoraux capables de le constituer. Une partie est neutralisée par son alliance avec les communistes; l'autre est neutralisée par son alliance avec des éléments plus conservateurs qu'elle ».

Jean-François Revel, Le suicide socialiste, *L'Express*, 12-18 janvier 1976.

Annexe VIII.

«C'est le moment que choisit M. Jean-Pierre Chevènement pour annoncer que, si M. Mitterrand renonçait, il serait lui-même candidat à la présidence. Le chef de file du CERES provoqua de brefs mais vifs incidents en attaquant en ces termes M. Michel Rocard : « Il ne suffit pas, pour être le candidat de l'espérance socialiste, de « promettre peu », de prôner l'alignement sur les Etats-Unis et de fonder sur l'actuelle majorité de droite à l'assemblée nationale l'espoir de gouverner à gauche; que notre candidat plaise à la droite n'est pas forcément le critère du bon choix socialiste ».

Compte-rendu de la Convention nationale du P.S., *Le Monde*, 29 avril 1980.

Annexe IX.

« Incapable d'un véritable dialogue respectueux de l'identité des autres, faisant trop bon ménage encore avec l'idée que « la fin justifie les moyens », le PCF me donne le sentiment d'être resté un « handicapé de la démocratie ».

Jean-Pierre Chevènement, *Le Monde*, 26 avril 1980.

P5

LE PROGRAMME COMMUN DE LA GAUCHE

Signé le 27 juin 1972, par le Parti Socialiste, le Parti Communiste et le Mouvement des radicaux de gauche, le Programme commun est un contrat de la gauche pour gouverner ensemble. Ce document, divisé en quatre parties : « Vivre mieux, changer la vie », « Démocratiser l'économie, développer le secteur public, planifier le progrès », « Démocratiser les institutions, garantir et développer les libertés », « Contribuer à la paix et développer la coopération internationale », contenait aussi bien des affirmations de principe que des engagements très précis.

● Le document d'origine contient les points principaux suivants :

— Amélioration immédiate des conditions de vie, par l'augmentation substantielle des bas salaires et des retraites (au moins égales à 80% du SMIG), progression rapide des revenus des agriculteurs, artisans et petits commercants, généralisation de la Sécurité Sociale.

— Amélioration immédiate des conditions de travail, par la réduction de la semaine de travail à 40 heures (avec maintien intégral du salaire) et par l'amélioration des *cadences** et des horaires, par l'augmentation des congés payés.

— Garantie de la sécurité de l'emploi par la lutte contre le chômage en proposant une nouvelle politique de prix et de marché, en augmentant le rôle du marché intérieur, en subventionnant les petites et moyennes entreprises, en créant des emplois nombreux dans les services municipaux et dans les domaines de la culture et des loisirs.

— Nationalisation des secteurs-clés de l'économie. Neuf nationalisations sont décidées, touchant la production chimique (Rhône-Poulenc, Péchiney-Ugine-Kuhlmann, St Gobain-Pont à Mousson, Roussel-Uclaf), l'industrie électrique ou électronique (I.T.T., Honeywell-Bull, Thomson-Brandt, Compagnie Générale d'Électricité) et l'industrie d'armement (Dassault). Ces nationalisations sont complétées par des prises de participation majoritaire dans cinq sociétés concernant la sidérurgie et l'industrie du pétrole (Usinor-Vallourec, Wendel-Sidelor, Schneider, Compagnie Française des Pétroles, C.F.R.-Total). et par l'intervention plus grande de l'Etat dans le secteur bancaire.

Les principaux dossiers restant en suspens concernent les points suivants :

— Le contenu et le calendrier des améliorations de revenu : le PC souhaite des augmentations fortes et immédiates du SMIG (à 2.200 F), du minimum de vieillesse (à 1.200 F), des allocations familiales (+ 50%) objectant que ces mesures relanceront la consommation et sortiront l'économie de la crise. Le PS est pour des améliorations progressives de peur d'une relance de l'inflation et d'une aggravation de la crise économique.

— L'échelle des revenus : le PC voudrait annoncer une réduction de l'*éventail* des salaires de 1 à 5 et l'institution d'un impôt sur les fortunes supérieures à 1 million de F. Le PS s'en tient à un éventail de 1 à 7 et à l'impôt sur la fortune à partir de 2 millions de F.

— Le problème des nationalisations : le PC demande l'extension considérable des nationalisations des sociétés et de leurs filiales, un total de quelques 1450 entreprises supplémentaires. Le PS désire rester à la liste de 1972. Une profonde divergence existe quant à l'indemnisation des actionnaires des entreprises nationalisées.

— Le rôle des travailleurs dans l'entreprise : le PC voudrait privilégier les syndicalistes au niveau de la direction des entreprises nationalisées, direction qu'il voudrait très centralisée, contrairement au PS favorable au pouvoir décentralisé et à l'autogestion.

— La question de la défense nationale : contrairement à l'accord de 1972, le PC veut maintenir l'armement nucléaire, tout en proposant des mesures qui le rendent *inopérant**. Le PS, qui reste en principe opposé au nucléaire, désire trancher la question par l'organisation d'un référendum.

* inefficace

— Promotion des travailleurs au sein de l'entreprise : développement des droits syndicaux et de grève, rôle accru des comités d'entreprise, possibilité de nationalisation si la majorité des ouvriers le souhaite.

— Décentralisation réelle des pouvoirs : suppression de la *tutelle** préfectorale sur les communes, élection au suffrage universel direct d'assemblées chargées d'administrer les collectivités locales et régionales, attribution de moyens nécessaires aux communes en matière de maîtrise du sol, d'urbanisme et de fiscalité locale.

* autorité

— Défense des libertés : totale liberté d'expression, *abrogation** de la loi « anticasseurs », de la procédure de flagrant délit, protection de la vie privée contre certains développements de l'informatique, promotion de la femme et égalité avec l'homme.

* suppression, annulation

— Politique culturelle de masse permettant l'épanouissement de l'individu au sein d'une société plus humaine, plus solidaire. Réduction des inégalités et de cloisonnement social, réorganisation de l'Éducation Nationale (service public unique, décentralisé et laïc), encouragements et subventions à toutes formes d'activités culturelles.

— Réformes institutionnelles : abrogation de l'article 16 de la Constitution, suppression de la Cour de Sûreté de l'État, réforme du Conseil supérieur de la Magistrature, création d'une Cour Suprême chargée d'assurer l'application des règles constitutionnelles, instauration d'un contrat de législature, liant le gouvernement et la majorité parlementaire pour l'application du Programme Commun.

— Politique extérieure animée par la volonté de rechercher les solutions de paix : dissolution des blocs, interdiction des expériences nucléaires, abandon de la « force de frappe ».

● Au cours de 1977, à l'approche des élections législatives, les partis signataires du Programme commun s'entendent pour entamer des discussions sur l'actualisation de ce projet, actualisation rendue nécessaire dans la conjoncture de crise économique. Les divergences de vue surgissent et deviennent vite sources de mésententes profondes.

DOCUMENTS

Annexe I.

« Le programme commun n'est pas proprement un programme de gouvernement. Il comporte, d'une part, l'annonce des nationalisations. D'autre part, une série de mesures ou de réformes qui, toutes, coûtent de l'argent, mais le Programme Commun ne dit pas comment, dans les six mois, douze mois, dix-huit mois suivant la victoire de l'opposition, celle-ci gouvernera ».

Raymond Aron, L'Express, 11-17 juillet 1977.

Annexe II.

« Avec la révision constitutionnelle de 1974, qui a accordé le droit de saisir le Conseil Constitutionnel à soixante Députés ou soixante Sénateurs... l'application du programme commun dépendra beaucoup moins du rapport de forces entre les communistes et les socialistes, de la fermeté ou de la faiblesse de François Mitterrand, que de l'attitude du Conseil Constitutionnel ».

L.Philip, Le Monde, 12 juillet 1977.

Annexe III.

« Si l'on acceptait l'actualisation proposée par le PCF, le secteur public s'élargirait de quelque cinq cent mille salariés supplémentaires, ce qui, joint à l'actuel domaine nationalisé et aux mille cent filiales issues des neufs groupes, porterait le poids du secteur public à quelque 32% de la population active dans l'industrie, à 45% de l'investissement réalisé par les sociétés françaises et à 75% de l'ensemble des dépenses de recherche assurées par les entreprises de notre pays. L'outil permettant un « changement de cap » décisif existerait; il suffirait de la volonté politique pour l'« opérer ».

G. Mathieu, Le Monde, 29 juin 1977.

Annexe IV.

« Quels sont les limites de la politique économique à court terme ? Essentiellement les moyens de financement disponibles. Il existe cinq façons de financer une hausse de bas salaires : la réduction des inégalités de revenus, l'augmentation de la production et de la productivité, la réduction des effectifs, la hausse des prix et l'endettement extérieur. Les deux premières méthodes sont évidemment les seules raisonnables ».

Jacques Attali, Le Nouvel Observateur, n°668 29 août 1977.

Annexe V.

« Le PS cherche à faire croire qu'il est fidèle au programme commun de 1972 en proposant 9 nationalisations, alors que le PC en demanderait 1450. Ce n'est pas honnête. C'est comme si on disait que dix doigts cela fait cinq fois plus que deux mains ! Il ne faut pas confondre en effet un groupe et ses filiales. Un groupe, c'est une société mère et les entreprises contrôlées à plus de 50%, autrement dit, les bureaux et les usines. Le PCF propose de nationaliser les bureaux et les usines... Amputer une main de ses doigts, c'est rendre infirme. Les communistes veulent des nationalisations efficaces ».

L'Humanité, le 5 septembre 1977.

Annexe VI.

« Les quinze thèses sur l'autogestion » adoptées en juin 1975 par le PS (...) ont socialisé expressément deux types de participation des travailleurs à la gestion... : conseil de gestion entièrement élu par les salariés, ou bien conseil de gestion élu de

* accompagné

* ici, sévère

la même manière mais *flanqué** d'un conseil de surveillance représentant la puissance publique et les usagés ».

Le Monde ,29 juin 1977.

Annexe VII.

« La nationalisation du crédit, projet le plus grave de tous déclare-t-on au CNPF, conjuguée avec un contrôle *drastique** des prix que promet la gauche, conduira inéluctablement à mettre la politique financière des entreprises entre les mains de l'État. C'est la condamnation à mort de l'économie libérale et de la libre entreprise ».

Le Monde, 30 juin 1977.

Annexe VIII.

« Pour les communistes... la seule façon d'indemniser qui soit convenable, consiste à donner aux actionnaires des obligations amortissables en vingt ans, pour un montant global correspondant à la valeur boursière moyenne des firmes concernées au cours des trois dernières années...
Le PS juge le procédé coûteux, parfois injuste et économiquement défavorable au pays... La méthode des obligations participantes... est jugée par les socialistes comme la mieux adaptée à la situation des entreprises à nationaliser. De quoi s'agit-il ? De faire voter par le Parlement que les actions possédées par les propriétaires des groupes nationalisés seront remplacés par des titres ne donnant pas droit de vote, mais ouvrant droit à un intérêt fixe, complété par une participation aux résultats de l'entreprise ».

G. Mathieu, *Le Monde*, 6 juillet 1977.

Annexe IX.

« Si vous choisissez l'application du Programme commun, il sera appliqué. Ne croyez pas que le Président de la République ait dans la Constitution les moyens de s'y opposer ».

Valéry Giscard d'Estaing, discours de Verdun-sur-le-Doubs, janvier 1978.

P6

LA POLITIQUE
DE DÉFENSE NATIONALE

* action pour détourner quelqu'un d'une résolution

La défense nationale est fondée sur la sauvegarde de l'indépendance par la *dissuasion**. Celle-ci s'appuie sur la force nucléaire stratégique qui « doit créer une menace permanente et suffisante pour détourner un adversaire de ses intentions agressives ». Cette politique d'armement nucléaire (appelée la « Force de frappe ») a été définie par le Général de Gaulle en 1959 et votée par le Parlement en automne 1960. La France demeure membre du Pacte atlantique, mais elle s'est retirée en 1966 du dispositif militaire intégré (OTAN) disposant ainsi de la maîtrise totale de ses armes, tout en apportant une contribution au renforcement global de la dissuasion.

● La force de dissuasion française comprend la force nucléaire stratégique et la force nucléaire tactique.
— Les forces nucléaires stratégiques ont pour mission de « dissuader » un agresseur d'attaquer la France en le persuadant qu'une action militaire majeure de sa part risquerait de déclencher des *représailles** stratégiques au cœur même de son propre territoire et d'y provoquer des dégâts matériels et des pertes en vies humaines hors de proportion avec le bénéfice qu'il pourrait *escompter**. Elles se composent de bombardiers porteurs de charge nucléaire (37 Mirages IV en 1980), d'un rayon d'action supérieur à 1 200 km (2 500 km avec ravitaillement en vol) et avec une puissance de destruction égalant plusieurs fois la bombe de Hiroshima; de deux unités de tir souterraines (Plateau d'Albion en Haute-Provence) équipées de missiles balistiques « sol-sol » à portée supérieure à 3 500 km, chacun des missiles thermonucléaires ayant une puissance cinquante fois supérieure à la bombe de Hiroshima; et enfin des sous-marins nucléaires lanceurs de missiles, à tête thermonucléaire, d'une portée supérieure à 3 000 km. (Cinq en service en 1980 : « le Redoutable », « le Terrible », « le Foudroyant », « l'Indomptable » et le « Tonnant », un sixième, « l'Inflexible », est en construction, armés chacun de 16 missiles).
— L'armement nucléaire tactique est conçu pour la défense directe du territoire :
« Au sein du corps de bataille, il fait peser sur l'adversaire une menace d'emploi permanente et l'empêche de bénéficier à plein de la supériorité en moyens *conventionnels**. Il sert donc à délivrer le dernier et solennel avertissement du pouvoir politique signifiant à l'agresseur qu'il faut s'attendre au déclenchement de l'armement stratégique s'il persiste ».
Il comprend 75 avions porteurs de bombe atomique, à faible rayon d'action, mais rapides (« Mirage III-E » et « Jaguar A » volant à plus de Mach 1,5); 30 rampes de lancement montées sur châssis, équipées de missiles «Pluton» (puissance 10 à 20 Kt, portée 120 km) et des porte-avions («Clémenceau», «Foch») donnant abri à 24 avions

* ripostes, châtiments

* espérer

* traditionnels

Dépenses militaires 1978		
	S/hab.	9 PNB
Etats Unis	517	6,0
Royaume Uni	239	5,0
Pays Bas	301	3,6
France	325	3,5
Suède	355	3,4
Allemagne	337	3,4
Belgique	253	3,4
Italie	98	2,4
Canada	153	1,8
Japon	74	0,9

Forces nucléaires, 1978					
	USA	URSS	GB	F	Chine
Bombardiers	415	180	50	37	65
Missiles sol-sol	2.154	2.070	0	9	50/80
Missiles sous-marins (tete)	5.540	1.015	192	48	...
Sous-marins	41	89	4	...	...

Sources : *Le Monde*, 29 novembre 1978.

« Super-Etendard » dotés de l'arme nucléaire (puissance 20 Kt), et avec un rayon d'action de 650 km.

● L'ensemble de la puissance nucléaire française est négligeable, elle est 15 000 fois inférieure à celle estimée de l'URSS. L'URSS par exemple, peut atteindre l'ensemble du territoire français en utilisant seulement 0,4% de son potentiel de puissance, c'est-à-dire qu'elle pourrait détruire la France sans compromettre l'équilibre de sa force avec celle des USA. Mais la question se pose autrement : l'URSS ne pourra détruire les forces de commandement nucléaire; alors il faudra savoir si l'anéantissement* de la France « vaudrait la destruction simultanée d'une cinquantaine de villes et centres économiques de l'URSS ». C'est là que réside tout le fondement de la stratégie de la force de dissuasion.

● Devant les progrès technologiques considérables accomplis en matière d'armement, la modernisation du dispositif français est indispensable. Le remplacement progressif du matériel est en cours, mais au delà, se posent des questions fondamentales : quelle orientation donner, quelle stratégie priviligier ? Diversifier et rendre mobiles les engins ou bien concentrer les efforts au renforcement de la force océanique stratégique (les sous-marins), certainement la moins vulnérable en cas de conflit ? Augmenter la puissance nucléaire par le passage à la fabrication de la bombe à neutrons dont la France a les moyens ? Ou au contraire, mettre en place une force militaire à armes conventionnelles, en acceptant l'idée que les conflits seront de faible rayon d'action et que la puissance nucléaire ne sera jamais utilisée ? Peut-on continuer la stratégie « égoïste » de « sanctuarisation »* de la France ? Ne devrait-on pas s'orienter vers la défense commune européenne ? Autant de questions qui, au delà des choix stratégique et militaire, exigent une réponse politique.
L'opinion publique et l'ensemble des grands partis politiques sont favorables au maintien de l'armement nucléaire, mais les nuances existent entre le RPR et le PC d'un part qui prônent la poursuite de la défense indépendante, et le PS et l'UDF d'autre part qui sont tentés par une défense européenne. Dans le détail, les divergences d'optique sont notables, entre les quatre formations. Le Parlement devra trancher en automne 1980.

DOCUMENTS

Annexe I.

« La conception d'une guerre et même celle d'une bataille dans lesquelles la France ne serait plus elle-même et n'agirait plus pour son compte avec sa part bien à elle et suivant ce qu'elle veut, cette conception ne peut-être admise. Le système qu'on a appelé « intégration »... a vécu.
...La conséquence, c'est qu'il faut, évidemment, que nous sachions nous pourvoir, au cours des prochaines années, d'une force capable d'agir pour notre compte, de ce qu'on est convenu d'appeler « une force de frappe » susceptible de *se déployer** à tout moment et n'importe où. *Il va de soi** qu'à la base de cette force sera un armement atomique.

> Charles de Gaulle, Discours au Centre des Hautes Etudes Militaires, le 3 novembre 1959.
> J. Lacouture, *Citations du Président de Gaulle* (p. 129), Seuil, 1968.

Annexe II.

« Un principe doit toujours être rappelé, car son évidence échappe souvent aux constructeurs de système. Il n'y a de défense que nationale. Chaque *protagoniste** doit être persuadé qu'une attaque de sa part ne viendra pas à bout de tous les systèmes de défense de l'adversaire, ce dernier conservant suffisamment de moyens pour infliger des représailles intolérables ».

> Michel Debré, *Le Monde,* 6 décembre 1979.

Annexe III.

Pour le RPR « il s'agit toujours de maintenir la dissuasion du faible au fort, en utilisant le pouvoir égalisateur de l'atome. Le faible dissuade le fort en ne le copiant pas; il refuse la bataille et menace tout simplement de le punir à sa manière, en portant à ses centres vitaux une série de coups inacceptables ».

> Michel Tatu, *Le Monde,* 14 juin 1980.

Annexe IV.

« La *vulnérabilité** de l'Europe dépendante énergétiquement, géographiquement, cible facile pour toute attaque extérieure, ne peut-être réduite que par la mise en commun de ses moyens militaires et techniques. Cela suppose d'affirmer avec force une politique de défense autonome, évitant à la fois la sanctuarisation du territoire national, la réintégration dans l'OTAN, mais impliquant un effort réel de modernisation des forces nucléaires stratégiques et tactiques, tout autant que l'adaptation de nos moyens conventionnels ».

> Robert Pontillon* : Le Monde, 26 avril 1980.

Annexe V.

« Il faut une Défense nationale efficace et indépendante. La politique du pouvoir ayant sacrifié l'armée classique, nous proposons donc, tant qu'il n'y aura pas de désarmement nucléaire général, de maintenir l'arme nucléaire française au niveau requis pour dissuader qui que ce soit de toucher à la sécurité de notre territoire et à l'indépendance de notre pays. Cela dit, si l'on a pour souci exclusif la défense du pays, la politique militaire de la France ne doit désigner aucun adversaire particulier à l'avance. Elle doit être au contraire, « tous azimuts ». Si l'on a pour souci impérieux l'indépendance du pays, il faut refuser catégoriquement de participer à un éventuel bloc militaire ouest-européen qui mettrait nos forces armées à la disposition de l'Allemagne de Schmidt et de Strauss. »

L'Humanité, 5 septembre 1977.

Annexe VI.

« L'avenir appartient aux engins mobiles. D'où l'invite de Chirac, mais aussi d'un Debré ou d'un expert militaire comme le général Gallois : augmentons le nombre de nos sous-marins nucléaires lanceurs d'engins ! Eux échappent à tout repérage. Eux ne peuvent être détruits par une première frappe adverse ».

Dominique de Montvallon, *Le Point* (p. 40), 25 février 1980.

Annexe VII.

« Les recherches françaises sur la bombe sont très avancées. Les chercheurs français au cours de leurs expériences sont arrivés à de meilleurs résultats que les Américains, et la décision politique de construction de cet engin devrait être annoncé à la fin de juin ou à défaut au début de juillet par M. Giscard d'Estaing. La bombe à radiations renforcées (dite à neutrons) est un engin... qui tue les hommes sans détruire l'environnement. Sur un champ de bataille, comme celui de l'Europe de l'Ouest, elle permet par exemple d'anéantir une division tout en laissant intact un important nœud routier ou ferroviaire.

Yves Cuau, *Midi Libre,* 8 juin 1980.

Annexe VIII.

« Question : Approuvez-vous le Chef de l'Etat, lorsque poursuivant la politique de son prédécesseur, et faisant référence au Général de Gaulle, il se prononce pour une défense nucléaire indépendante ? »

	oui	non	ne se prononcent pas
Ensemble	48	37	15
Hommes	46	46	8
Femmes	49	28	23
18-20 ans	48	42	10
21-25 ans	41	43	16
26-44 ans	40	44	16
45-64 ans	51	31	18
65 et plus	60	26	14

	oui	non	ne se prononcent pas
Ensemble	48	37	15
Agriculteurs ...	58	22	20
Prof. lib. cadres sup. ...	60	33	7
Commerçants ..	61	30	9
Cadres moyens	23	71	6
Employés	44	41	15
Ouvriers	41	35	24
Non actifs	55	34	11

Enquête *Publimétrie,* 4 au 8 avril 1975, publiée dans l'Aurore.
R. Muraz, *La parole aux Français* (p. 226), Dunod, 1977.

LA POLITIQUE ÉTRANGÈRE DE LA FRANCE

La politique étrangère est l'aboutissement d'impératifs souvent complexes déterminés par les facteurs économique, culturel, stratégique. L'adaptation continuelle à la conjoncture internationale est une nécessité. Pourtant, au-delà d'une réaction immédiate aux événements, l'essentiel de la diplomatie est basé sur un ensemble de liens de préférence constants entre les pays, que la situation géographique, les traditions historiques ou les *affinités** culturelles ont solidement tissés.

* alliances, affections

● Dans la politique étrangère de la France, l'héritage de de Gaulle pèse lourdement, et les orientations actuelles restent fidèles aux grands principes définis par le Général voici maintenant vingt ans : indépendance et *souveraineté** de la France

* autorité, pouvoir

dans tous les domaines, rejet de la stratégie de blocs exclusifs et inconditionnels, recherche de la construction européenne mais refus de toute tendance supranationale, renforcement des relations privilégiées avec les pays méditerranéens et africains où la culture française trouve un écho favorable. La décolonisation « en douceur », l'abandon de l'organisation militaire de l'OTAN et la création de la force nucléaire nationale, l'opposition à l'hégémonie américaine et la main tendue aux pays socialistes, le renforcement du Marché Commun sur la base d'une entente franco-germanique sont les points marquants de ces optiques marquées paradoxalement d'une certaine intransigeance et d'un comportement diplomatique parfois peu apprécié ici ou là. C'est à ce prix que la France sera écoutée et respectée dans les années tourmentées de 1960.

L'Aide publique des pays occidentaux en % de leur PNB		
	1970	1977
Suède	0,38	0,99
Pays-Bas	0,61	0,85
Norvège	0,32	0,82
France	0,66	0,63
Danemark	0,38	0,61
Canada	0,42	0,51
Belgique	0,46	0,46
Royaume-Uni	0,36	0,38
Allemagne	0,32	0,27
Etats-Unis	0,31	0,22
Japon	0,23	0,21
Moyenne 17 pays	0,34	0,31

Source : *Le Monde,* Bilan économique et social, 1979.

● La diplomatie actuelle s'inspire de ces principes, mais les méthodes sont plus souples, plus nuancées, sans que l'on puisse parler de renversement de tendances.
L'Europe est devenue avec le Marché Commun le cadre économique vital pour la France où s'effectue plus de la moitié de son commerce. Tout en luttant pour préserver ses intérêts majeurs dans le domaine agricole par exemple, la France est désormais favorable à l'« ouverture » : extension à neuf et bientôt à douze, acceptation du Parlement européen élu au suffrage universel, positions impensables au temps de de Gaulle.
La politique de « distance égale » par rapport aux deux super-puissances n'est pas remise en cause, et si les relations avec les Etats-Unis sont plus détendues, elles ne signifient pas alignement systématique. Ainsi lors de la crise de l'Afghanistan, si la France condamne énergiquement l'intervention des troupes soviétiques, elle ne s'associe pas à la proposition pressante des Américains de boycotter les Jeux Olympiques de Moscou. Le gouvernement prend les initiatives pour œuvrer dans le sens de la détente : intervention des

Relations commerciales avec la France, % du commerce extérieur	
Côte d'Ivoire	79
Gabon	51
Niger	46
Sénégal	44
Bénin	43
Tchad	41
Togo	41
République Centrafricaine	39
Caméroun	36
Madagascar	34
Haute-Volta	33
Tunisie	24
Maroc	23

troupes françaises dans le cadre des forces de l'ONU au Liban, Conférence « Nord-Sud », entretien Brejnev-Giscard d'Estaing sur l'Afghanistan, reconnaissance des droits du peuple palestinien, etc.

● La France est tout particulièrement intéressée par le cours des événements sur le continent africain. La décolonisation en Afrique noire n'a pas été le résultat de luttes sanglantes, mais l'aboutissement d'un processus progressif mis en place par la Constitution de 1958 : la Communauté Française prévoyait la possibilité d'accession à l'indépendance des anciennes colonies, au moment où elles le jugeraient opportun. La plupart des pays ont choisi cette voie en 1960, sans *renier** pour autant les relations privilégiées qu'ils entretenaient avec la France, cependant la nature de ces liens a profondément changé. Coordonnée par un Ministère de la Coopération, l'aide culturelle et technique de la France reste primordiale, dans cette Afrique occidentale qui est très attachée à la francophonie, ardemment défendue par des hommes d'Etat comme les Présidents Senghor (Sénégal) et Houphouët-Boigny (Côte d'Ivoire). L'aide économique (publique ou privée) conditionne le développement de ces pays, dont certains, comme la Côte d'Ivoire, le Gabon ou le Sénégal, sont parmi les plus avancés du continent africain. A l'initiative de la France, les pays africains sont associés au Marché Commun (Convention de Yaoundé, juillet 1963) bénéficiant de ce fait de la libre circulation des produits et de l'aide financière des organismes européens. L'autre domaine d'entente est politique. Des accords *bilatéraux** sont signés concernant la sécurité de ces pays que la France accepte de garantir, et qui étaient concrétisés par des interventions militaires françaises (Tchad, Mauritanie, Zaïre) parfois très *controversées** au sein de l'opinion mondiale. La mise en place en 1973 des réunions annuelles des chefs d'Etat africains autour du Président français a pour but d'harmoniser l'ensemble des relations. Mais une question se pose : la Coopération étroite ne permet-elle pas à l'ancienne métropole de se créer des clients fidèles, dans tous les sens du mot ? Certains critiques n'hésitent pas à parler de néo-colonialisme.

* abandonner, renoncer

* engageant deux pays

* discutées

DOCUMENTS

Annexe I.

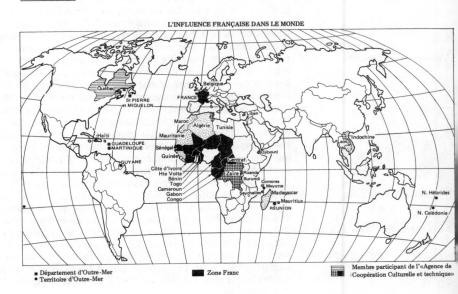

L'INFLUENCE FRANÇAISE DANS LE MONDE

* Département d'Outre-Mer
• Territoire d'Outre-Mer

Zone Franc

Membre participant de l'«Agence de Coopération Culturelle et technique»

Annexe II.

* retrouvée

* au plus haut point

* secret

« L'indépendance ainsi *recouvrée** permet à la France de devenir ... un champion de la coopération ... Or, la France est *par excellence** qualifiée pour agir dans ce sens là. Elle l'est par sa nature qui la porte aux contacts humains. Elle l'est par l'opinion qu'on a d'elle historiquement et qui lui ouvre une sorte de crédit *latent** quand il s'agit d'universel. Elle l'est par le fait qu'elle s'est dégagée de tous les empires coloniaux qu'elle exerçait sur d'autres peuples. Elle l'est, enfin, parce qu'elle apparaît comme une Nation aux mains libres dont aucune pression du dehors ne détermine la politique. »

Charles de Gaulle, *Conférence de presse,* 9 septembre 1965.

Annexe III.

« Coopération d'abord, avec les partenaires auxquels nous sommes unis par des liens privilégiés de culture et d'affection. Je pense aux Etats indépendants d'Afrique et à l'exceptionnelle compréhension qui s'est établie entre eux et nous, dans le respect de leur dignité et de leur indépendance. La France continuera à apporter à cette œuvre jugée exemplaire, de part et d'autre, ses ressources et ses soins. »

Valéry Giscard d'Estaing, *Démocratie Française* (p. 164), Fayard, 1976.

Annexe IV.

« La France occupe le quatrième rang dans le classement mondial de l'aide publique au développement, avec 0,6% de son produit national brut, mais seulement 0,31%

du PNB si l'on exclut les crédits attribués aux départements et territoires d'Outre-Mer ... Globalement, les versements nets publics ou privés destinés au Tiers-monde ont représenté 5.212 millions de dollars en 1977, soit 1,37% du PNB de la France. Toutefois, sur cet apport total, l'aide publique au développement représentait 68% en 1962; elle n'intervenait plus que pour 44% en 1977. »

Le Monde, Bilan économique et social 1979 (p. 121).

Annexe V.

« La Coopération et l'aide financière de la France ou d'autres organismes soulèvent de nombreux problèmes. Les crédits versés aux coopérants reviennent souvent en Europe sous forme d'économies ou d'achats de biens durables ... Les Etats africains achètent en Europe des produits et du matériel européen; même si les produits africains — surtout ceux de l'agriculture — bénéficient de préférences en Europe, vice-versa, les produits industriels bénéficient de préférences similaires : or, celles-ci sont, et de loin, sur le plan financier, supérieures à celles des produits africains, souvent non ou peu *élaborés**. L'absence de moyens de transport (ex. navires) rend ces pays *tributaires** des compagnies françaises et étrangères... »

* préparés, transformés
* dépendants

Maurice Agulhon, André Nouschi, La France de 1940 à nos jours (p. 150), Nathan.

Annexe VI.

« Si la France a été amenée à intervenir sur le continent africain, elle l'a toujours fait à la demande expresse du gouvernement reconnu du pays intéressé et en limitant le volume et la durée de son assistance aux nécessités de la situation. Dans chaque cas, il s'est agi de répondre à l'appel d'Etats, victimes d'une agression extérieure ou appuyée de l'extérieur, qui cherchaient à se défendre à l'intérieur de leurs frontières et qui ne disposaient pas encore des moyens militaires d'assurer leur propre sécurité. »

* Ministre des Affaires étrangères 1977-78

Discours de M. de Guiringaud**
à l'Assemblée Générale des Nations unies, 27 septembre 1978.

Annexe VII.

« Arrivé le dernier je crois, j'y trouvai mes collègues dans un grand effroi ou *feignant** l'émotion. Henry Kissinger leur avait fait des scènes affreuses disait-on, décrivant l'apocalypse entre l'Europe et les Etats-Unis. Un Français n'avait pas accepté ce langage, le président de la commission européenne, François Ortoli. Mais le Secrétaire d'Etat américain s'était fait comprendre et l'on se résignait déjà à obéir, c'est-à-dire à trahir les engagements pris à Bruxelles ... Je n'étais guère surpris de voir mes collègues *flancher** ... mais j'étais impressionné qu'ils aient pu penser qu'il suffisait qu'ils s'alignent sur les instructions américaines pour que la France, maintenant engagée dans la conférence, soit contrainte de les suivre. »

* affectant (verbe feindre)

* céder

* Ministre des Affaires étrangères du 5.7.1973 au 27.5.1974

Michel Jobert**, Mémoires d'avenir (p. 287), Grasset, 1974.

4
L'ESPACE FRANÇAIS

Les pays économiques les plus avancés offrent des formes d'organisation spatiale semblables. Certes, chaque pays possède ses traits originaux, dûs à la situation géographique, la dimension, le milieu naturel, le peuplement, l'évolution économique ou la structure politique et sociale, mais de façon générale on retrouve le même modèle d'organisation comme l'exige l'économie moderne, capitaliste.

● La répartition des hommes sur un territoire n'est pas immuable; elle change, elle évolue en fonction des impératifs économiques et sociaux. La transformation des activités, l'évolution de la société sont capables de déclencher de puissants mouvements de population. Ainsi, on assiste, avec la modernisation de l'agriculture, à une émigration rurale massive qui vide les campagnes *jadis** densément peuplées. Le développement des activités industrielles, la concentration dans l'espace géographique des unités de fabrication ont exercé une forte attraction démographique et ont été les premiers facteurs d'urbanisation de la période contemporaine. Les règles de la localisation industrielle obéissent à des impératifs de meilleure productivité et de plus grand profit, aussi dans l'espace les transferts sont-ils continus. Si l'industrie demeure une activité fondamentale, l'évolution de la période récente est dominée par l'accroissement très rapide des activités de service. Sur six emplois créés au cours des dix dernières années, cinq l'ont été dans le secteur tertiaire. L'augmentation du niveau de vie, l'accès à l'*ère** de « consommation de masse » expliquent ce phénomène qui, dans l'espace correspond à l'accélération de la concentration urbaine de la population. Il ne s'agit plus d'un impératif économique, mais d'un changement de la façon de vivre. L'attrait de la vie urbaine s'exerce de façon irrésistible.

Dans cette civilisation nouvelle, la notion de l'espace reçoit un contenu nouveau. Les moyens de transport rapides, la voiture individuelle dont disposent la majorité des gens permettent de connaître, de fréquenter un espace géographique de plus en plus grand.

Non seulement le progrès, mais aussi les modes, les idées, se répandent et pénètrent dans tous les milieux grâce à une information largement diffusée par les mass-média puissants. Les antagonismes spatiaux — opposition ville-campagne, de citadins et ruraux — tendent à s'*estomper**; le genre de vie s'uniformise. Les villes débordent de leurs cadres historiques, forment des agglomérations étendues où la vie est rythmée par les *migrations pendulaires**. Les régions longtemps délaissées — car économiquement non rentables — sont redécouvertes et ranimées pour les besoins des loisirs et du tourisme.

L'intégration de l'espace est ainsi un phénomène tout autant économique que social, culturel ou politique. Les anciennes divisions déterminées par le milieu naturel ou les activités homogènes deviennent inadaptées : les régions sont des « espaces à caractère économique ayant une certaine autonomie en ce qui concerne les services offerts aux ménages et aux entreprises » (D. Noin). Ces services se concentrent dans les villes. La densité plus ou moins grande des services définit une hiérarchie parmi les villes, qui se manifeste par la différence d'attraction, de polarisation

* autrefois

* époque

* disparaitre

* déplacements quotidiens liés au travail

que possède chacune d'entre elles. Les ensembles régionaux se constituent autour des villes — des pôles — les plus puissantes.

Cette évolution spontanée ne se déroule pas sans poser une série de problèmes graves : désertification de la campagne; urbanisation désordonnée, paralysante, inhumaine; destruction de l'environnement; *frustations** individuelles et collectives; coût économique de plus en plus élevé des processus de concentration. Les moyens d'informations modernes ont permis une prise de conscience générale de tous ces problèmes. Partout on tente de maîtriser, de canaliser cette évolution, pour mieux équilibrer l'espace : nous vivons l'ère de « l'aménagement du territoire ».

● Ces caractères de structure et d'évolution se retrouvent dans tous les pays développés et tout particulièrement en Europe, avec évidemment beaucoup de nuances et de variantes. L'espace français possède quelques traits très originaux par rapport aux autres pays. Cette spécificité est due à la *configuration physique**, aux particularités de l'évolution démographique et économique, à une centralisation politique *pré-révolutionaire**.

— Par sa superficie, 551.000 km², la France est un état moyen dans le monde, mais le plus étendu en Europe, presque deux fois plus grand que l'Allemagne, la Grande-Bretagne ou l'Italie. Sa forme massive, grossièrement hexagonale, fait que les distances extrêmes sont importantes : plus de 900 km du Nord au Sud et d'Ouest en Est. En raison même de ses dimensions, son organisation spatiale est nécessairement beaucoup plus complexe que dans la plupart des pays européens.

Les conditions topographiques, pédologiques et climatiques se conjuguent pour donner au milieu naturel une très grande variété que l'on ne retrouve nulle part et que la multitude de particularismes locaux accentue. Les principaux aspects du relief européen s'y retrouvent. La plaine flamande fait partie de la grande plaine nord-européenne. Les Ardennes sont le prolongement du Massif Schisteux Rhénan. Les grandes plaines sédimentaires — comme celle de Londres ou de l'Allemagne méridionale — se retrouvent dans le Bassin Parisien. Le bastion disloqué des hautes terres du Massif Central a beaucoup de points communs avec le Massif de Bohême ou de certains paysages de la Meseta espagnole. Les Pyrénées, les Alpes, appartiennent à cette chaîne de montagnes jeunes qui traverse toute l'Europe, de Gibraltar à la mer Caspienne. A cette variété de milieu naturel s'ajoutent les façades de deux mers, l'Atlantique et la Méditerranée avec plus de 3.000 km de rivages. Les trois grands domaines climatiques de l'Europe, — océanique, continental et méditerranéen — partagent l'espace français lui donnant une touche supplémentaire d'aspect et de complexité.

— L'espace français est relativement peu peuplé. La densité moyenne 97 habitants au km² n'est que le tiers ou la moitié de celle des autres pays développés d'Europe. Cette densité varie de façon considérable d'une région à l'autre : elle n'est que de 8 sur les plateaux bourguignons ou dans les montagnes des Alpes du Sud, mais elle dépasse 1.000 dans le bassin houiller du Nord.

Le quart du territoire a moins de 20 habitants au km², plus des trois quarts de la superficie ont moins de 40 habitants au km². Des densités « européennes » n'apparaissent sur la carte qu'en tâches souvent isolées, surtout dans le quart Nord-Est de la France, le long du littoral de la Manche et de la Méditerranée.

— Le mouvement d'urbanisation, bien qu'important, démarre plus tardivement en France que dans les autres pays comparables. La lenteur du développement industriel, la protection dont bénéficiait l'agriculture, sont les causes du maintien d'une population nombreuse à la campagne. Le taux de 50% de citadins n'est atteint qu'en 1928 alors qu'il l'a été en 1870 en Grande-Bretagne, en 1875 aux Pays-Bas et en 1890 en Allemagne. Ce retard important est rattrapé depuis la dernière guerre, au prix d'une évolution très rapide : le taux qui n'est encore que de 58,6% en 1954 atteint 77,1% en 1975 et dépasse 80% actuellement. Cette concentration trop rapide dans le temps a ses conséquences sur l'organisation de l'espace : une certaine anarchie dans la structure urbaine, la spéculation *effrénée** sur les terrains à construire;

* privations, appauvrissements

* relief

* existant avant la Révolution

* excessive

* désirées, demandées
* décadence

la résistance fragile des terres agricoles *sollicitées** par l'urbanisation, le *dépérissement** irréparable de certaines régions rurales, l'infrastructure générale incomplète. Là aussi, comme pour la densité de population, de grands écarts demeurent : en face de 19 départements où la population urbaine dépasse 80%, il y en a 4 ou il elle n'atteint pas 30%. Ces écarts indiquent le caractère peu harmonieux et inachevé de l'évolution, un certain déséquilibre spatial.

— La distribution spatiale de la production, les indicateurs de niveau de vie attirent l'attention sur l'importance de ce déséquilibre régional. Certes, tous les pays connaissent des problèmes semblables, nés déjà au temps de la révolution industrielle que a définitivement favorisé les zones de matières premières. Mais en dehors de l'Italie, nulle part l'opposition n'est aussi nette sur des espaces aussi grands. En effet, la moitié occidentale de la France s'oppose à la moitié orientale séparées par une ligne Le Havre-Marseille. L'Est est industriel, urbain; l'Ouest est beaucoup plus agricole et rural.

L'Ouest, avec 55% du territoire et 36% de la population ne produit que 29% de l'ensemble de la richesse (P.I.B.) nationale en 1970. En excluant la région parisienne, l'Est avec 43% de la superficie et 45% de la population du pays participe pour 43% de la richesse nationale. Ce constat global se retrouve au niveau de l'examen approfondi des différents types d'activités économiques, mais aussi du niveau de vie de la population.

* proviennent
* retard

— Plus forte, plus originale que dans d'autres pays est l'opposition entre Paris et la province. Aucun autre grand pays développé ne connait une telle accumulation d'hommes, de biens économiques et culturels dans la capitale. L'agglomération parisienne avec plus de neuf millions d'habitants concentre près du cinquième de la population française, et fournit près de 30% de la richesse nationale. Elle constitue un pôle d'attraction unique dans tous les domaines, dont l'influence s'étend sur l'ensemble du territoire. Toutes les grandes voies de transport s'y dirigent, toutes les décisions *émanent** des sièges centraux politiques, économiques, culturels. Bien plus grand encore est le *décalage** qualitatif que existe entre Paris et la province, à tel point, que présentant l'espace français, un géographe a pu parler de « Paris et le désert français » (J.F. Gravier).

— Ce rôle démesuré de la capitale s'explique en grande partie par la centralisation politique dont les origines sont antérieures même à la Révolution Française et qui a été cimentée par la révolution industrielle. La division administrative du pays en une multitude de départements au cadre étroit, n'a pas favorisé l'épanouissement d'une vie régionale dynamique. Si les villes petites et moyennes sont nombreuses en France, les grandes villes sont rares et elles ne peuvent affronter Paris. Trois agglomérations atteignent le million d'habitants, Lyon, Marseille et Lille, mais la plus peuplée, Lyon l'est sept fois et demie moins que Paris. Ailleurs en Europe, c'est seulement en Hongrie que l'on observe une situation semblable; mais ce pays a perdu deux-tiers de sa superficie en 1920, ce qui explique le poids démesuré de la capitale. Même en Angleterre, le rapport entre les deux premières villes n'est que de 3,3 en dépit du caractère gigantesque de l'agglomération londonienne.

Cinq villes au total dépassent 500.000 habitants, alors qu'on en compte une quinzaine en Grande-Bretagne, en Allemagne ou en Italie, pays dont les populations sont pourtant comparables quantitativement à celle de la France. L'espace français est donc caractérisé par l'existence d'un réseau de villes nombreuses mais petites, par le manque de grandes villes et par le rôle écrasant de Paris.

● Ce double déséquilibre Paris-Province, Ouest-Est, constitue la base de compréhension de l'espace français. Pendant longtemps la concentration des foyers industriels, la présence d'un pôle parisien très dynamique ont joué un rôle moteur dans l'économie française engagée dans la recherche de la croissance. Ces régions d'émigration constituaient le réservoir de main-d'œuvre de la France riche.

L'évolution rapide du niveau de vie, l'élévation du niveau d'instruction, l'élargisse-

ment de l'information ont entraîné un réveil régional, la prise de conscience des inégalités spatiales.

Simultanément, la concentration économique et humaine s'alourdissait et devenait
une gêne au développement général. L'intervention devenait une nécessité urgente,
elle entraîne la mise en place d'une stratégie d'aménagement du territoire, dont les
objectifs principaux sont la décentralisation des activités de production et de services, la création d'une infrastructure équilibrée, le développement de la vie régionale
autour des pôles urbains puissants et attractifs, la conservation des espaces agricoles ou naturels. Malgré des efforts louables et quelques réussites incontestables, la
concrétisation des projets est lente, l'espace français demeure profondément déséquilibré.

DOCUMENTS

Annexe I.

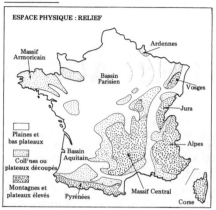

ESPACE PHYSIQUE : RELIEF

Annexe II.

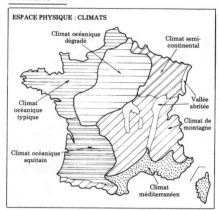

ESPACE PHYSIQUE : CLIMATS

Annexe III.

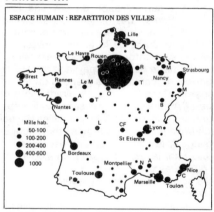

ESPACE HUMAIN : REPARTITION DES VILLES

Annexe IV.

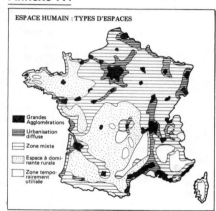

ESPACE HUMAIN : TYPES D'ESPACES

Annexe V.

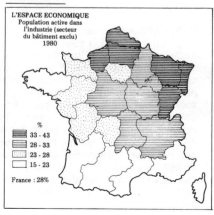

L'ESPACE ECONOMIQUE
Population active dans l'industrie (secteur du bâtiment exclu) 1980

Annexe VI.

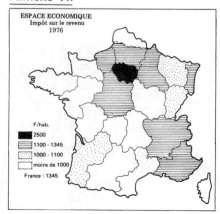

ESPACE ECONOMIQUE
Impôt sur le revenu 1976

G1

L'ESPACE RURAL

L'espace, de prime abord, est un ensemble de paysages, avec ses cultures, ses formes végétales, sa topographie, son habitat. C'est aussi un milieu de vie où s'organisent les collectivités humaines. Le rapport des hommes avec l'espace environnant est chargé de longues traditions en perpétuel changement, en raison des progrès économiques et sociaux qui pénètrent la campagne.

● Le paysage agraire revêt des caractères d'infinie variété en France. Aux causes naturelles — topographie, sol, climat, altitude — s'ajoutent des attitudes mentales et sociales différentes d'une région à l'autre. Les contrastes les plus frappants proviennent du degré d'humanisation du paysage (continuité ou discontinuité de la mise en valeur des terres), des dimensions et des formes du parcellaire, de la présence ou de l'absence de clôtures. La carte ci-contre donne une idée de cette complexité. Dans le Nord-Ouest de la France prédomine le paysage de bocage où les parcelles régulières sont entourées de clôtures: talus, *haies vives**, murettes. Dans le Nord-Est s'étend à perte de vue le paysage agraire de champs ouverts (openfields), comprenant parfois un parcellaire à grandes unités de surface comme dans le centre du Bassin Parisien. Dans le sud de la France la netteté des paysages agraires est moins évidente : l'Aquitaine a un paysage de champs ouverts boisés, la basse vallée du Rhône aligne ses rideaux d'arbres parallèles, la moitié occidentale du Massif Central est un semi-bocage. Dans les régions montagneuses, mais aussi sur les plateaux lorrain ou provençal, le paysage agraire est discontinu, les champs se concentrent dans les vallées et sur les *replats**, ou bien s'ouvrent en une succession d'îlots dans les landes et *garrigues**.

L'habitat rural s'accomode à ses paysages. De façon habituelle, au bocage est associé le minuscule groupement de maisons : le hameau; dans les campagnes ouvertes les gens se groupent dans des villages très étendus, ce qui n'exclut pas pour autant une dispersion intercalaire. Dans les zones de montagnes et de plateaux, l'habitat en fermes isolées est fréquent.

● Ce paysage agraire est le fait des collectivités humaines ayant forgé une civilisation paysanne, fortement structurée, hiérarchisée, traditionnelle. Les diffusions de progrès ont été lentes dans cette société rurale que la révolution industrielle a très peu touchée. Les caractères essentiels de la société villageoise demeuraient inchangés pratiquement jusqu'à la deuxième guerre mondiale. Mais l'équilibre socio-démographique s'est brisé : Après un siècle d'exode rural continu — nécessaire pour les campagnes surpeuplées — la révolution actuelle fait diminuer le nombre des agriculteurs au rythme affolant de 160.000 par an, tant par la mort des agriculteurs sans successeurs que par le passage de jeunes agriculteurs à d'autres professions. Le processus actuel ne correspond plus à une nécessité d'organisation que la modernisation des techniques exige, mais à une véritable fuite. Les *friches** se multiplient, les fermes abandonnées ne se comptent plus, l'âge moyen des exploitants ne cesse de s'élever.

* barrière faite de buissons, d'arbres

* terrasse au versant d'une vallée
* paysage végétal méditerranéen
* terres non cultivées

PAYSAGES AGRAIRES

Bocage
Bocage dégradé
Champs ouverts
Paysage aquitain et provençal
Ilots de champs dans montagnes et landes
forêts

D'après P. BRUNET et C. DIONNET

EMIGRATION RURALE

Forte diminution
☐ 1 à 2%
☐ Plus de 2%
Taux annuel moyen
(1946 - 75)

* conquièrent

Certaines régions — de montagne notamment — sont en voie d'abandon, destinées à mourir avec la disparition des quelques vieux qui s'y accrochent encore désespérément. Les derniers jeunes sont partis quand l'école s'est fermée, faute d'un nombre d'élèves suffisant, quand les commerçants ont quitté les lieux faute de clientèle suffisante, quand l'administration a cessé d'entretenir routes et services publics faute de contribuables.

● L'éclatement de la société rurale traditionnelle introduit une période de transition où l'on voit survivre côte à côte les formes archaïques d'agriculture vivrière, ayant comme base une structure sociale précapitaliste, et le triomphe de méthodes industrielles modernes suivant des formules d'avant-garde d'exploitation et de gestion chez les agriculteurs.
Le clivage se fait moins au niveau des exploitations agricoles qu'à celui des régions. L'espace rural, longtemps assimilé à l'espace agricole, et opposé par la sorte à l'espace urbain et industriel, est de plus en plus intégré dans un système économique et social unique.
Les modes et le rythme de la vie urbaine s'emparent* facilement des campagnes accessibles par les moyens de communication moderne.
Dans de très vastes zones la majorité de la population rurale n'a plus aucun lien avec l'agriculture. Parmi les agriculteurs même, le double-emploi est un phénomène quasi-général. L'engouement pour la résidence secondaire ainsi que le tourisme, le besoin de plus en plus grand d'espaces de loisir sont autant de facteurs de conquête ou de reconquête de zones agricoles.
Ces changements profonds, que la société accepte au nom du progrès, laissent sous silence une série de problèmes importants : la situation souvent désespérée des agriculteurs, à qui il ne reste plus d'autre solution que la révolte, la dégradation peut-être irréversible de l'environnement, mesurable en coût économique, l'avenir d'une agriculture sans agriculteurs...

DOCUMENTS

Annexe I.

« L'agriculteur découvre qu'il ne suffit plus de produire mais qu'il faut vendre et que son produit, espoir et récompense de tous ses efforts, peut n'avoir aucune valeur pour une société gaspilleuse. Le paradoxe lui paraît d'autant plus incompréhensible qu'il voit les villes s'étendre et se peupler, en même temps que le nombre d'agriculteurs diminue et que la surproduction devient plus menaçante. L'économiste explique avec sérénité que les besoins alimentaires ont peu d'élasticité, que la productivité agricole s'est multipliée prodigieusement et que les marchés internationaux sont faussés. Le scandale du paysan n'en est pas diminué ».

H.Mendras, *La fin des paysans* (p. 227),Ed. Armand Colin, 1967.

Annexe II.

« L'espace agricole se rétrécit d'année en année, amputé par les extensions urbaines (30.000 ha par an en moyenne), les emprises des autoroutes (10 ha par km), des aérodromes (Roissy occupe l'antique plaine de France), les résidences secondaires (1.500.000 en 1968, 3 à 4 millions prévues en 1985), les superficies occupées par les équipements de loisirs. Il ne saurait donc plus être question d'opposer « ruralisme » et « urbanisme » mais de mener une politique d'ensemble d'aménagement du territoire, de planification régionale. L'aménagement des campagnes, comme leur développement, passent par la diversification de leurs fonctions, par un partage avec la ville de l'urbanisation, par une osmose entre vie urbaine et vie rurale ».

P. Pinchemel, *La France* (p.504), Ed.Armand Colin, 1970.

Annexe III.

« La comparaison entre campagnes et villes ne s'effectue pas seulement en terme économique, mais aussi en terme de mode de vie. Pour les jeunes en particulier, la vie rurale présente un horizon fermé, qui n'est guère propre à susciter l'enthousiasme. L'émigration signifie un peu l'aventure, en tout cas la nouveauté. Les jeunes filles sont les plus sensibles aux avantages de la vie urbaine, car elles souffrent particulièrement de l'inconfort de la vie à la campagne. Elles n'hésitent pas à accepter des emplois de domestiques dans les villes, malgré la dureté de cette condition. Les hommes, quant à eux, paraissent plus attachés au terroir, mais sont ensuite contraints de choisir entre l'exode et le célibat ».

P. Merlin, *L'exode rural*, Cahiers de l'INED n° 59 (p.41), Presses Universitaires de France, 1971.

Annexe IV.

« Pour satisfaire ses besoins en espace, le tourisme accapare les terres agricoles et surtout celles qui se prêteraient le mieux à un travail productif. Il va sans dire que, dans la jungle des prix fonciers, l'agriculture est perdante; seule une législation autoritaire (mais n'oublions pas que notre société est libérale), maintenant des prix agricoles sur le marché, serait capable de sauvegarder le patrimoine cultivable. Au profit de qui ? s'étonneront les partisans d'un aménagement rentable ».

R. Lamorisse, *La population de la Cevenne Languedocienne* (p.404), Paysans du Midi, 1975.

Annexe V.

* bordures

« La fougère conquiert d'abord les *lisières** mal soignées — la main-d'œuvre est si rare et si chère — des champs enclos. Puis elle gagne les champs eux-mêmes, pour commencer en tâches claires, lorsque la parcelle est encore pâturée, ensuite en blocs étendus, quand on cesse d'y faire pénétrer les animaux. Les talus et leurs *douves** s'encrassent. Les barrières pourrissent. Les chemins eux-mêmes s'oblitè- rent s'ils desservent un groupe de champs appelés à ce destin. Il se forme alors dans un terroir naguère vivant un espace mort ».

* fossés

M. Le Lannou, *Le déménagement du territoire* (p.213), Ed. du Seuil 1967.

Annexe VI.

« Les Alpes et les Préalpes du Sud préoccupent les responsables de l'aménagement du territoire, qui ne voient pas très bien quelle solution trouver pour ressuciter, dans l'ensemble, des régions *moribondes**... C'est par milliers que des villages et des hameaux sont en train de mourir : celui de Jonchères, dans les Préalpes de la Drôme, est passé de 400 à 47 habitants en un siècle; 30 écoliers fréquentaient l'école en 1913 et 4 actuellement; en dix ans, on a enregistré 4 ou 5 décès par an, mais pas un mariage, pas une naissance...

* mourantes

J.Beaujeu-Garnier, *La population française* (p.138), Ed. Armand Colin, U2, 1969.

Annexe VII.

« Peut-être plus encore que par la ville, le progrès pénètre par la route. Dès qu'elle s'ouvre, tout change, jusqu'à la mentalité des gens... Les transports transforment le paysage en permettant l'introduction de techniques nouvelles. Évoquons ici le rôle du rail dans la disparition des landes du Massif Central ou de l'Armorique, dans le remplacement des cultures pauvres de ces régions, seigle et sarrasin, par les cultu- res nobles, et en premier lieu le blé ».

A. Meynier; *Paysages agraires* (p.128), Ed. Armand Colin, coll. U2, 1958.

LA VIE URBAINE

La concentration de la population dans les villes est un phénomène majeur de civili
sation. Elle déclenche un mouvement démographique qui a des conséquences
déterminantes sur la structure sociale et professionnelle, mais aussi sur la structure
urbaine et l'occupation de l'espace.

● L'afflux des populations vers les villes exige la construction de logements,
d'équipements de toutes sortes, des infrastructures économiques et humaines. En
France, cette population se presse aux portes des villes anciennes que la révolution
industrielle n'a souvent qu'*effleurées**, et finalement est rejetée à la périphérie des
villes. La croissance urbaine, par la soudaineté et la puissance du phénomène, signi
fie ainsi une rapide explosion spatiale des villes. Ce phénomène est d'autant plus
considérable qu'il ne touche au départ qu'un nombre relativement peu élevé de villes
et que la période d'après-guerre est celle de la forte natalité, donc bilan migratoire et
naturel se conjuguent pour augmenter les exigences. Les villes doublent, triplent de
superficie au détriment de la campagne environnante, incapable de résister à la ten
tation des plus-values tirées de la vente des terres alors que, malheureusement, les
prix agricoles stagnent. La ville atteint et incorpore des villages proches, étend ses
banlieues au gré de la spéculation foncière. L'anarchie et le caractère hétéroclite des
constructions dominent, où se juxtaposent lotissements pavillonnaires, cités *HLM**,
usines et installations ferroviaires, contournant sablières, dépôts de toutes sortes
cimetières, aérodromes, hôpitaux psychiatriques, prisons, fortifications militaires
etc., traditionnellement rejetés par la ville à la périphérie.

● Pendant que la ville s'étend considérablement, le centre urbain traditionnel, à
l'intérieur des anciens remparts transformés en boulevards, garde ses fonctions de
carrefour social et économique le long de ses rues étroites et tortueuses : il abrite
commerces et bureaux, administrations et services socio-culturels divers, il est aussi
traversé par les axes de circulation urbains et régionaux.
L'accessibilité à cet espace central surchargé devient de plus en plus difficile, malgré
des aménagements nombreux visant à permettre la circulation et le stationnement
des véhicules individuels de plus en plus nombreux. Ce centre *périclite**, étouffé par
la circulation, dégradé par la pollution, abandonné finalement par
une partie des fonctions centrales, envahi par une population socia
lement marginale et économiquement démunie.

● De façon spontanée on crée des centres attractifs nouveaux à la
périphérie, le long des axes majeurs de circulation autour des hyper
marchés sans cesse plus étendus et plus complexes; par la suite on
déplace les services publics (administration, santé, enseignement
construits quelquefois en rase campagne à plusieurs kilomètres du
centre. La population, pour fuir les inconvénients de la vie urbaine
préfère résider dans les communes de la grande banlieue encore
rurale, mais doit ainsi effectuer de longs déplacements quotidiens.
Devant la spéculation effrayante et les résultats négatifs de l'urbani
sation spontanée, les pouvoirs publics essaient depuis longtemps

* frisées, touchées

* Habitat à Loyer Modéré

* décline

Les grandes agglomérations françaises en 1975 (chiffres en milliers d'habitants)			
Paris	8.740	Lens	313
Lyon	1.167	Nancy	278
Marseille	1.004	Cannes	254
Lille	922	Le Havre	249
Bordeaux	589	Tours	246
Toulouse	495	Clermont-Ferrand	225
Nantes	434	Valenciennes	224
Nice	433	Montpellier	220
Rouen	389	Mulhouse	219
Grenoble	389	Rennes	213
Toulon	378	Dijon	210
Strasbourg	356	Orléans	209
Saint-Etienne	337	Douai	205

ZONES URBANISEES
Zones de population
industrielle et urbaine (ZPIU)

■ ZPIU ayant
plus de 20 000
habitants

* Zone à Urbaniser en
  Priorité
* Zone Industrielle
* Zone à Aménagement
  Différé
* Zone à Aménagement
  Concerté
* Organisation d'Etudes
  d'Aménagement des Aires
  Métropolitaines

d'intervenir. Les règlements d'urbanisme, définissant les volumes, la destination, le style des bâtiments, la prise en charge des constructions de logements sociaux, la défense des sites, monuments, datent déjà d'avant-guerre. Le début d'une véritable réflexion sur la maîtrise de l'ensemble de l'espace urbain apparaît seulement dans les années 1950, ou même 60. La zonation fonctionnelle de l'espace est suivie de la planification dans la localisation des équipements (comme les *Z.U.P.**, les *Z.I.**, etc.); les lois nouvelles permettent la constitution des réserves foncières *(Z.A.D.*, Z.A.C.**, etc.); des missions d'études sont créées (comme l'*O.R.E.A.M**) pour se pencher sur les solutions futures à adopter en milieu urbain, concrétisées par la publication des schémas directeurs d'aménagement urbain; on entreprend la rénovation des quartiers centraux en rasant les zones insalubres et en les remplaçant par des complexes d'affaires et d'achat, véritables villes dans la ville (les Halles ou la Défense à Paris, la Part-Dieu à Lyon, etc.), on rend obligatoire la définition des Plans d'occupation du sol (P.O.S.).

● Malgré des améliorations incessantes du cadre urbain, la vie des citadins n'est pas aisée. Les « grands ensembles » sans âme, monotones, sécrètent des attitudes antisociales de désespoir et de violence; l'extension urbaine allonge les parcours jusqu'à l'absurde, source de fatigue physique et nerveuse, augmentant les pertes de temps au détriment du repos et du loisir; les heures de pointe deviennent synonymes de cauchemar avec des embouteillages continus; la vie quotidienne se résume alors bien par ces trois mots « métro, boulot, dodo ». Pourtant, rares sont les citadins de grande ville qui abandonneraient volontiers le milieu urbain. Avec son dynamisme, sa variété de distractions, de plaisirs, la richesse des contacts humains, les possibilités inépuisables dans tous les domaines, ses magasins, ses lumières, son agitation, ses symboles culturels et esthétiques, la ville garde son charme, magnétise.

DOCUMENTS

Annexe I.

« La civilisation a fait un saut qui a définitivement éloigné le mieux-être du cadre tra
ditionnel de nos villes. L'accent doit être mis sur l'étonnant décalage entre les possi
bilités techniques quasi illimitées de la construction et la confusion archaïque d
notre habitat. »

M. Le Lannou, *Le déménagement du territoire,* (p. 47), Ed. du Seuil, 1967

Annexe II.

« Le citadin est presque toujours un homme qui use une partie de son temps à cher
cher et à attendre un logement, à se préparer à déménager. Pour la grande majorit
des habitants des villes, le logement, même s'il a été acheté par la famille, ne repré
sente qu'un abri nécessaire et toujours considéré provisoire. Le cadre de travail es
plus ou moins variable, en règle générale beaucoup moins stable que celui de pay
san, même pour le petit commerçant propriétaire de son fond ... Le citadin, dès qu'i
a dépassé l'âge de l'école primaire, est ce que l'on appelle un « migrant journalier »
Il s'intègre à une des vagues qui, dès les premières heures du jour, transportent pa
paquets les travailleurs urbains vers leur activité quotidienne, et à la grande houle d
soir qui les reconduit en rangs serrés vers la maison. »

P. George, *Précis de géographie urbaine,* (p. 230), Ed. P.U.F., 1969

Annexe III.

« La construction collective, de son côté, si elle s'harmonise avec le cadre dans d
savantes compositions urbanistiques, dégage des espaces verts, baigne dans l
soleil et la lumière, n'en néglige pas moins le confort le plus simple. Elle dispos
d'installations d'eau à l'évier, de WC réservés, du gaz de ville, mais les installation
de chauffage sont aléatoires : pas de chauffage central ou pas de cheminée. Entr
les parois sonores d'un bâti scandaleusement léger, l'intimité de la famille ne résid
plus que dans la discrétion du voisin. Les murs travaillent avec un zèle qui leur fai
prendre sur les outrages du temps une incroyable avance. L'empreinte à nu des cof
frages de béton est devenue un genre : on ne connaît plus la finition. Des office
d'HLM influents, des groupements immobiliers cupides ont pu sans vergogne s
soustraire à la réglementation. »

Y. Babonaux, *Villes et régions de la Loire moyenne,* (p. 405), S.A.B.R.I., 1966

Annexe IV.

« Les qualités esthétiques de ces noyaux anciens jouent un grand rôle dans leu
maintien. Ils ne contiennent pas seulement des monuments, des sièges d'institu
tions, mais des espaces appropriés aux fêtes, aux défilés, aux promenades, au
réjouissances. Le noyau urbain devient ainsi produit de consommation d'une haut
qualité pour étrangers, touristes, gens venus de la périphérie, banlieusards. Il survi
grâce à ce double rôle : lieu de consommation et consommation de lieu. »

H. Lefebvre, *Le droit à la ville,* (p. 13), Ed. Anthropos, 1968

Annexe V.

« La satisfaction de besoins élémentaires n'arrive pas à tuer l'insatisfaction de
désirs fondamentaux. En même temps que lieu des rencontres, convergence de

communications et informations, l'urbain devient ce qu'il fut toujours : lieu de désir, déséquilibre permanent, siège de la dissolution des normalités et contraintes, moment du ludique et de l'imprévisible. »

H. Lefebvre, op. cité (p. 91).

Annexe VI.

« Ségrégation spatiale dans les quartiers neufs et les secteurs les plus résidentiels, reconquête progressive de la vieille ville aux dépens des moins favorisés, telles sont conséquences sociales et spatiales de la stratégie apparente des promoteurs. »

X. Piolle, *Les citadins et leur ville*, (p. 153), Ed. Privat, 1979.

Annexe VII.

Exemple d'urbanisation : Montpellier

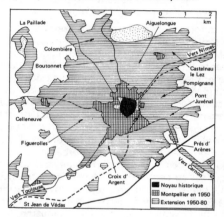
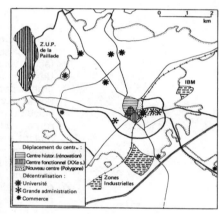

LE DÉSÉQUILIBRE RÉGIONAL

L'espace français n'est pas uniforme : la population ne se répartit pas harmonieusement, l'urbanisation est très inégale, les flux économiques n'ont pas la même intensité et surtout la vie quotidienne des hommes est sensiblement différente d'une région à l'autre. Points forts et zones en retard s'opposent, la prise de conscience de ces divergences est de plus en plus aiguë.

● Les points forts de l'espace français correspondent à la localisation des unités de production rentables et dynamiques, à la main d'œuvre et des capitaux disponibles et mobilisables. Si l'on accepte cette définition, trois axes favorisés apparaissent de façon évidente : Paris-Basse-Seine, Paris-Lille, Paris-Lyon-Marseille-Côte d'Azur. Ces axes relient les quatre villes millionnaires du pays et conduisent aux quatre plus grands ports : Marseille, Le Havre, Dunkerque et Rouen. Ces axes supportent le trafic de marchandises et de voyageurs le plus important; ils sont soulignés par des voies de transport modernes, parallèles, complémentaires : voie ferrée rapide, autoroute, voie navigable à grand gabarit, oléoducs et gazoducs. Ces axes majeurs stimulent les activités économiques et les unités d'activités productrices, et attirent dans les nombreuses agglomérations urbaines qui les jalonnent des services nombreux. Le long de ces axes, des carrefours se dessinent : le premier, le plus puissant est Paris, qui est au centre du système d'axes français, formant un dessin étoilé, et qui entraîne par sa vitalité une région environnante, allant de Caen à Troyes et d'Orléans à St Quentin (voir carte ci-contre). Le carrefour de Lyon reproduit, mais plus faiblement, l'exemple parisien. Le dynamisme, la multiplicité des activités industrielles basées sur la chimie de Lyon et l'électromécanique des Alpes du Nord, la tradition européenne, facilitée par la mise en place d'un système autoroutier et la possibilité de liaisons rapides avec l'Italie (tunnel du Mont Blanc) et la Suisse (Genève)

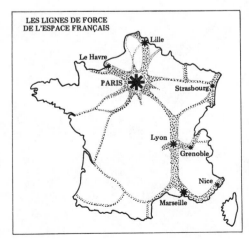

LES LIGNES DE FORCE DE L'ESPACE FRANÇAIS

Lille
Le Havre
PARIS
Strasbourg
Lyon
Grenoble
Nice
Marseille

constituent la trame de ce carrefour qui se renforcera considérablement encore, une fois la liaison navigable Rhin-Rhône réalisée.
Le troisième carrefour, celui de Marseille est pour le moment plus naturel qu'économique ou humain : les activités portuaires de Marseille-Fos, le tourisme du littoral méditerranéen, l'agriculture florissante du Bas-Rhône, l'urbanisation dense, sont des atouts certains.
En dehors de ces axes vitaux, quelques points isolés dans l'espace se détachent. Ils sont plus nombreux dans le Nord-Est de la France où la proximité de Paris et des grands axes européens est vivifiante, rares dans l'ouest de la France, presqu'absents dans le centre du pays où le Massif Central apparaît comme un obstacle majeur.

● Le déséquilibre Est-Ouest peut être constaté dans tous les domaines. Il est souligné par la nature des activités, le degré d'urbanisation, la valeur de la production, la productivité industrielle, les rendements agricoles, le réseau de transport et d'infrastructure, le revenu et le niveau de consommation des habitants.
Il ne s'agit pas des conséquences d'un milieu naturel défavorable. Au XVIII° siècle, l'Ouest de la France était aussi florissant que l'Est

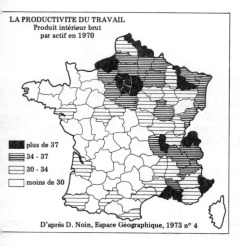

LA PRODUCTIVITE DU TRAVAIL
Produit intérieur brut
par actif en 1970

■ plus de 37
▤ 34 - 37
▤ 30 - 34
☐ moins de 30

D'après D. Noin, Espace Géographique, 1973 n° 4

grâce à un littoral atlantique aux nombreux ports actifs vivant du commerce triangulaire, un arrière-pays animé par des manufactures, le long des routes et voies navigables bien entretenues. Cette économie s'écroule avec la fin de l'esclavage et des espoirs coloniaux, au moment même où la révolution industrielle choisit de favoriser les endroits disposant de matières premières et que les grands axes de navigation sont transférés de l'Atlantique Sud vers l'Atlantique Nord et la Manche (Amérique du Nord-Europe) et que la nouvelle aventure coloniale de la France sera méditerranéenne.

Ces conjonctions de facteurs mettent en avant deux éléments principaux d'explication des déséquilibres actuels : les matières premières et la position géographique.

Les matières premières des révolutions industrielles successives, charbon, fer, électricité, bauxite sont toutes dans la moitié orientale du pays. Elles ont fixé l'industrie lourde. L'industrie de transformation a choisi les villes à proximité de ces industries de base ou les ports d'importation. Paris, Lyon, Rouen, les villes de la Flandre et de la vallée du Rhin en étaient les grands bénéficiaires; ensuite l'industrie attirant l'industrie, le mouvement a continué sur sa lancée.

Cette tendance a été renforcée par les avantages de la position géographique de l'Est par rapport à l'Ouest, plus proche de l'axe économique vital de l'Europe : Londres — Vallée du Rhin — Suisse — Italie du Nord. La constitution du Marché Commun n'a fait qu'accentuer l'évolution différentielle. L'Ouest, ouvert vers l'Atlantique, tourné vers l'Afrique Occidentale et l'Amérique du Sud, économiquement secondaires, adossé aux Pyrénées au delà desquelles se trouve l'Espagne déclinant au XIXe siècle et isolée au XXe, l'Ouest est devenu un véritable « bout du monde » économique, non rentable pour les hommes d'affaires.

DOCUMENTS

Annexe I.

« Les grands centres urbains ne doivent pas être considérés isolément. Ils sont reliés les uns aux autres par un système de transport. Ils sont à l'origine d'importants flux d'hommes et de marchandises. Là où les flux sont particulièrement massifs et variés, le développement industriel et urbain qui les *engendre** se trouve évidemment favorisé : les grands axes sont *jalonnés** de zones d'activités, d'agglomérations et de longues bandes urbanisées; l'expansion y a souvent été vive depuis une vingtaine d'années. »

* provoque, fait apparaître
* ponctués

D. Noin : *L'espace français* (p. 125), Ed. Armand Colin, Coll. U2, 1976

Annexe II.

« Ce n'est pas à tort que Rhône-Alpes est présentée comme une région forte, attractive, inventive et fière. Que ce soit à Lyon, à St-Etienne, à Grenoble ou encore à Feyzin, on a acquis depuis des décennies une compétence incontestée pour des disciplines essentielles à un État moderne, comme le travail élaboré des métaux, la recherche sous toutes ses formes, ou l'exploitation rationnelle de tous les composants du pétrole brut et du naphta. Les Alpes avec leurs richesses en hydroélectricité et en tourisme d'hiver et de printemps, représentent un *gisement** sûr. L'effondrement de l'agriculture et la viticulture des plaines du Rhône et de la Saône n'est assurément pas pour demain. L'eau qui apparaît maintenant à tous comme un capital et une matière précieuse, coule ici en abondance. Vitalité, réserves, initiatives. »

* source de richesse

F. Grosrichard : La région Rhône-Alpes
Le Monde, Dossiers et Documents n° 44, oct. 1977

Annexe III.

Répartition entre la Région Parisienne, l'Est et l'Ouest
des effectifs des trois secteurs industriels

	Industrie de biens d'équipement %			Industrie de biens intermédiaires %			Industrie de biens de consommation %		
	Rég. Paris.	Est	Ouest	Rég. Paris.	Est	Ouest	Rég. Paris.	Est	Ouest
1954	45,9	37,3	16,7	21,4	56,2	22,2	22,1	52,2	25,6
1962	42,0	40,1	17,8	21,5	56,8	21,6	21,5	52,9	25,4
1968	35,7	42,6	21,5	19,7	56,3	23,8	22,1	50,8	27,0
1974	29,4	45,9	24,6	16,9	57,6	25,3	20,2	49,9	29,7
1980 N° 1	27,0	47,0	25,8	15,9	57,9	26,1	19,4	49,6	30,8
1980 N° 2	24,5	48,1	27,3	14,7	58,3	26,9	17,9	50,0	32,0

Sources : Rapport de la Commission d'Aménagement du Territoire et du cadre de vie
Documentation Française (p. 133), 1976

Annexe IV.

« Le dynamisme des économies régionales dépend donc de plus en plus des perspectives de profit que donnent les opérations d'investissements groupées, seules susceptibles d'assurer la baisse des frais généraux et la maximalisation des profits. Les régions qui disposent déjà d'équipement de service importants, celles qui ont une structure de région économique bien affirmée bénéficient d'un avantage certain, puisqu'il est possible d'économiser largement grâce aux équipements, sous-utilisés... Les régions urbanisées présentent donc toute une série d'avantages pour les industriels *en quête de** lieux d'implantation. »

*à la recherche de

P. Claval : Régions, nations, grands espaces (p.417), Ed. Génin, 1968.

Annexe V.

*marquée par d'énormes difficultés économiques (la dépression)

« On peut considérer qu'une région *déprimée** coûte à la collectivité plus qu'elle ne lui rapporte : elle ne participe pas assez à l'accroissement nécessaire du produit national, et par contre, utilise un équipement sans cesse amélioré payé par la nation; elle reçoit en plus, souvent, des subventions. D'autre part, l'hyperconcentration comporte des aspects financiers négatifs : dans les agglomérations géantes il existe un seuil au delà duquel le coût des services publics augmente plus que proportionnellement à l'accroissement de la population. »

P. George, R. Guglielmo, B. Kayser, Y. Lacoste : La géographie active (p.354),
Ed. PUF, 1964.

Annexe VI.

« Il apparaît que l'exode rural atteint actuellement (période 1962-1968) la population rurale de toutes les régions et on peut même affirmer que son rythme varie assez peu d'une région à l'autre... L'exode rural est essentiellement régional : moins du tiers (31,5%) des migrants ruraux changent de région. L'exode rural n'est donc que dans une faible mesure responsable des déséquilibres régionaux, en matière de population. »

P. Merlin : L'exode rural (p. 147), Cahiers de l'INED n° 59, Ed. PUF, 1971.

Annexe VII.

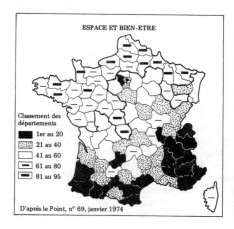

Cette carte du « bien-être » constitue le résultat final de l'analyse de 48 indicateurs : 7 concernent la situation économique, 8 l'équipement, 12 le niveau de culture, 7 l'environnement social, 5 la santé et 9 le milieu naturel et les possibilités de loisir. Les départements ont été classés pour chacun des 48 indices. La synthèse ci-contre représente le « rang » moyen de chacun. Les sources statistiques utilisées couvrent la période de 1970-1973.

G4

PARIS ET LA FRANCE

La *prééminence**, le poids de Paris, sont parmi les constantes de la civilisation fran çaise. Dans tous les domaines, Paris constitue le centre unique de la France malgré des essais *réitérés** de décentralisations.

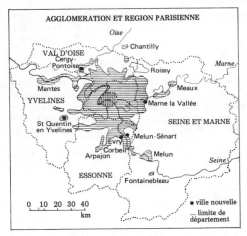

AGGLOMERATION ET REGION PARISIENNE

Oise

Chantilly

VAL D'OISE
Cergy-
Pontoise

Marne

Roissy

Mantes

Meaux

YVELINES

Marne la Vallée

St Quentin
en Yvelines

SEINE ET MARNE

Evry

Melun-Sénart

Corbeil

Arpajon

Melun

Seine

ESSONNE

Fontainebleau

0 10 20 30 40
km

● ville nouvelle

... limite de
département

Paris apparaît d'abord comme une immense concentration d'hom mes. L'agglomération compte 10 millions d'habitants, ce qui place la capitale française parmi les plus grandes villes du monde. Ainsi elle est trop grande par rapport à l'espace national puisque sur un peu plus de 2% du territoire vit un Français sur six. Dès le XIIIe siècle, Paris apparaît comme une ville démesurée, cinq à six fois plus peu plée que les plus grandes villes françaises, mais elle ne renferme alors que 60.000 habitants, même pas 1% de la population du pays. La démesure en fait ne date que du XIXe siècle où de 2,1% de la population totale en 1800 elle passe à 11,3% en 1900. Si le centra lisme politique traditionnel de la France a nécessairement créé une capitale immense, c'est la révolution industrielle qui affirme sa préé minence.

● En effet, le poids économique de Paris est bien plus important encore que celui de la démographie.

— Elle est d'abord un immense *foyer** industriel, employant plus de un million et demi d'actifs dans les diverses branches de production depuis la métallurgie lourde jusqu'à la *haute couture**, toutes les spécialités étant présentes. Elle fournit le cinquième de la production industrielle, mais c'est moins par l'aspect quantitatif qu'elle domine que par les caractères du travail industriel : recevant de la province des produits semi-finis, c'est l'usine parisienne qui élabore et marque le produit destiné au marché. Cette spéciali sation indique un haut niveau technique et la présence d'une main-d'œuvre forte ment spécialisée et habile.

— Paris est presque le centre de direction exclusif des affaires économiques. Les sièges sociaux dirigent depuis Paris l'ensemble des activités des entreprises. 92 des 100 plus grosses entreprises françaises sont ainsi télécommandées, 382 sur les 500 plus grandes (en 1973, cité par D. Noin). Une telle concentration du pouvoir de com mandement dans une seule ville est tout à fait exceptionnelle. Par comparaison, les sièges sociaux des 100 plus grosses affaires industrielles allemandes se dispersent dans 44 villes différentes, dont la plus puissante (Hamburg) n'en recueille que 12.

— La puissance financière est étroitement liée au rôle économique : deux-tiers des crédits accordés aux entreprises, quasi-totalité des actions négociées à la Bourse de France, deux tiers des actifs employés dans les secteurs de banques et d'assuran ces.

— Un réseau de voies de communication, étoilé, convergeant vers Paris de toutes les régions, fait de la capitale un immense marché et la plus grande plaque tournante pour la redistribution des marchandises. Le négoce parisien achète, transporte, traite, conserve et revend tout article de consommation à l'intérieur et à l'extérieur du pays.

● Le rôle culturel, intellectuel de Paris est encore plus déterminant. La capitale française est un foyer d'appel puissant non seulement pour les Français, mais pour nombre d'étrangers.

— Ses universités et grandes écoles fréquentées par 350.000 étudiants chaque année (le tiers des étudiants français) sont ou bien considérés comme les meilleures dans beaucoup de domaines, ou bien uniques quand il s'agit de spécialités et de très hautes qualifications. Les plus grandes écoles d'ingénieurs, les instituts de formation littéraire ou artistique sont dans la capitale, de même que l'Ecole polytechnique, l'Ecole Nationale d'Administration, les Ecoles normales supérieures justement renommées.

— Le dynamisme culturel et scientifique de Paris est incontestable, et les activités fort riches. Paris a créé un milieu ambiant *propice à** l'épanouissement littéraire, artistique, ce qui explique la présence des deux-tiers des artistes et hommes de lettres. Les laboratoires bien équipés, la possibilité de contacts enrichissants, les crédits *alloués** ont déterminé le choix de 72% des chercheurs français qui travaillent à Paris.

C'est la combinaison de ces facteurs économique, culturel, humain, auxquels on doit encore ajouter le pouvoir politique, qui constitue la force d'attraction de Paris. Alors, par rapport à la capitale, les autres villes françaises paraissent éteintes, et la vie provinciale franchement pauvre. Le temps n'est pas si loin où la valeur intellectuelle des gens était mesurée en fonction de la distance de leur lieu d'exercice par rapport à Paris. Jusqu'à nos jours, la consécration de la réussite individuelle ne peut venir que d'elle. Mais cette appropriation de toute richesse et de toute valeur a dépassé souvent le raisonnable. Et c'était bouleverser la société quand, par l'aménagement du territoire, on s'est attaché à mieux équilibrer la France.

* favorable

* distribués à partir d'un budget

DOCUMENTS

Annexe I.

* révolte du Parlement de
Paris, puis de la noblesse
contre la monarchie
(1648-51)

« Du temps de la *Fronde**, Paris n'est encore que la plus grande ville de France. En 1789, il est déjà la France même. »

A. de Tocqueville : *L'Ancien Régime et la Révolution.*

Annexe II.

« Il est impossible de définir une région parisienne; les critères d'influence, employés ailleurs, étendraient cette région à toute la France. »

G. Chabot : *Géographie régionale de la France* (p. 382), Ed. Masson, 1969.

Annexe III.

* s'encombre

« Mais la manie concentrationnaire ne *s'embarrasse** point de si minces détails : en 1876, on avait créé l'Institut agronomique au cœur du Vᵉ arrondissement; à une époque plus récente, le Ministère de la France d'Outre-Mer a installé victorieusement l'Ecole Supérieure d'application de l'agriculture tropicale — avenue Daumesnil — et record des records, l'Institut d'élevage et de médecine vétérinaire des pays tropicaux à Maisons-Alfort. On voit que le principe selon lequel tout ce qui est national est parisien ne souffre guère d'exception. »

J.-F. Gravier : *Paris et le désert français* (p. 15), Ed. Flammarion, 2ᵉ édition, 1958.

Annexe IV.

* potentialité intellectuelle

« Aussi l'agglomération parisienne est-elle une énorme concentration de richesse et de *matière grise**, car la population y est en moyenne plus qualifiée et mieux payée que dans le reste du pays. Le salaire moyen est de 1/3 supérieur à celui de l'ensemble de la France. La consommation des biens non alimentaires par habitant est de 1/3 plus élevée que la moyenne nationale ... On y trouve une partie importante des couches sociales privilégiées : la valeur moyenne d'une succession parisienne est de trois fois supérieure à celle d'une succession provinciale. »

D. Noin : *L'espace français* (p. 176), Ed. Armand Colin, Collection U2, 1976.

Annexe V.

* désillusion, échec

* saisi brutalement

« Quel prestige la France ne retire-t-elle pas de Paris ! Mais la médaille a son *revers**; la concentration de la plupart des activités supérieures dans une seule ville crée une atmosphère électrique, qui fait obstacle à tout exercice de réflexion approfondie. Quel écrivain peut rayonner, si ce n'est depuis Paris ? Quel écrivain peut mener à bien son œuvre, s'il est *happé** par Paris ? »

Alain Peyrefitte : *Le Mal français* (p. 331), Ed. Plon, 1976.

Annexe VI.

* 1966-70

« La région parisienne (2% de la superficie du pays, 19% de sa population) absorbe à elle seule la moitié des dépenses totales d'équipement urbain prévues par le *Vᵉ Plan**. Ce qui, calculé par habitant, signifie que les crédits attribués par l'Etat à chaque Parisien sont deux fois et demie plus importants que pour un citadin provincial ... Ce double phénomène de concentration des investissements publics sur Paris et des charges de financement sur la province s'explique par le mode de répartition des subventions de l'Etat. »

R. Franc, L'Express, 25 septembre-1er octobre 1967.

Annexe VII.

« Les conséquences ? Pour Paris, c'est l'implantation désordonnée de maisons et d'usines, ce sont les véritables migrations journalières de travailleurs (elles représentent 3 millions d'heures perdues chaque jour en 1954), l'engorgement des transports (la surface des routes n'a augmenté que de 10% de 1920 à 1954, la population de 100%), les logements surchargés (30% des familles y sont mal logées, à la même date contre 23% pour le reste de la France) ainsi que les 80 lycées qui devraient être 130, les conditions malsaines de vie (1,4 m² d'espace vert par personne à Paris, contre 8 à Londres, 50 à Washington, etc.).

Y. Trotignon : La France au XXe siècle (tome I, p. 428), Ed. Bordas, 2e édition, 1976.

Annexe VIII.

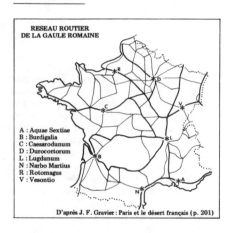

RESEAU ROUTIER
DE LA GAULE ROMAINE

A : Aquae Sextiae
B : Burdigalia
C : Caesarodunum
D : Durocortorum
L : Lugdunum
N : Narbo Martius
R : Rotomagus
V : Vesontio

D'après J. F. Gravier : Paris et le désert français (p. 201)

Annexe IX.

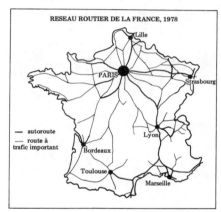

RESEAU ROUTIER DE LA FRANCE, 1978

— autoroute
— route à trafic important

G5

L'AMÉNAGEMENT DU TERRITOIRE

* orienter
* accord
* défectueuse, avec des faiblesses
* Fonds Interministériel pour l'Aménagement du Territoire
* Commission de Développement Economique Régional

L'idée de la nécessité d'aménager le territoire s'est lentement imposée au début des années 1950. Elle a progressivement conduit les pouvoirs politiques à définir une véritable stratégie de l'espace et d'*infléchir** la planification économique dans ce sens. Selon la conception de l'aménagement, l'organisation de l'action et les objectifs recherchés, on peut distinguer trois grandes périodes.

● Le début de l'aménagement volontaire remonte aux années 1954-55. Un ensemble de décrets définit 22 « programmes d'action régionale », crée des « Comités d'expansion économique » pour une meilleure coordination des investissements prévus par la planification. Finances publiques et privées sont associées au sein d'organismes aux statuts nouveaux comme les « sociétés d'équipement » ou les « sociétés de développement régional ». Les moyens financiers importants sont mis à la disposition de l'action (« Fonds de développement économique et social »).
L'objectif recherché est le secours aux zones de sous-emploi ou d'évolution retardée. Des « zones critiques » sont délimitées, de façon à recevoir une aide financière en fonction de la gravité de leur situation. L'effort principal porte sur la décentralisation industrielle vers la France de l'Ouest, que l'on essaye de provoquer par l'*octroi** d'une série de primes ou la proposition d'exemptions fiscales (voir carte ci-contre). Simultanément on entreprend une série de travaux d'aménagement qui visent à améliorer la rentabilité de l'agriculture : reboisement des terres abandonnées dans l'Est de la France, bonification des zones marécageuses de la côte atlantique ou de la plaine littorale de la Corse, développement de la production agricole grâce à l'irrigation dans la région méditerranéenne, etc.
Les résultats escomptés sont loin d'être atteints. L'insuccès s'explique tout autant par l'insuffisante préparation (aide trop dispersée), les difficultés d'ordre économique (qualité de la main-d'œuvre, infrastructure d'accueil *défaillante**) que par la mentalité régnant dans les milieux d'affaires (les « chasseurs de primes », l'attachement parisien inconditionnel).

● L'action d'aménagement reçoit un souffle nouveau en 1963-64. Pour coordonner et promouvoir toute intervention, un organisme de niveau gouvernemental est créé, la DATAR (Délégation à l'Aménagement du Territoire et à l'Action Régionale), disposant en propre d'une dotation budgétaire *(FIAT**)*. Dans chaque région s'installe un « *CODER** »*, sorte d'état major de réflexion et de consultation

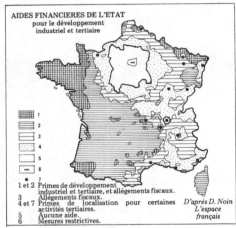

AIDES FINANCIERES DE L'ETAT
pour le développement
industriel et tertiaire

1 et 2 Primes de développement industriel et tertiaire, et allègements fiscaux.
3 Allègements fiscaux.
4 et 7 Primes de localisation pour certaines activités tertiaires.
5 Aucune aide.
6 Mesures restrictives.

*D'après D. Noin
L'espace
français*

AMENAGEMENT DU TERRITOIRE
Résultats

Dunkerque
Lille
Le Havre
PARIS
Metz
Nancy
Strasbourg
Nantes
Lyon
Bordeaux
Pierrelatte
Toulouse
Fos
Marseille

1 Métropoles d'équilibre
2 Décentralisation industrielle, tertiaire
3 Grande réalisation industrielle et portuaire
4 Aménagement agricole
5 Aménagement touristique
6 Parc National
7 Autoroute, voie navigable

* idée fondamentale

entourant le préfet régional. La planification donne ainsi la priorité au *concept** régional.

La nouvelle stratégie d'aménagement abandonne le principe d'intervention sectorielle et propose l'aménagement global. Pour tempérer la puissance paralysante de la capitale et pour animer la vie régionale, on démontre la nécessité de la création de pôles de développement, et l'accélération des investissements d'équipement en province. Huit villes ou ensembles urbains sont choisis, les « Métropoles d'équilibre » : Nantes, Bordeaux, Toulouse, Marseille, Lyon, Strasbourg, Nancy et Lille. Ces villes reçoivent l'aide massive des pouvoirs publics. Pour entraîner le secteur privé dans l'action, l'Etat force les entreprises nationales à décentraliser. Certains grands services publics suivent le même chemin. Des « missions interministérielles d'aménagement » entreprennent la réalisation de grands travaux d'équipement : aménagement touristique, amélioration du réseau de communication (autoroutes, téléphone, aéroports); des programmes globaux d'aménagement sont conçus (Languedoc-Roussillon).

Les résultats sont assez favorables : 600.000 emplois industriels sont créés (1964-72), les trois-quarts dans l'Ouest, pendant que l'agglomération parisienne en perd une centaine de mille; la plupart des métropoles d'équilibre se sont fortement renforcés et les programmes d'équipement améliorent sensiblement la situation en province.

● Pourtant les rajustements ont été insuffisants : si la croissance économique a été assurée, elle a coûté très cher et elle n'a pas suffisamment prévu les conséquences sociales du fort développement. Au lieu de stabiliser la population, elle a provoqué l'accroissement des courants migratoires, les métropoles se comportant dans leurs régions comme Paris en France. La dégradation de l'environnement comme l'augmentation des difficultés de la vie urbaine s'en sont suivi. Mais surtout, la crise économique qui débute ne permet plus la poursuite de cette politique.

Alors, à partir de 1973, on infléchit la politique d'aménagement vers les optiques nouvelles plus qualitatives : amélioration du cadre de vie, revitalisation des centres urbains, rénovation de l'habitat, conservation du *patrimoine** architectural, amélioration de la circulation intra-urbaine, politique d'espaces verts et de loisirs. La priorité est donnée aux villes petites et moyennes, définies comme une spécialité française, qui restent à l'échelle humaine où la qualité de la vie doit être préservée. Des « contrats de villes moyennes » sont proposés par l'Etat : des propositions d'aménagement doivent être présentées par les instances locales, l'Etat *se bornant** à couvrir une partie importante des dépenses envisagées. C'est la décentralisation de l'aménagement, une nouvelle ère dans la pratique de l'espace.

* richesse matérielle, intellectuelle et artistique héritée

* se limitant

DOCUMENTS

Annexe I.

Répartition régionale des opérations de décentralisation 1955-73

France de l'Ouest	Nombre	Emplois	France de l'Est	Nombre	Emplois
Basse Normandie ...	173	31.000	Nord	112	24.500
Bretagne	96	23.000	Picardie	389	46.000
Pays de la Loire	190	38.500	Haute Normandie ...	274	50.000
Centre	653	71.000	Champagne	150	25.000
Poitou-Charente	68	13.700	Lorraine	66	12.500
Limousin	37	3.600	Alsace	40	10.900
Auvergne	48	7.200	Bourgogne	243	34.000
Aquitaine	79	10.800	Franche-Comté	20	6.000
Midi-Pyrénées	38	7.700	Rhône-Alpes	263	24.300
Languedoc-Roussillon	33	3.600	Provence-Côte d'Azur	48	7.800
Total Ouest ...	1.415	210.100	**Total Est**	1.605	241.000

Sources : P. Durand : Industrie et Régions. *La Documentation Française* (p. 188)
Paris 1974 et Annales Vuibert, série Sciences Economiques, 1977.

Annexe II.

* aléas, difficultés

* réactions vitales (ou de vitalité)

« Aujourd'hui, du moins serait-il plus équitable de parler de demi-échec ou de demi-succès, selon le tempérament de chacun. Les *avatars** de cette politique dans le Centre et le Sud-Ouest s'expliquent fort bien. Ce n'est pas seulement une question d'équipement, c'est aussi un problème de capitaux et d'hommes. Faute d'avoir touché aux mécanismes physiologiques qui commandent les *pulsations** de l'économie et de la vie sociale, on ne peut imaginer l'expansion des zones sous-développées que comme un sous-produit de la croissance de la capitale. La dévitalisation du milieu y rend impensables des créations indépendantes et spécifiques. »

J. Labasse : *L'organisation de l'espace* (p. 573), Ed. Hermann, Paris, 1966.

Annexe III.

« Le plus gros problème pour installer des industries dans une petite ou moyenne ville de province n'est pas matériel mais culturel : chefs d'entreprise et cadres hésitent à venir « s'enterrer dans un trou » où leurs enfants ne bénéficieraient pas d'aussi bonnes études que s'ils restaient à Paris, et où leurs épouses s'ennuieraient. Il ne reste plus guère sur place qu'un petit commerce endormi; une colonie de fonctionnaires si mobiles qu'ils semblent toujours porter une valise à la main; des industries qui emploient une main-d'œuvre peu qualifiée. »

Alain Peyrefitte : *Le Mal Français* (p. 332), Ed. Plon, 1976.

Annexe IV.

« Un des soucis constants de la politique nationale d'aménagement du territoire est de remédier au déséquilibre croissant entre la région parisienne et la province tout en limitant du même coup les risques d'asphyxie qu'une extension trop rapide fait courir à l'agglomération de Paris. La création de Métropoles d'équilibre répond à cette préoccupation puisqu'elle a pour objet de renforcer les potentialités de développement de la province en garantissant à ses grands centres urbains les mieux armés un niveau de service et une capacité d'innovation et de progrès, dont la diffusion peut être bénéfique au développement de vastes régions. »

P. Dumont : L'OREAM du Nord. *La Documentation Française.*
Notes et Etudes Documentaires, n° 3635-36, 15 novembre 1969.

Annexe V.

« Que voulons-nous ? Améliorer l'environnement, protéger la qualité de la vie. Si nous donnons de l'importance à la région, nous allons gonfler les métropoles. Nous allons aggraver les grandes concentrations urbaines, *étioler** les villes moyennes. Voyez Lyon, Marseille, Bordeaux, Lille, qui approchent du million d'habitants ou vont le dépasser. C'est déjà trop : ce qu'il faut favoriser, c'est la petite ville et moyenne, où il fait bon vivre. Donc il faut privilégier le département, non la région. »

* affaiblir

Georges Pompidou, cité par Alain Peyrefitte dans « Le Mal Français » (p. 452).

Annexe VI.

« Le rivage au plus offrant ? Ce serait vite — c'est déjà — *la foire d'empoigne**. Il s'agit désormais de tempérer les appétits antagonistes, de distribuer l'espace pour harmoniser les activités, bref d'aménager le littoral ... Ne pas tuer les métiers d'antan car ils sont encore pleins d'avenir, *promouvoir** le tourisme sans laisser les privilèges s'approprier le rivage, développer les ports et leurs zones industrielles en évitant les mégalopoles invivables, puis faire cohabiter tout cela sans *frictions**, telle est la quadrature du cercle. C'est un véritable *défi** que la France a décidé de relever. »

* le fait de profiter, de s'approprier la plus grosse part pour en retirer un bénéfice
* développer

* mésententes, heurts
* difficulté très importante que l'on se fait un honneur de résoudre

Marc Ambroise-Rendu : L'aménagement du littoral, *Le Monde,* Dossiers et Documents n° 33, juillet 1976.

Annexe VII.

« C'est au cours du VIe Plan qu'ont véritablement pris naissance des politiques de sauvegarde et de reconquête de certains milieux naturels. La Commission (de préparation du VIIe Plan) a estimé qu'il importait maintenant d'étendre les actions entreprises, et ceci d'une double manière :
— en développant une politique systématique et globale de gestion du patrimoine naturel associant étroitement meilleure imputation des coûts et des responsabilités, actions réglementaires et d'information, moyens de connaissance et de mesure;
— en mettant en œuvre des politiques adaptées à chaque milieu : littoral, eaux continentales, air, déchets, bruit, faune et flore, forêts et paysages, espaces libres urbains et périurbains, zones fragiles enfin. »

Commissariat général du Plan : Rapport de la Commission d'Aménagement du territoire et du cadre de vie. *La Documentation Française,* 1976.

G6

* médiocres, mêlant bons et mauvais résultats
* succession
* se déroulent en même temps
* alignement de villes
* arrêter, saisir au passage
* descendent avec précipitation
* de façon secondaire

* cultures de légumes

AMÉNAGEMENT RÉGIONAL
EXEMPLE DU LANGUEDOC-ROUSSILLON

Au cours des années 1960, le Languedoc-Roussillon a été considéré comme la terre d'expérimentation de l'aménagement régional. A ce titre il a bénéficié de l'attention particulière des pouvoirs publics : si les résultats de l'action sont *mitigés**, l'effort d'investissement a été considérable.

● La décision d'intervention obéit à une double logique : régionale et nationale. Dans les années 1950, le Languedoc-Roussillon comptait parmi les régions les moins développées de France. La crise économique et sociale y atteignait un point culminant : crise industrielle, marquée par l'arrêt en *cortège** des quelques unités industrielles existantes, déclenchant la fuite des élites et des ouvriers, crise agricole caractérisée par la surproduction viticole chronique et l'effondrement du marché du vin. Exode rural et urbain incessants, malthusianisme démographique et social sont *concomittants**. Cette asphyxie générale, marquant aussi bien les campagnes que les villes, n'était d'ailleurs pas un accident conjoncturel, elle existait à l'état latent depuis le début du siècle.
Pourtant, la région possède un potentiel de grande valeur : terres très fertiles, circulation aisée (axe vital du Rhône à l'Atlantique et à l'Espagne), *chapelet** urbain (un des plus denses de France), 200 km de plages de sable ininterrompues, richesse du patrimoine artistique, variété et beauté des paysages. Même les matières premières industrielles existent : bauxite, sel, houille, uranium.

● Le choix d'aménagement privilégie deux orientations : transformation de l'agriculture trop coûteuse (subventions massives) par l'irrigation, équipement touristique pour *intercepter** le flot des vacanciers qui *dévalent** le Languedoc pour aller vers la Costa Brava espagnole.
La compagnie nationale d'Aménagement du Bas-Rhône-Languedoc (CNABRL), créée en 1955, a reçu pour mission de provoquer par l'irrigation la reconversion partielle du vignoble languedocien, d'améliorer la structure morcelée des exploitations et *accessoirement** d'alimenter en eau potable et industrielle les collectivités locales.
Des travaux d'infrastructure considérables ont permis de conduire l'eau du Rhône jusqu'à Montpellier : canal principal de 67 km et un réseau secondaire dense parcourent 100.000 ha de terres, dont 70.000 sont équipés pour l'irrigation en utilisant la technique d'aspersion.
Des cultures nouvelles — fruitières, *maraîchères** — s'étendent progressivement depuis le Rhône et les Costières — modèle de restructuration foncière — vers la zone de monoculture viticole, freinée par le morcellement trop grand des exploitations et les mentalités traditionnelles. Devant ces difficultés, le projet initial a subi quelques

* remise à une date
  ultérieure

changements, la poursuite du canal à travers le Bas-Languedoc est *différée** et on s'attache actuellement à l'équipement en eau du Lauragais.

— Presqu'au même moment commencent les grands travaux de mise en valeur du littoral languedocien par une mission interministérielle. L'Etat crée les grandes infrastructures, les sociétés mixtes (capitaux publics et privés associés) viabilisent, épurent, démoustiquent, reboisent et vendent les terrains équipés à des sociétés privées ou publiques qui construisent les stations touristiques. L'Etat, en se rendant acquéreur de près de 300 ha de terrain avant que le plan d'aménagement ne soit connu, a pu modérer les prix; en étant le maître-d'œuvre, il peut imposer sa conception de la finalité de l'intervention et contrôle tous les travaux jusque dans le style des constructions. Il fallait à tout prix éviter les erreurs de la Côte d'Azur ou de la Costa Brava

* la bordure

en urbanisant systématiquement tout le *front** de mer. Six unités touristiques ont été individualisées, séparées par des réserves naturelles ou agricoles. Chacune des stations, de style différent, s'ordonne autour d'un port de plaisance et répartit la masse de ses constructions en fonction des types d'utilisation prévue par le plan initial. Les trois unités touristiques en voie d'achèvement — celle de la Grande Motte, du Cap d'Agde et de Leucate-Barcarès — accueillent 200.000 touristes résidents et donnent abri à 4.000 bateaux.

— Ces deux aménagements majeurs ont provoqué la modernisation de toute l'infrastructure de la région. Pour desservir les stations touristiques, les réseaux d'eau, d'énergie et de transport ont été modernisés : l'autoroute languedocienne relie maintenant la vallée du Rhône à Toulouse et à Barcelone; trois aérodromes internationaux ont été construits ou rénovés, des axes de pénétration vers l'arrière-pays mis en place, essentiellement vers le Massif Central proche où les parcs naturels

* renaissent
* mourantes

rels — Parc National des Cévennes, Parc Régional du Haut-Languedoc — *ressuscitent** des régions *agonisantes**. En plus de la restructuration des exploitations, l'irrigation est à l'origine de la rénovation de l'habitat rural, de l'installation des grosses conserveries dans la zone irriguée (Lenzbourg, Libby's, St-Mamet).

● Les conséquences de l'aménagement ne peuvent pas encore être toutes mesurées. Il est indiscutable que l'apport sur le plan économique, en terme de revenu national, est positif. Les problèmes que l'aménagement soulève sont d'ordre régional et humain. Qui sont les principaux bénéficiaires ? Il est certain que dans l'ensemble très peu d'emplois ont été créés. Il n'est pas moins certain que les stations touristiques appartiennent en grande partie à des non Languedociens. Mais les effets indirects rejaillissent sûrement sur le Languedoc — du moins dans sa partie orientale. Comment pourrait-on expliquer autrement la vitalité retrouvée de ses cités ?

DOCUMENTS

Annexe I.

« De quoi s'agissait-il ? Officiellement, de retenir les devises en France, de fixer sur place les touristes descendant vers l'Espagne, de tirer parti d'un littoral ensoleillé ... Les premiers résultats peuvent être interprétés d'un tout autre point de vue : l'Etat a organisé l'exploitation des potentialités de cet espace par le capitalisme financier international ... ce que d'autres discours interprètent comme revivificatrices de l'économie régionale par la création d'emplois saisonniers, par la modernisation de l'infrastructure routière, par la pénétration de nouveaux capitaux dans l'économie régionale. »

R. Dulong : *Les régions, l'Etat et la Société locale* (p. 211).
Ed. P.U.F., série Politiques, 1978.

Annexe II.

« La chance du littoral Languedoc-Roussillon, c'est d'être sur sa plus grande partie une terre vierge; les infrastructures anciennes, les investissements existants ne gêneront pas. Même dans les stations actuelles, ce qui existe est peu de chose par rapport aux possibilités. Pour la première fois en France, les urbanistes vont pouvoir réaliser des stations de tourisme et de vacances en appliquant certains principes nouveaux : dégagement des bords de mer, approche automobile en doigts de gant, diversité et densités de construction, concentration des équipements et dispersion des résidences par exemple. »

P. Racine et P. Reynaud : L'aménagement touristique du littoral du Languedoc-Roussillon.
Economie méridionale, n° 44, 1963.

Annexe III.

* arrivée importante
* diminution progressive

* hommes d'affaire

« La réalisation des travaux d'équipement et de construction ne laissera pas à la région le *flot** monétaire espéré; elle ne contribue que fort peu à la *résorption** du sous-emploi que connaît le secteur secondaire ... Pour des impératifs liés à la rapidité d'exécution et à la spécialisation, les grands travaux publics sont surtout réalisés par d'importantes sociétés extra régionales ... Les sociétés d'intervention de *promoteurs** régionaux n'ont su se constituer, à l'exception de deux d'entre elles. Au total, la construction de la Grande Motte s'est faite en marge des intérêts languedociens. »

B. Vielzeuf : Le tourisme balnéaire en Bas-Languedoc.
Bulletin de la Société Languedocienne de Géographie (p. 417), octobre-décembre 1968.

Annexe IV.

* ouvert

« La Grande Motte, grâce à la mise en place d'un réseau routier bien adapté, est rapidement accessible à partir du couloir rhodanien; la station se met peu à peu en place autour d'un port de plaisance *inauguré** dès juillet 1967, et entièrement creusé dans les sables. Son image de marque repose sur les pyramides dues à Jean Balladur : l'austérité rigide du béton et l'entrecroisement de lignes obliques; une géométrie complexe destinée à lutter contre le vent et débouchant sur l'abstraction; des noms étranges, de la haute Antiquité à l'exotisme, tels que « le Temple du Soleil », « les Mayas », « Acapulco », « le Chéops », « la Dame au Lotus », « le Babylone » et, égaré dans cet inventaire, « le Languedoc ». A la périphérie du noyau pyramidal se répartissent les constructions individuelles, la plaine des jeux et, plus loin, au-delà du rideau de peupliers, les terrains de camping. En arrière, les étangs du Ponant et

* nettoyages profonds
* jeux relatifs aux bateaux

de l'Or, approfondis par *dragages**, offrent en toute saison leur plan d'eau aux *jeux nautiques**. »

R. Dugrand, R. Ferras, P. Joutard : *Bas Languedoc, Causses, Cévennes* (p. 59).
Ed. Larousse, série « Découvrir la France », 1974.

Annexe V.

« Le gouvernement vient de donner son accord pour que l'existence de la Mission interministérielle d'aménagement du tourisme du Languedoc-Roussillon, que préside M. Pierre Racine, soit prolongée jusqu'à la fin de 1982 ... Sur la Côte du Languedoc-Roussillon, huit stations sont en cours d'aménagement. La capacité d'accueil est de 180.000 lits, dont 35.000 lits «sociaux», de camping et de villages de vacances ... Selon M. Racine, la mission interministérielle doit se fixer quatre objectifs : accroître dans les stations la part des logements locatifs pour répondre aux souhaits des grandes agences de voyages, notamment étrangères; développer les activités de loisir et d'animation hors saison. Il s'agit de savoir vendre un « produit touristique global » avec des variantes sportives et culturelles; élargir les efforts vers l'arrière-pays languedocien afin de créer des revenus complémentaires pour les agriculteurs et les artisans ruraux; maintenir une forme de *tutelle** publique sur chacune des sociétés d'économie mixte chargées de l'aménagement des stations. »

Le Monde, 2 mai 1980.

* autorité légale

RÉGIONS, RÉGIONALISMES

La France est un Etat centralisé depuis le XVIIIe siècle. L'unification politique s'es[t] accompagnée d'une uniformisation culturelle systématique qui, malgré tout, n'a pa[s] réussi à faire disparaître les particularismes régionaux. On assiste, depuis la guerre au réveil de ces particularismes. La question régionale se pose avec *acuité**.

* force, urgence
* se superposant
* mélanges
* pousse
* produit, provoque

● La culture régionale, c'est tout ce qui distingue une région de ses voisines : s[a] langue, ses coutumes, ses façons de vivre, son patrimoine artist[i]que, sa religion parfois. Les ensembles culturels régionaux sor[t] nombreux en France *s'imbriquant** les uns dans les autres, se distin[n]guant avec plus ou moins de netteté. L'autorité de l'Etat, en impo[o]sant la suprématie de la langue française (qui est, à l'origine, le parle[r] de l'Ile de France), la révolution industrielle, en unifiant l'espace, e[n] provoquant de forts *brassages** de population, a condamné ces pa[r]ticularismes, les a confondus avec le folklore et l'archaïsme écono[o]mique et social.

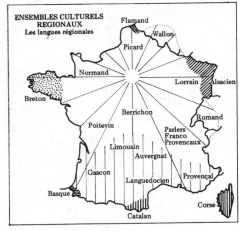

ENSEMBLES CULTURELS
REGIONAUX
Les langues régionales

Flamand
Wallon
Picard
Normand
Breton
Lorrain   Alsacien
Berrichon
Poitevin
Romand
Parlers
Franco
Provençaux
Limousin
Auvergnat
Gascon
Languedocien
Provençal
Basque
Corse
Catalan

La vie moderne inhumaine, l'uniformisation des valeurs, les grand[s] phénomènes sociaux de masse (comme l'émigration rurale, l'urban[i]sation, le tourisme, l'accès de tout le monde à l'instruction et [à] l'information) vont paradoxalement permettre la renaissance de [la] conscience régionale. L'évolution vers une civilisation de masse ignorant les individualismes, *incite** les gens à rechercher leur iden[n]tité sociologique à l'intérieur d'une portion de l'espace, matérielle[e]ment perceptible, par la recherche des liens qui peuvent les unir [à] ceux qui partagent leur destin. Au-delà de la connaissance et de [la] pratique des valeurs culturelles ainsi retrouvées se révèle une pris[e] de conscience d'une communauté d'intérêts, qui renforce le régio[o]nalisme. Cette prise de conscience est d'autant plus forte, profond[e] que les problèmes que doit affronter le groupe, la région, sont gra[a]ves. La croissance économique rapide, inégale dans l'espac[e] *sécrète** en fait les régionalismes. Ce sont les régions délaissées pa[r] l'économie moderne qui connaissent les premières cette évolutio[n] dans les pays développés. L'aspiration à vouloir « vivre, étudier, tra[a]vailler au pays » peut être ainsi l'aboutissement de frustrations ind[i]viduelles et collectives. En France, le régionalisme se développe car [il] symbolise tout à la fois une forme de lutte contre l'Etat envahissan[t] contre le pouvoir de la technocratie parisienne, mais aussi cont[re] une forme de croissance économique qui n'a comme seul princip[e] que la rentabilité qui condamne tout le reste.

ORGANISATION REGIONALE

Nord
Pas de Calais
Lille
Haute
Normandie
Amiens
Chalons/M
Picardie
Caen
Basse
Normandie
Rouen
Metz
Lorraine
Strasbourg
Bretagne
Rennes
Ile de
France
Champagne
Ardennes
Alsace
Pays
de la Loire
Orléans
Nantes
Centre
Dijon
Bourgogne
Besançon
Franche Comté
Poitiers
Poitou Charente
Limousin
Limoges
Clermont
Fd
Lyon
Rhône Alpes
Auvergne
Bordeaux
Aquitaine
Midi
Pyrénées
Provence
Côte d'Azur
Toulouse
Montpellia[r]
Languedoc
Roussillon
Marseille
Corse
Ajaccio

● Dans les régions situées à la périphérie du territoire français s[e] manifeste un mouvement en faveur de la renaissance des langues [et] des cultures régionales. La Bretagne, la Flandre, l'Alsace, le Pay[s] Basque ont des cultures différentes dans l'ensemble françai[s] L'Occitan, le Corse ou le Catalan sont des langues romanes a[…]

même titre que le Français. La langue d'Oc a été une grande langue de civilisation au Moyen-âge comme l'attestent les nombreux poèmes des troubadours, les récits historiques et la grammaire. Toutes ces langues ont dû reculer devant la conquête de la langue officielle, celle de la France du Nord. Ces langues et cultures régionales enseignées maintenant dans les lycées et les Universités constituent la base de la conscience régionale. Quand le sursaut culturel va de pair avec un sentiment d'oppression ou d'abandon économique, il peut devenir une manifestation de protestation parfois violente, excessive. Certaines régions reprochent au gouvernement d'ignorer leurs problèmes et de les sacrifier. Elles souhaitent accroître leur pouvoir de décision pour résoudre elles-mêmes leurs difficultés; certains mouvements régionalistes vont jusqu'à réclamer l'autonomie, voire l'indépendance. Ce sentiment est particulièrement exacerbé en Bretagne et en Corse où des groupes armés entretiennent par des actes de terrorisme un climat d'insécurité (Fusillade d'Aléria en 1975, destruction des relais de télévision de Bretagne et de Corse en 1977, des radars de Solenzara et une aile du château de Versailles en 1978, prise d'otage d'Ajaccio en janvier 1980, etc.).

● Depuis 1955, dans le cadre de la politique d'aménagement du territoire, l'Etat a perçu la nécessité de la décentralisation des pouvoirs. Mais les « circonscriptions d'action régionale » de 1960 ou les « 22 régions » de 1972 sont loin de l'esprit régional que connaissent d'autres pays européens tels que l'Allemagne, l'Italie ou l'Espagne. Les régions françaises sont beaucoup plus des unités territoriales facilitant le travail de l'administration de l'Etat que des entités humaines et économiques responsables de leur destin.

Le Conseil régional, réunissant les élus de la région et les représentants des communes, est dirigé par le Préfet, nommé par le gouvernement. Il a un rôle de conseiller et de coordinateur des travaux conçus ailleurs. Son pouvoir est limité puisqu'il ne dispose que de maigres ressources financières (quelques taxes et des subventions d'Etat). Une autre institution régionale, le Comité économique et social, a un rôle exclusivement consultatif.

La question régionale reste entière. A une époque où toute l'Europe est préoccupée par la recherche de solutions pour améliorer le cadre de vie, la région peut servir d'unité de base spatiale de dimensions humaines idéales pour la réflexion et l'action.

DOCUMENTS

Annexe I.

* demande

« Pour corriger ces systèmes déshumanisés, le régionalisme *postule** la valorisatio[ ]
de circonscriptions géographiques plus étroites, donc de collectivités humaines plu[ ]
réduites. On affiche également la volonté de sauvegarder et d'exalter tous les élé[ ]
ments originaux de ce groupe de base, qu'ils soient d'ordre économique, géographi[ ]
que, linguistique ou folklorique. Même s'il est vrai que ces dernières références on[ ]
quelquefois donné à la tendance régionaliste une coloration réactionnaire, il es[ ]
manifeste que la prise en considération de cette catégorie de valeurs en mêm[ ]
temps que la volonté déclarée de répondre aux aspirations individuelles sont d[ ]
nature à séduire; cela est d'autant plus vrai dans le contexte sociologique actuel, q[ ]

* use

*lamine** les personnalités plus qu'il ne les protège. »

J. de Lanversin : Régionalisme. *Encyclopaedia Universalis* (volume 13, p. 1090), 197[2]

Annexe II.

« Le régionalisme apparaît dans des zones marquées par une transition rapide d'u[ ]
mode de production à un autre. La situation actuelle d'une région serait ainsi moin[ ]
déterminante que le processus de changement auquel elle est soumise ... ce q[ ]
serait en cause serait la brutalité de la transition, provoquant la rupture d'équilibre[ ]

* apparition
* recul

sociaux antérieurs et favorisant *l'émergence** d'idéologie de *repli**. »

R. Dulong : *Les régions, l'Etat et la Société locale* (p. 26). Ed. P.U.F., séries politiques, 197[8]

Annexe III.

* plus ou moins

« Pour l'essentiel, trois types d'acceptation de la région, portés *peu ou prou** par le[ ]
trois composantes du régionalisme breton : celle des conflits régionaux définissan[ ]
la région comme regroupement arbitraire de problèmes qui sont en fait traités a[ ]
niveau du pays tout entier, celle des notables posant l'exigence d'un contrôle d[ ]
l'évolution économique de la région par des responsables régionaux, celle enfin d[ ]
mouvement breton affirmant l'existence d'une Bretagne autonome ... Le mouve[ ]
ment breton défend l'existence d'une communauté fondée sur l'histoire et la langu[ ]

* entourés, limités

tandis que les conflits régionaux sont *cernés** sur la question de l'emploi. Quant au[ ]
notables, ils négocient dans cette affaire leur retraite de la scène politique. »

R. Dulong : *Les régions, l'Etat et la Société locale* (p. 21[ ]

Annexe IV.

« Quand Occitans, Corses, Bretons ou Basques nous parlent d'une intolérabl[ ]
oppression, nous avons tendance à sourire : tout ce qui est exagéré est sans impo[ ]
tance. Nous devrions plutôt voir que l'oppression ne leur est pas réservée — qu'ell[ ]
atteint peu ou prou tous les provinciaux. L'autonomie n'est qu'un langage local de [ ]
colère... » ... « Les habitants de ces provinces moribondes se pénètrent peu à peu d[ ]
sentiment de leur aliénation et de leur abandon. Quand l'histoire, la langue, le sent[ ]
ment d'une différence leur offrent une folle raison d'espérer — peut-on s'étonne[ ]
qu'ils s'y accrochent en desperados ? Peut-on leur en vouloir ? » ... « Mais la *fuit[ ]*

* irresponsabilité

*en avant** des autonomistes risque d'en ruiner les chances. Ils se conduisent comm[ ]
le nageur en perdition qui, par ses réactions désordonnées, empêche son sauvete[ ]
de le ramener au rivage. Ils ne servent en définitive que l'immobilisme des jacobins[ ]
Dès qu'ils paraissent menacer l'unité nationale, ils justifient ce qu'ils prétenden[ ]
combattre : l'omniprésence centralisée. »

Alain Peyrefitte : *Le Mal Français* (p. 333-34). Ed. Plon, 197[6]

Annexe V.

« Depuis 1973, chaque circonscription d'action régionale, qui a pris simplement le nom de « région », est devenu un établissement public spécialisé ayant une personnalité juridique et financière. Sa mission demeure inchangée pour l'essentiel : la région doit faciliter le développement économique et social en orientant la politique d'équipement; toutefois, elle n'a pas d'administration propre et son budget est très faible. Le processus de déconcentration a donc commencé, mais il reste pour l'instant très limité : il est restreint au choix de quelques équipements collectifs. »

D. Noin : *L'espace français* (p. 107). Ed. A. Colin, collection U2, 1976.

Annexe VI.

« Seul le développement d'une collectivité régionale puissante et démocratique peut arracher à l'Etat central la maîtrise de toute une série de grandes décisions publiques, il en est ainsi des fonctions d'encadrement économique, physique, administratif et juridique qui ne peuvent être décentralisées aux seuls niveaux départementaux et communaux. La région deviendra une collectivité locale à part entière dont l'assemblée élue au suffrage universel direct et à la proportionnelle disposera de la maîtrise totale de l'élaboration et de l'exécution de ces décisions. »

Le projet socialiste, *le Poing et la Rose* (p. 68), n° 85, novembre-décembre 1979.

Annexe VII.

Quelques données sur les régions françaises

	Superficie en km²	Population (en milliers d'h)		Population active (en milliers) en 1975	1975 : Activités (en %)		
		1911	1975		Primaire	Secondaire	Tertiaire
Ile de France	12 008	5 325	9 878	4 804	0,9	37,5	61,6
Champagne-Ardennes	25 600	1 211	1 337	549	11,1	41,6	47,3
Picardie	19 411	1 461	1 679	675	10,4	44,7	44,9
Haute-Normandie	12 258	1 201	1 596	675	6,8	43,9	49,3
Centre	39 061	1 874	2 152	898	12,1	39,8	48,1
Basse-Normandie	17 583	1 180	1 306	554	22,4	34,0	43,6
Bourgogne	31 600	1 558	1 571	625	20,0	37,1	42,9
Nord - Pas-de-Calais	12 378	3 030	3 914	1 429	4,6	46,8	48,6
Lorraine	23 540	1 932	2 331	903	15,7	37,7	46,6
Alsace	8 310	1 218	1 517	611	4,7	47,3	48,0
Franche-Comté	16 189	912	1 060	437	9,1	51,5	39,4
Pays de la Loire	32 126	2 334	2 767	1 121	18,1	37,6	44,3
Bretagne	27 184	2 602	2 595	1 023	21,1	29,3	49,6
Poitou-Charentes	25 790	1 408	1 528	585	19,8	33,8	46,3
Aquitaine	41 407	2 257	2 550	1 013	14,9	32,3	52,8
Midi-Pyrénées	45 382	2 141	2 268	872	17,5	32,2	50,3
Limousin	16 932	961	739	301	22,6	33,4	44,0
Rhône-Alpes	43 694	3 580	4 781	2 027	—	—	—
Auvergne	25 988	1 459	1 330	539	17,5	38,4	41,1
Languedoc-Roussillon	27 448	1 530	1 789	627	16,4	28,2	55,4
Provence - Côte d'Azur	31 435	1 944	3 676	1 425	6,3	31,9	61,8
Corse	8 681	291	290	68	20,4	23,4	56,2
TOTAL	550 000	41 479	52 654	21 775	9,5	39,2	51,3

5
LA VIE QUOTIDIENNE EN FRANCE

La vie quotidienne en France est celle de 53 millions de vies, autant de cas d'espèce. Ils ont tous sans exception des servitudes, des loisirs, des plaisirs et des rêves. Ils ont des soucis et des revendications identiques, des inquiétudes. Ils sont tous débrouillards et capables de trouver une parade à toute difficulté, et quand d'aventure ils ne réussissent pas, ils savent tous que c'est la faute du gouvernement, du « système », des autres...

Mais à quoi tiennent-ils le plus, comment voient-ils la vie, le bien-être ? Un sondage effectué par l'IFOP pour la revue « Parents » en 1978 permet de donner un aperçu. Ce sont des jeunes de 15 à 30 ans qui étaient interrogés, eux qui ont la lourde responsabilité de construire la société de demain.

De loin, la première valeur reconnue est la santé. Non pas l'argent, les biens matériels, comme il aurait pu être le cas encore il y a 10 ans. Surprenante prise de position de la part des jeunes. Il est vrai que depuis 20 ans, on constate en France un accroissement considérable des dépenses de santé qui ne comptait que pour 7% dans le budget familial en 1960 et que l'on estime à plus de 18% pour 1985, c'est-à-dire que la consommation de santé sera aussi importante que celle de l'alimentation ! Mais la préoccupation de santé n'est-elle pas une sorte d'inquiétude devant la détérioration de l'environnement par la pollution industrielle, l'urbanisation inhumaine, qui sont autant de causes de maladies très graves sinon fatales : accidents cardiaques, cancer, dérèglement nerveux.

La liberté est de loin le bien essentiel pour le quart des personnes interrogées. Conserver les libertés déjà acquises et en acquérir d'autres. Mais peut-on « partager » la liberté ? La liberté existe en France, bien plus même que dans beaucoup de pays. C'est la pratique de la liberté au jour le jour qui est difficile. Existe-t-elle, la liberté sans limites, quand des écarts très grands séparent les catégories sociales, quand la richesse matérielle permet aux uns, et que la pauvreté limite les autres ? Peut-on parler de liberté suffisante si chaque individu possède sa liberté et que toutes les libertés s'entrecroisent ? Le manque de dialogue et d'échange entre les gens, principal reproche à la société actuelle, est un obstacle à l'épanouissement de l'individu.

L'amour, le troisième argument de la vie, rejoint l'idée de liberté. C'est par la libération de l'amour que la jeunesse actuelle est en train de changer la société. Elle aspire à plus de générosité, moins d'hypocrisie dans les sentiments et les rapports avec autrui. Cet amour sans contraintes extérieures, ce couple librement consenti choisit des valeurs éternelles comme buts : fidélité, famille, abnégation, partage. Une société plus égalitaire, plus respectueuse de la personne humaine que des institutions, de la bureaucratie, des biens matériels.

"A quoi tenez-vous le plus parmi les choses suivantes ? Et en seconde position ?"

	Ensemble		Sexe		Age		
	En 1er	En 2e	H	F	15/19	20/24	25/30
La santé	44	18	36	50	32	39	54
La liberté	23	17	32	15	34	25	15
L'amour	15	28	14	15	16	19	11
Le travail	6	12	6	6	8	5	6
L'argent	5	13	5	5	6	4	5
L'instruction	3	6	2	4	1	3	4
La foi religieuse	2	2	3	3	3	3	2
Sans réponse	2	4	2	2	—	2	3

"Que reprochez-vous le plus à la société ?"

	Total %	Sexe		Age		
		H	F	15/19	20/24	25/30
Le manque de dialogue et d'échange entre les gens	48	46	50	53	51	45
La bureaucratie administrative	21	27	16	15	17	27
Le barrage des diplômes	13	10	15	16	13	10
L'état d'esprit anti-jeunes	10	10	9	11	11	8
Ne se prononcent pas	8	7	10	5	8	10

Sources : Sondage *Parents - IFOP,* paru dans *Parents* 1978, sous le titre : le bonheur en France.

Travail, argent, instruction sont secondaires. Le chômage, l'inflation, l'utilité de la plupart des diplômes tant décriés ont beaucoup perdu de leur intensité. Peut-on supposer que la jeunesse française préfère le rêve à l'utilité ? Nous pensons simplement qu'elle veut bien travailler, vivre, consommer, étudier mais non dans un esprit de dépendance et pour d'autres finalités.

La vie quotidienne est un ensemble de servitudes, d'obligations, mais c'est aussi un ensemble d'efforts pour approcher une situation meilleure et des conditions plus humaines, et faire des rêves une réalité.

Quelle est la réalité quotidienne, quelles sont les améliorations possibles et indispensables à faire ?

« Quelle menace redoutez-vous le plus ? »

	Total	Sexe		Age		
	%	H	F	15/19	20/24	25/30
Pollution industrielle	32	37	27	37	33	28
Le développement anarchique des grandes villes	23	23	23	16	25	25
Tabac et alcool	21	18	25	22	22	21
Énergie nucléaire	19	18	20	22	16	20
Ne se prononcent pas	5	4	5	3	4	6

« Parmi les choses suivantes, quelle est celle qui cimente le plus un couple ? »

	Total	Sexe		Age		
	%	H	F	15/19	20/24	25/30
La fidélité	35	30	39	35	38	33
La venue des enfants	31	31	31	28	25	36
Le plaisir partagé	23	26	20	20	27	21
La législation par le mariage	3	4	3	5	5	2
La mise en commun de biens matériels	3	3	2	6	1	2
Ne se prononcent pas	5	6	5	6	4	6

Sources : Sondage *Parents - IFOP,* paru dans *Parents* 1978, sous le titre : le bonheur en France.

Q1

LA SANTÉ

Toutes les enquêtes et sondages récents montrent que les Français tiennent aujourd'hui la santé pour une priorité absolue, pour laquelle ils sont prêts à tous les sacrifices.

● Des progrès considérables ont été accomplis depuis la guerre dans le domaine médical. Les grandes maladies réputées incurables ont trouvées des solutions, la plupart des maladies *infectieuses** ont disparu ou sont devenues *bénignes**, la médecine a pénétré des domaines qui semblaient naguère ceux de la science-fiction : chirurgie du cerveau, du cœur, remplacements d'organes vitaux. Le résultat de ces progrès constants est la meilleure santé de la population, la diminution de la mortalité (*la mortalité infantile** a baissé de 5 à 1%) l'allongement de la durée de vie (73 ans en moyenne en 1980).
Ces résultats obtenus doivent beaucoup à la densification de l'équipement médico-hospitalier. En 1980 quelques 900 hôpitaux publics et plus de 2 000 établissements privés offrent un nombre de lits disponibles parmi les meilleurs du monde (90 habitants par lit), de même la densité de médecins (480 habitants par médecin) et du personnel des services médicaux a plus que doublé dans les vingt dernières années. En comptant l'industrie pharmaceutique, 1.250.000 personnes travaillent dans le domaine de la santé, chiffre plus élevé que dans l'agriculture !
L'accès de tout le monde à la médecine et aux soins hospitaliers est un facteur important dans la voie de l'égalité sociale. Grâce à la création de la Sécurité Sociale et surtout de l'élargissement progressif de services compétents, actuellement l'ensemble de la population bénéficie de la garantie sociale assurée par le budget social de l'Etat.

● La Sécurité Sociale, mise en place entre 1938 et 1946, est une institution fondamentale dans la vie quotidienne des Français, où elle intervient dans beaucoup de circonstances, maladies, maternité, cas d'invalité ou de décès, accidents de travail, pour ainsi dire dans chaque moment important de la vie familiale. En ce qui concerne son rôle purement médical elle rembourse les *honoraires** de médecins, les dépenses d'hospitalisation, les achats des produits pharmaceutiques, elle verse des indemnités en cas d'arrêt de travail lié à une *déficience** de santé, et accorde des *pensions** d'invalidité; elle couvre les frais de grossesse et d'accouchement et elle paye les congés de maternité. Mais la Sécurité Sociale a une finalité plus grande : retraite, assurance vieillesse, indemnité de chômage, différents types d'allocations familiales. Le budget de la Sécurité Sociale est démesuré : il représente le cinquième du revenu national (405 milliards de F sur 1902 milliards en 1978). Les neuf-dixièmes des recettes proviennent des cotisations, le restant est couvert par l'Etat et des revenus divers. La participation des employeurs et employés représente 50% du salaire brut, la plus grande partie étant à la charge de l'employeur. Pour la seule assurance maladie, le salarié paye 3,5% de son salaire total, l'employeur 4,5%. La Sécurité Sociale, en contrepartie de ces cotisations offre ses prestations. Dans le cas des dépenses de santé, le remboursement représente 70 à 80% des frais. Par une cotisation supplémentaire à une mutuelle professionnelle on peut obtenir le remboursement intégral des frais.

* contagieuses
* peu graves

* nombre de décès d'enfant de moins d'un an par rapport à 1 000 naissances

* revenus du médecin

* faiblesse, altération
* sommes d'argent versées par l'Etat

● La croissance de la consommation médicale a été spectaculaire dans les 30 dernières années, passant de 3% à 7% du PNB, suivant un rythme plus rapide que celui du niveau de vie. Les consommateurs considèrent les dépenses de santé comme prioritaires, quelqu'en soit le coût, d'autant plus facilement d'ailleurs qu'ils ont l'impression de la gratuité de l'acte. Pour un moindre mal de tête on court chez le médecin, tout content de son médecin quand l'ordonnance est bien remplie (prescrire de l'aspirine serait preuve d'un diagnostic incomplet); les pharmacies de famille débordent de médicaments utilisés sans discipline pendant ou hors prescriptions. En matière de santé, nous avons institutionnalisé le gaspillage. Une des raisons des difficultés croissantes est le déficit constant de la Sécurité Sociale : les dépenses de santé augmentent au rythme de 22% l'an.

Peut-on continuer à dépenser toujours autant pour la santé ? Cela paraît impossible puisque les charges accrues de la Sécurité Sociale posent un problème de choix, tout simplement. Les remèdes ne sont pas nombreux : nous pouvons soit réduire les prestations, soit les faire payer davantage. Les cotisations ont déjà été fortement majorées au cours de 1979, et on a exclu des remboursements une liste de produits pharmaceutiques, sans pour autant réussir à diminuer la consommation médicale.

Les projets gouvernementaux de 1980 visent à rendre responsables les consommateurs et les médecins : l'évolution des dépenses de santé ne doit pas dépasser celle de la production intérieure brute. A cet effet, le projet prévoit que 5% des dépenses médicales resteront à la charge de l'assuré même s'il est mutualiste (« ticket modérateur d'ordre public »), que certaines dépenses seront entièrement à la charge de l'assuré (accident de la route, accident sportif, soins consécutifs à la consommation du tabac, de l'alcool) et que les honoraires de médecins ne seront remboursés qu'au tarif que la Sécurité Sociale fixe. Ce dernier point du projet instituerait en fait une médecine à deux niveaux : la médecine des riches à honoraire libre, et la médecine des pauvres à honoraire conventionné.

DOCUMENTS

Annexe I.

« Dans la quasi-totalité des pays industriels les dépenses consacrées aux dépenses maladies, vieillesse, chômage et famille augmentent beaucoup plus vite que la production : 15 à 16% par an en moyenne depuis 1966 dans certains pays comme la Belgique au lieu de 11% pour le PNB. Ce rythme s'est même accéléré depuis 1970 et surtout depuis 1972 puisque pour la CEE la progression annuelle a été selon les membres de 15 à 24% (c'est-à-dire 5,5 à 10,5% à prix constants). Les taux les plus élevés d'augmentation portent, sauf exception, sur les frais de santé, avec des records pour l'hospitalisation de 25 à 35% par an...

... Réservé à l'origine aux salariés et souvent même aux travailleurs les plus démunis, les assurances ou systèmes de protection ont été progressivement étendus à toute la population : en 1955, 60% des Italiens, 61% des Français, 80% des Allemands bénéficiaient des formules d'indemnisation ou de remboursement, mais aujourd'hui 91 à 98% de ces populations sont garanties contre les risques de la maladie ou de la vieillesse... »

Jean-Pierre Dumont, *Le Monde,* 1er février 1977.

Annexe II.

DÉPENSES DE SANTÉ 1974					Nombre d'habit. par lits d'hôpital	Nombre d'habit. par médecin
	publiques % PNB	privées % PNB	totales % PNB	Total Milliards		
États-unis	3,0	4,4	7,4	296,8	152	622
Pays-Bas	5,1	2,2	7,3	5,2	99	625
Suède	6,7	0,6	7,3	1,7	66	615
France	5,3	1,6	6,9	20,4	98	678
Canada						
Allemagne Fédérale	5,2	1,5	6,7	27,8	87	516
Italie	5,2	0,8	6,0	5,9	95	502
Royaume Uni	4,6	0,6	5,2	5,9	117	761
Suisse	3,5	1,5	5,0	3,5	86	559
Belgique	4,2	0,8	5,0	2,0	112	530
Espagne	3,0	1,8	4,8	7,4	190	647
Japon	3,5	0,5	4,0	10,9	78	868

Source : OCDE, Les dépenses publiques de santé, juillet 1977.

Annexe III.

« En examinant les divers types de dépenses médicales, on constate, par exemple dans le dernier rapport sur les comptes de la Santé, que l'élément prépondérant est l'hospitalisation. Alors que, en 1950, les soins hospitaliers représentaient 38% des dépenses, les autres soins médicaux 32%, et les produits pharmaceutiques 28%, en 1978 les parts sont respectivement de 48%, 30% et 20%. Pour comprendre l'évolution des dépenses de santé, il faut donc saisir les raisons de l'expansion hospitalière, la consommation de médicaments, les consultations non hospitalières étant secondaires.»

J.J. Rosa, *L'Express* (p. 203), 20-26 octobre 1979.

Annexe IV.

« Difficultés scolaires, inadaptation sociale, délinquance, contraception, allègement des troubles de la ménopause, interruption de grossesse, chirurgie réparatrice des formes et des fonctions, rééducation physique ou psychique, diététique, lutte contre la pollution, conseil conjugal ou génétique, orientation professionelle, hygiène de vie, urbanisme, éducation sanitaire et prévention, prennent déjà et prendront plus encore une place importante dans un système de santé orienté primitivement vers une optique essentiellement curative.»

Dr Escoffier-Lambiotte : La politique de la santé
Le Monde, Dossiers et Documents n° 36, 1976.

Annexe V.

C'est vrai que les bilans de santé coûtent cher. Plus de 300 000 personnes par an profitent de ces examens gratuits dans les quarante et un centres que gère la Sécurité Sociale en France. A 340 francs l'unité, c'est plus de 100 millions que paie ou supporte la collectivité. Une prévention si *onéreuse** est-elle justifiée ? Elle sert à l'évidence, à détecter de façon précoce des cancers du sein ou du col de l'utérus, l'apparition du diabète ou de l'hypertension. Cependant, ses limites sont également connues. Le nombre des malades qui sont, grâce à elle, sanitairement et économiquement « intéressants » reste limité. En outre, les exemples abondent de personnes qu'une crise cardiaque tue quelques heures après un bilan de santé rassurant.»

P. Accoce, *L'Express* (p. 177), 20-26 octobre 1979.

* chère

Annexe VI.

« Lorsque le remboursement des frais est total, le malade peut acheter les médicaments sans compter, jeter les boîtes non utilisées, demander des congés de maladies pour un simple rhume. Ce phénomène est bien connu en assurance : il s'agit du « risque moral ». L'assuré bien protégé a tendance à aggraver, lorsque la surveillance de l'assureur n'est pas stricte, la fréquence et la gravité des *sinistres**. C'est ce que savent tous les automobilistes qui ont une couverture tous risques. Il serait stupide de prétendre que les assurés sociaux choisissent d'être malades, mais il est incontestable que, lorsque la protection augmente, la consommation médicale s'accroît, car elle est apparemment gratuite. »

J.J. Rosa, *L'Express* (p. 207), 20-26 octobre 1979.

* dégâts, dommages

Annexe VII.

L'augmentation des cotisations : 3 exemples

	Vous avez payé en déc. 1978	Vous avez payé en janvier 1979, après le «plan Veil»	Vous paierez à partir du 1er août après le «plan Barrot»	Pourcentage d'augmentation des cotisations sociales de déc.78 à août 79	Ponction sur les salaires en % entre déc. 1978 et août 1979 dûe aux augmentations des cotisations de Séc. Soc.
Si vous gagnez 3000 F. bruts/mois	238,5	276	306	+ 28,3%	−2,4%
Si vous gagnez 7000 F. bruts/mois	363	499,79	569,79	+ 56,9%	−3,1%
Si vous gagnez 12000 F. bruts/mois	438	674,79	794,79	+ 81,4%	−3,1%

Ce tableau représente, pour trois salaires, les cotisations obligatoires de la Sécurité Sociale. Evidemment, d'autres retenues s'y ajoutent (retraite complémentaire, mutuelles), mais elles varient d'une branche ou d'une entreprise à l'autre. M. Cotta, *Le Point,* 30 juillet 79.

LA PRESSE QUOTIDIENNE D'INFORMATION

L'information joue un rôle essentiel dans la vie de tous les jours; elle est même un des symboles de notre civilisation car elle est en grande partie le support de la « consommation de masse ». Les formes d'information se multiplient et le progrès est incessant. La plus ancienne des sources et qui continue à toucher un très large public est celle de la presse quotidienne.

* faible
* de toute manière
* évidente, incontestable

● Autour de 90 journaux paraissent tous les jours en France, diffusant quelque dix millions d'exemplaires. Ce chiffre impressionnant en soi est *dérisoire** comparé à celui des autres grands pays. Il y a deux fois plus de journaux vendus en Grande-Bretagne, cinq fois plus au Japon, six fois plus aux Etats-Unis. Si l'on calcule le nombre d'exemplaires vendus par rapport à la population, la France ne vient qu'en seizième position avec 200 exemplaires pour 1.000 habitants, alors qu'elle était en tête au début du siècle.

Le marché des quotidiens français est caractérisé par la stagnation, sinon la régression depuis la première guerre mondiale, contrairement aux autres pays où l'expansion est régulière jusque vers les années 1970. Les causes, multiples, tiennent d'une part à la faiblesse des structures financières de la presse, l'exploitation insuffisante de la publicité, d'autre part au désintérêt général d'un public pour les biens de consommation culturels écrits — qui, *en tout état de cause**, préfère la télévision — et enfin au fait que les quotidiens en France, par leurs contenus souvent similaires, sont directement concurrencés par les journaux périodiques.

En effet, le journalisme français, contrairement au journalisme anglo-saxon ou germanique, est beaucoup plus un journalisme d'opinion que d'observation. L'événement pur, la description des faits sont moins importants que leur contexte. L'enquête est préférée au reportage, l'analyse au récit.

Cette tendance traditionnelle du journalisme en France s'explique par le fait qu'il y a toujours été considéré comme une forme littéraire (voir le nombre de journalistes qui deviennent romanciers) et aussi parce que le quasi-monopole de l'Etat sur des services d'information (Agence France-Presse) oriente vers le commentaire critique.

Si, de façon générale, la stagnation de la presse quotidienne est *notoire**, l'analyse approfondie montre un double phénomène : tandis que les éditions parisiennes de diffusion nationale voient diminuer leur audience, la presse de province ne cesse d'accroître la sienne. Cette presse est indépendante (c'est tout récemment seulement que l'on assiste à quelques signes de concentration de grandes maisons parisiennes) contrairement aux chaînes de diffusion existant

PAYS	Nombre de titres		Tirage (mille)		Exemplaires (par 1000 h.)	
	1960	1975	1960	1975	1960	1975
USA	1763	1812	58882	61222	326	287
URSS	459	691	36870	100928	172	397
Allemagne F.	473	320	17040	17872	307	289
Japon	148	180	37039	57820	396	526
Suède	123	135	3708	4678	490	572
Canada	110	121	3979	4872	222	218
Espagne	103	115	2095	3491	70	98
Grande Breta.	125	111	27000	21700	514	388
France	124	98	11600	11341	257	214
Pays Bas	97	95	3335	4098	283	315
Suisse	134	95		2573		402

Source : ''La Presse Française'' Notes et Études documentaires N° 4469, Mai 1978

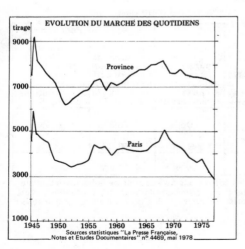

EVOLUTION DU MARCHE DES QUOTIDIENS

Sources statistiques ''La Presse Française, Notes et Études Documentaires'' n° 4469, mai 1978

dans d'autres pays, elle est peu orientée politiquement et elle a réussi à trouver sa forme d'expression avec la multiplication d'éditions locales.

● Les quotidiens nationaux sont tous parisiens, une dizaine de journaux de toutes tendances et sous toutes les formes. Certains sont nettement orientés politiquement, servant plus une doctrine que l'information; c'est le cas surtout des journaux d'extrême gauche (Rouge, organe du Parti Communiste révolutionnaire marxiste leniniste; l'Humanité rouge, organe trotskyste; Libération, feuille de contestation révolutionnaire) mais aussi l'Humanité, organe du Parti Communiste français, tirant à quelque 200.000 exemplaires.

D'autres journaux, sans être l'organe de diffusion d'une idéologie, sont marqués politiquement; le Matin (100.000) est très proche des idées du Parti Socialiste, l'Aurore (250.000) est le quotidien de la droite classique, le Figaro (300.000) exprime ses sympathies pour les analyses politiques du centre-droit, enfin le Monde (450.000), considéré par beaucoup comme le meilleur journal d'information, se trouverait favorable à la gauche modérée. Le Parisien Libéré (300.000) ou surtout France-Soir (700.000), derrière leurs apparents refus d'engagement politique, ont toujours été gouvernementaux. La Croix (100.000) maintient la tradition du journalisme catholique de qualité.

La presse de province demeure solide, grâce à une clientèle fidèle et une position de monopole dans sa zone d'influence. Etant spécialisée dans les nouvelles régionales, elle dispose d'un réseau étendu et indépendant de sources d'information, et vue la structure de la télévision française, elle ne craint pas la concurrence. Une quinzaine tirent à plus de 250.000 exemplaires, dont Ouest-France qui, avec 700.000, est le plus grand quotidien régional de France.

● La presse française traverse une période de difficultés, que signale l'apparition *éphémère** de journaux (Quotidien de Paris, J'informe), les longs conflits sociaux (deux ans de grève pour le Parisien Libéré), les augmentations très rapides des prix de vente (2 F en 1980), les mutations de propriété et de rachats en série (restructuration du groupe Hachette, renforcement du groupe Hersant, etc.). Ces difficultés sont liées au retard dans la modernisation des structures des entreprises, l'augmentation des coûts avec la crise économique (exemple du prix du papier), l'insuffisance de la publicité. L'Etat accorde des subventions (15% des recettes de la presse) pour maintenir certains journaux peu attirés par la publicité (comme la Croix ou l'Humanité).

* court, momentané

DOCUMENTS

Annexe I.

« Les Français, après avoir été les premiers consommateurs de journaux du continent au début du siècle, paraissent lentement s'en détourner depuis 1918, à la différence de leurs voisins de l'Europe de l'Ouest et du Nord. Ce relatif désintérêt est d'ailleurs conforme à l'attitude des Français vis-à-vis de la plupart des biens de consommation culturelle : ils lisent aussi moins de livres, vont moins souvent au cinéma ou au théâtre; le développement de la radiodiffusion et celui de la télévision ont été en France beaucoup plus lents que dans les autres pays occidentaux. »

P. Albert : La presse française. Notes et Etudes documentaires n° 4469,
La Documentation Française (p. 25), 29 mai 1978.

Annexe II.

« Intermédiaires indispensables pour la diffusion des nouvelles et la mise à jour des connaissances, agent de la propagation des idées et de la formation des opinions, instruments de socialisation des individus, les publications de la presse dans leur diversité sont une véritable institution sociale qui remplit un service public somme toute comparable, mutatis mutandis, à celui de l'éducation, de la santé ou des transports. »

P. Albert : la presse française, Notes et Etudes Documentaires n° 4469 (p. 22).

Annexe III.

* peu engageant, peu attrayant

* rassurés

« Le Monde est un des journaux les plus originaux, et le plus prestigieux des quotidiens français. Organe sérieux, à la mise en pages *austère**, préférant intéresser que plaire, accordant aux nouvelles de l'étranger une place considérable, jaloux de son indépendance, le Monde réussit à trouver une clientèle parmi les cadres de la politique et des affaires, les enseignants et, plus généralement, les esprits les plus soucieux d'être très largement informés que d'être *confortés** dans leurs certitudes ... La variété, la qualité de ses informations l'ont souvent rendu indispensable pour ceux-là même qui ne partageaient pas ses tendances ... Pour garantir son indépendance ... le journal s'était doté de structures qui sont souvent citées comme un modèle et regardées par beaucoup de journalistes comme un exemple ... Aujourd'hui la propriété du journal est contrôlée par ses salariés : sur les 1.000 parts du capital ... la société des rédacteurs en possède 400, la société des cadres 50, la société des employés 40. »

P. Albert : La presse française, Notes et Etudes Documentaires n° 4469 (p. 101).

Annexe IV.

* la recherche obstinée
* volontaire et farouche
* imprécision

« Selon Soljenitsyne, « la presse dépasse en puissance les pouvoirs exécutif, législatif et judiciaire » ... Rien ne définit mieux, par exemple, le profil de certains journalistes français que cette remarque de Serge July, l'animateur de « Libération » — le plus provoquant des quotidiens français ! « On est toujours journaliste à défaut d'être autre chose : l'Histoire ou des romans. C'est entre ces deux extrémités là que l'on va et vient. » A l'opposé les journalistes américains ... se caractérisent par leur métier, passion totale et non substitut à des genres plus nobles ... La *quête têtue**, *hargneuse** des faits. Les journalistes américains sont des « muckrakers » (remueurs de boue), des « investigative reporters ». Ils ne lâchent pas leur proie. Pas de *flou** supposé littéraire, mais des documents. »

Max Gallo : Presse et démocratie. *L'Express,* 24-30 mai 1980.

Annexe V.

Titres de la première page des journaux, un jour sans événement important, le 10 juillet 1980.

Le Monde : Les rapports Est-Ouest et les conversations diplomatiques.
Vers l'idéologie sur les Euromissiles.
Les entretiens avec le Premier ministre tunisien.

Le Figaro : Maury-Laribière libéré : le refus de subir.
L'appel du 10 juillet 1940 de l'Humanité. Editorial. Réflexions sur un texte truqué.
VIIIe Plan. Emploi : le prix à payer.

L'Humanité : Prévention de la violence : Barre conseille aux jeunes de travailler.
Le CFDT, dernier espoir du CNPF.
Giscard en Bavière : Dieu que cette armée est jolie !

Le Matin : PDG : échec aux ravisseurs.
De Broglie : six heures de confrontation.

L'Aurore : La police traque les ravisseurs.
Hinault, adieu le Tour.
L'appel du 10 juillet 1940. Réflexions sur un texte truqué.

France Soir : Maury-Laribière raconte son rapt et sa libération.
Hinault abandonne.

Libération : Le jour de gloire de Narcisse Martin, Gendarme en retraite.
Corse : 30 mois de prison pour un voyage.

Annexe VI.

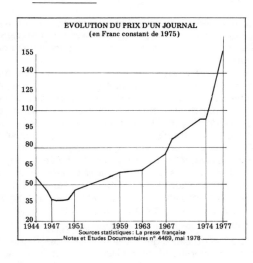

EVOLUTION DU PRIX D'UN JOURNAL
(en Franc constant de 1975)

Sources statistiques : La presse française
Notes et Etudes Documentaires n° 4469, mai 1978

Annexe VII.

Les quotidiens parisiens en 1976

	Diffusion nombre	% abonnés	%lecteurs ouvriers	%diffusion dans la région parisienne
l'Aurore	289 260	8	15	78
La Croix	121 885	85	6	24
Le Figaro	347 379	26	11	65
France Soir	530 276	1	32	72
l'Humanité	151 387		30	55
Le Monde	439 937	22	30	44
Le Parisien Libéré	337 000		40	90
l'Équipe	220 487	76	38	41
Les Échos	54 146	76	38	53

Sources : P. Albert : La Presse Française, Notes et Études Documentaires n° 4469, Documentation Française, 29 mai 1978.

LES CONDITIONS DE TRAVAIL

* prospères

Après la recherche à tout prix de la productivité qui caractérisait les années *fastes** de la croissance économique, la période actuelle de la croissance ralentie met en avant la valorisation du cadre de vie, l'amélioration des conditions de travail et d'existence.

* insoutenable
* titre du film de Charlie Chaplin

● La mécanisation, l'automatisation du travail productif qui aurait dû amener l'allègement appréciable des tâches physiques n'ont entraîné le plus souvent que la simplification de ces tâches. Le travail à la chaîne avec le rythme *infernal** qu'il impose — digne des *« Temps modernes »** — est toujours d'actualité dans un grand nombre d'entreprises. Il impose des gestes mécaniques répétés plusieurs milliers de fois par jour pendant toute une vie. Il isole l'individu, le rend esclave de la machine qui dicte la cadence. La parcellisation du travail ne permet pas à l'ouvrier de prendre conscience de l'utilité de son effort, d'avoir un intérêt, une finalité dans son entreprise.
Ailleurs, autres formes de travail, autre esclavage, partout des contraintes : contrainte de « la machine à pointer », du travail monotone et ennuyeux, de l'humeur des « petits chefs ». Peut-on être étonné que les jeunes ne soient pas attirés par ce genre de travail ?
Pourtant une évolution est intervenue : diminution du temps de travail, amélioration de la sécurité du travail, augmentation des congés payés, accroissement des salaires et des prestations sociales, garanties des ressources (SMIG). La polique de « mensualisation » a apporté une plus grande sécurité de l'emploi et une meilleure répartition du temps de travail, la « participation » un intéressement des ouvriers à la bonne marche de l'entreprise. « Les comités d'entreprise » lui permettent l'apprentissage de la gestion économique, « la formation continue » enfin, doit donner une promotion professionnelle. Dans l'obtention de ces avantages les syndicats ont joué un rôle décisif. 1968 constitue une date *charnière** avec les Accords de Grenelle qui ont sensiblement amélioré les conditions de travail et d'existence des salariés.
Les réflexions sur l'organisation du travail, ainsi que les revendications syndicales, tournent autour de deux questions : amélioration du cadre de travail et réduction du temps de travail.

* importante, déterminante

● L'amélioration du cadre de travail ne relève pas d'une action philantropique, mais s'incrit dans la recherche d'une meilleure productivité. Autour de 1970 ont été réalisés des essais d'horaire mobile fort concluants. Cette pratique s'est rapidement répandue dans les services administratifs et sociaux en particulier. Le principe est simple : le temps de travail de la journée est partagé en plusieurs périodes, dont une est fixe où tout le monde travaille; les autres étant libres, chacun peut choisir les moments précis de son activité, à condition d'effectuer le nombre d'heures *prescrit**. Cette journée de travail suivant le temps variable se généralise maintenant en s'appliquant à la semaine et même parfois au mois. Un véritable travail à « la carte » s'instaure. Les expériences montrent que l'absentéïsme diminue fortement et

* obligatoire

que la productivité de travail est plus élevée grâce à un meilleur équilibre de l'état nerveux des employés. D'autres recherches concernent l'environnement de la production (clarté, espace vert, architecture variée, ambiance musicale etc...) et le remplacement du travail « posté » à la chaîne de fabrication. Le travail en équipe avec la responsabilité du produit final sont des tentatives que l'on juge concluantes.

● La durée du travail, contrairement à ce que l'on a observé dans les autres pays occidentaux où elle diminuait, est restée stable en France de la fin de la guerre jusqu'en 1968; depuis, la diminution est de l'ordre de 1% par an, pour être en moyenne de 40 heures par semaine et 1 900 heures en 1980 ce qui est à peu près le niveau des pays développés. S'il est vrai que le temps de travail hebdomadaire est plus long, les congés et jours fériés sont aussi plus nombreux. La diminution du temps de travail constitue pour les uns une solution permettant de résorber le chômage actuel, pour les autres elle signifierait l'allongement du temps des loisirs.
Les choses ne sont pas aussi simples. Tout le monde s'accorde à considérer que la réduction du temps de travail est un besoin sociologique et que l'évolution de la société doit permettre sa réalisation. Mais comment l'organiser ? Faut-il réduire la durée de la vie active ? Ou bien réduire le temps de travail, à savoir celui de la journée, de la semaine, du mois ou de l'année ? Qui doit supporter les charges financières ? L'Etat, la Sécurité Sociale, l'entrepreneur ou l'individu ? Le choix de la réponse entraîne la levée des boucliers. L'allongement des vacances d'été est néfaste pour l'économie qui chaque année lors de cette saison tourne au ralenti. Augmenter le temps de congé de fin de semaine invite au « travail noir », contre lequel s'insurgent les chômeurs. Les sondages indiquent que la réduction de l'horaire journalier n'a pas la faveur de la population. Les retraites anticipées, déjà pratiquées, coûtent très cher. N'est-il pas nécessaire de rattacher ce problème à une réflexion plus large concernant l'organisation de la vie quotidienne au sein de la famille, des collectivités (horaires scolaires, vacances, travail à mi-temps, organisation du transport, des loisirs etc.) ?

DOCUMENTS

Annexe I.

« La réduction du temps de travail peut revêtir différents aspects : réduction de la durée hebdomadaire du travail, augmentation des jours de congés, mais aussi réduction de la durée de la vie active, c'est-à-dire, pratiquement, cessation plus précoce de l'activité professionnelle...
Certains proposent pour faciliter la résolution du problème de l'emploi, une nouvelle répartition des emplois, autrement dit puisque ceux-ci ne pourront dans l'avenir se développer à un rythme suffisant, il faudrait diminuer le temps de travail pour que les emplois se répartissent entre un nombre de personnes plus grand... Tel est le raisonnement des leaders de la CGT et de la CFDT en dehors des objectifs purement sociaux que l'on peut assigner à la réduction du temps de travail. »

Marcel Rustant, *Futuribles,* n° 4, automne 1975

Annexe II.

« Le plus flagrant des gaspillages pour les citadins que sont devenus la plupart des Occidentaux est celui que provoquent chez les transporteurs les pointes de trafic nées des bousculades journalières, hebdomadaires ou saisonnières. Dans toutes les grandes villes du monde, les autoroutes, les métros, les chemins de fer sont construits et équipés pour accueillir les millions de salariés qui les empruntent en début et en fin de journée ou de la semaine, au début ou à la fin de l'été. A longue échéance — et pourquoi pas dès maintenant — ne serait-il pas plus économique de mieux établir les horaires de travail ou les dates de départ en vacances ? De même, alors que le chômage fait rage, ne serait-il pas juste d'en adoucir les effets en facilitant le travail à temps partiel, non seulement à mi-temps, mais à deux tiers, à quart de temps ? »

Le Monde, L'année économique et sociale, 1975

Annexe III.

« Rapporté à la France, ces chiffres donnent environ 800 000 travailleurs au noir payés quelque 10 milliards de francs de la main à la main sans charges sociales ni taxes, ce qui représente environ 3% de la mase salariale totale. Ce chiffre de 800 000 a été repris par tous et il fait aujourd'hui encore les gros titres des journaux (voir France-Soir du dimanche 15 — lundi 16 juillet 1979, en première page : « 800 000 travailleurs « au noir » traqués).»

Rosine Klatzmann : Le travail noir, *Futuribles 2000,* septembre 1979

Annexe IV.

« Quand les uns continuent de travailler quarante-cinq heures et plus par semaine à des « cadences infernales » afin d'abaisser les coûts, tandis que d'autres sont réduits à l'inactivité et que d'autres encore *grèvent** les produits matériels de coûts prohibitifs par la prolifération de leurs activités bureaucratiques, publicitaires, administratives, parasitaires, l'irrationalité du système devient évidente : tout le monde pourrait travailler beaucoup moins à condition que tout le monde travaille de façon productive. Le travail pourrait même devenir une activité satisfaisante.
Mais cela supposerait évidemment une reconversion totale du système d'éducation, une formation polyvalente, à la fois pratique et théorique, *embrayée** sur la vie de la commmunauté; une *rotation** des tâches, l'autogouvernement et l'autogestion des

* alourdissent

* liée
* changement régulier

communautés de base : bref un socialisme qui soit autre chose qu'un capitalisme d'Etat. »

M. Bosquet, *Le Nouvel Observateur,* 15 novembre 1971.

Annexe V.

« Une coalition se retrouve sur le thème de la réduction de la durée de travail : la coalition des contestataires, des utopistes et des paresseux. Les syndicalistes sont-ils vraiment décider à la soutenir ? Espérons que non. La voix des travailleurs n'a pas de raison de se confondre avec celle des paresseux. »

J. Rivoire, *Le Monde,* 20 novembre 1979.

Annexe VI.

Voici les principales dispositions figurant dans la rédaction définitive du projet d'accord sur l'aménagement du temps de travail :
— Temps effectif normal de travail : 40 heures par semaine en moyenne, 37 heures minimum, 43 heures maximum, les jours fériés n'étant plus récupérables. Pour les travaux particulièrement contraignants, 39 heures par semaine à partir du 1er janvier 1982 (39h 30 au 1er janvier 1981).
Repos supplémentaire payé : 24 heures par an avant le 1er juin 81, 32 heures avant le 1er juin 82; 40 heures, soit cinq jours par an avant le 1er juin 83. Ces heures pourraient être prises sous forme, soit de congés supplémentaires (ne pouvant être accolés au congé principal) soit de réductions d'horaires, soit partiellement sous les deux formes.
Ce repos serait attribué au prorata de la durée effective du travail (temps de pause compris), dont sont exclus les congés de maladie, les jours de grève, les congés d'ancienneté. Et il ne concernera pas les salariés bénéficiant déjà de la cinquième semaine.
— Heures supplémentaires : les entreprises pourront opter, après délibération du Comité d'entreprise, soit pour un contingent annuel de 116 heures maximum, soit pour un contingent de 140 heures, dont 47 récupérables. Il est aussi prévu l'octroi de 93 heures exceptionnelles.
— Le travail de nuit des femmes, interdit jusqu'à présent entre 22 heures et 5 heures, ne serait plus proscrit que « pendant une période de 7 heures consécutives, comprise entre 22 heures et 7 heures ».»

Midi Libre, 7 juillet 1980.

Annexe VII.

« Il ne peut être question que la relance de la croissance et la réduction du chômage se traduisent pour les travailleurs, comme par le passé, par une détérioration de leurs conditions de travail. Le retour au plein emploi favorisé par la réduction de la durée de travail, l'introduction de la cinquième équipe, le ralentissement des cadences, doivent au contraire permettre l'amélioration des conditions de travail que le progrès technique rend *d'ores et déjà** possible ».

dès maintenant

Le projet socialiste. *Le Poing et la Rose,* n° 85, novembre-décembre 1979 (p. 50).

Q4

ENVIRONNEMENT ET CADRE DE VIE

L'air et l'eau purs, les espaces naturels, l'espace tout court, constituent un patri
moine national, cadre de notre vie et dans une large mesure un facteur de notr
développement. Il est essentiel donc, pour ne pas compromettre notre avenir, de n
pas gaspiller la partie non renouvelable de ce patrimoine mais aussi de régénérer c
qui nous est *légué* *.

* donné par héritage

● La société industrielle, la civilisation de consommation, régies par le seul souc
du profit maximum, sont à l'origine d'une dégradation continue de notre environne
ment. L'accélération du processus de destruction depuis la guerre met en danger le
équilibres biologiques indispensables à notre survie. L'urbanisation rapide aboutis
sant à la concentration de la population sur un espace restreint du territoire amèn
des risques supplémentaires de dégradation mais a de plus, des incidences multiple
sur la santé et le bien-être de la population.
Les exemples de dégradations graves sont fort nombreux. La pollution, conséquen
ces de dégagement de fumées d'usine, du chauffage urbain inadapté ou des véhicu
les, rend l'air irrespirable à certains moments dans les grandes agglomérations. L
plupart des rivières et des étangs sont devenus des *égoûts* * à la suite de déverse

* canalisations pour les eaux
sales

* salissent

ments de produits chimiques d'origine industrielle ou ménagère, tuant le milieu bio
logique et interdisant toute approche humaine. Des accidents fréquents de transpor
maritime, *souillent* * régulièrement les plages, tuant la faune et la flore. L'exploitatio
industrielle de la pêche et de la chasse menace nombre d'espèces encore existantes
L'urbanisation, l'extension des aires d'habitations, de loisirs, d'activités et de trans

* appétit insatiable

ports dévorent les espaces verts avec *voracité* *. Les incendies, accidentels ou volon
taires détruisent des milliers d'hectares de forêt chaque année. L'utilisation massiv
des engrais chimiques, des détergents, des pesticides pollue le sol et rend l'eau qu
nous buvons de moins en moins potable.
La qualité de la vie et celle de l'espace environnant notre vie quotidienne se dégrad
à vive allure. L'urbanisation hétéroclite, désordonnée et son corollaire de béton es
un affront à l'harmonie et l'équilibre. La densification des constructions, l'expansio

* concentrationnaire

des « grands ensembles » installent des ghettos, un univers *carcéral* *. Bruits, pous
sières, course haletante sont le lot des villes. La société de consommation privatis
l'espace et encourage l'individualisme donnant à la notion de liberté un sens de plu
en plus étriqué et rendant la vie sociale et la communication humaine aléatoire...

● La dégradation de l'environnement et de la qualité de la vie a des conséquence
immédiates que l'on essaie actuellement de cerner et de mesurer. La pollution d
l'atmosphère, des eaux, le rythme et les exigences de la vie moderne sont les cause
de toute une série de maladie cardiovasculaires, respiratoires etc. L'augmentation d
coût de la santé, des soins médicaux et paramédicaux constitue pour la société e

* malversations des jeunes

les individus une charge accrue. La *délinquance juvénile* *, les méfaits de la drogue
la violence généralisée sont les reproches faits à la société de son incapacité à cons
tituer des cadres bâtis et sociaux équilibrants, permettant l'épanouissemen

de l'individu. La détérioration de façon visible des immeubles urbains et de l'espace naturel rend de plus en plus coûteuses les infrastructures. La publicité de la société de consommation appelle aux gaspillages, accumule les déchets, qui ne sont pas toujours biodégradables, et leur enlèvement grève considérablement les budgets des collectivités...

Au delà des effets immédiats, les problèmes de pollution pour l'avenir sont certainement plus graves et à peine soupçonnés. L'installation des centrales nucléaires et le danger éventuel qu'elles constituent sont une immense inquiétude, les déchets atomiques enfouis dans le sol ou en mer sont-ils vraiment inoffensifs ? L'exploitation inconséquente des richesses de la mer compromet l'équilibre du futur. Les voix s'élèvent pour montrer que la diminution des espaces verts agit sur le climat et la composition de notre atmosphère...

● La prise de conscience de ces problèmes doit être générale. « Nous sommes des pollueurs » et l'effort doit être collectif. L'écologie est un mot à la mode, il faut qu'il devienne un précepte de vie. Il ne s'agit pas de refuser en bloc le progrès, mais d'examiner sérieusement les choix possibles et de décider en fonction du moindre coût sur l'environnement.

En France la lutte contre la pollution et pour la protection ou l'amélioration de l'environnement date véritablement de 1961 ou un ensemble de lois concernant la pollution de l'air est accepté, suivi bientôt (1964) d'une législation des eaux (création des « agences de bassin »). Un programme d'ensemble gouvernemental a été décidé en 1969 (« les cent mesures pour l'environnement ») suivi en 1971 de la création d'un ministère chargé de la coordination des actions et préventions (Ministère de la protection de la nature et de l'environnement; actuellement Ministère de l'environnement et de la qualité de la vie). Une série d'agences nationales ont été mises en place, spécialisées dans un domaine restreint (comme l'Agence nationale contre la pollution de l'air en 1976, l'Agence nationale pour la récupération et l'élimination des déchets en 1977, l'Agence nationale pour la qualité de l'air en 1979 etc.). L'Aménagement du territoire, abandonnant ses principes de recherche de la croissance économique, s'oriente maintenant vers la réalisation d'un meilleur cadre de vie.

La législation est une nécessité, faut-il encore que les lois soient appliquées et que les réflexes soient créés. Nous avons encore beaucoup à faire.

DOCUMENTS

Annexe I.

« Les nations industrielles sont très attirées par la mer. L'océan permet en effet d'innombrables activités qui leur sont essentielles : les voies maritimes sont les traits d'union les plus naturels entre les continents et les ports des zones d'effervescence commerciale. En outre, de nombreuses usines sont grandes consommatrices d'eau; il est très tentant — et commode — de rejeter dans la mer ou dans les fleuves qui y aboutissent les *effluents** et les *détritus** qui sont les sous-produits de la civilisation industrielle. On peut ainsi comparer l'océan à la poubelle universelle où se retrouve la majeure partie des résidus habituels ou accidentels des sociétés évoluées. »

* écoulements
* déchets

Le Monde. Dossiers et Document n°36, décembre 1976.

Annexe II.

« Excédés par les pollutions dont ils sont ou croient être victimes, les marins-pêcheurs se tournent vers la justice. Une série d'actions judiciaires sont menées par eux en différents points de nos côtes et même à l'étranger. Le 5 mars dernier, les pêcheurs de la baie de Seine ont obtenu, du tribunal administratif de Rouen, la suspension des rejets d'eaux résiduaires — les fameuses boues rouges — de la fabrique de bioxyde de titane de Thann et Mulhouse. »

Le Monde, 4-5 avril 1976.

Annexe III.

« Avec le naufrage du pétrolier malgache TANIO au nord de l'île de Batz, la Bretagne reste l'une des régions les plus touchées par les marées noires, puisque cinq catastrophes de ce genre ont eu lieu dans cette région depuis 1967.
— 13 mars 1967, naufrage du pétrolier libérien TORREY-CANYON (123.000 tonnes). entre la Cornouaille et les îles Sorlingues : 180 kilomètres de plages anglaises et françaises sont polluées.
— 13 mars 1976, le pétrolier libérien OLYMPIC-BRAVERY (278.000 tonnes) échoue au large de l'île d'Ouessant : 800 tonnes de pétrole se répandent sur les côtes de l'île.
— 15 octobre 1976, naufrage du pétrolier est-allemand BOEHLEN : 5.000 tonnes de pétrole polluent l'Océan et les côtes de l'île de Sein et de la baie d'Audierne.
— 16 mars 1978, naufrage de l'AMOCO-CADIX, un pétrolier libérien de 233.000 tonnes : les côtes du Finistère sont touchées sur 350 kilomètres.
— 28 avril 1979, collision entre le pétrolier libérien GINO et le pétrolier norvégien TEAM-CASTOR au large de l'île d'Ouessant : une nappe épaisse de 80 centimètres se répand sur 800 mètres au sud de l'épave et 100 mètres au nord, au fond de la mer.

J. Videau, *Le Monde*, 18 mars 1980.

Annexe IV.

« Si l'on en croit les sondages, la majorité des Français, après l'avoir longtemps refusé, semblent avoir accepté le fait nucléaire. Comment, d'ailleurs, s'en passer ? Pourtant, sur le terrain, les points de résistance se multiplient : à Golfech, au Pellerin, à Flamanville, à Nogent-sur-Seine, à Cattenom, à Chooz, à Saint-Priest comme à Plogoff, on dit non. Et cette permanence de la contestation peut s'observer dans tous les pays où les citoyens ont la liberté de s'exprimer. Cela aussi est un fait.

Mais le refus a sans doute changé de nature. Ce n'est plus tellement la peur préten-
dument « irrationnelle » de l'atome qui mobilise, c'est tout ce que son utilisation
pacifique implique : la gêne de chantiers interminables et gigantesques, la destruction des sites sans doute. Mais, surtout, les atteintes répétées aux libertés locales.

Le Monde, 27 mai 1980.

Annexe V.

« Une centaine de milliers de personnes (cent cinquante mille, disent les organisa-
teurs; trente cinq mille à quarante mille, indique la préfecture) ont participé à la
manifestation (fêtes musicales, débats de plein air), organisée les 24 et 25 mai autour
du site choisi, à Plogoff, dans le Finistère, pour installer une centrale nucléaire...
Ils étaient tous à Plogoff, les 24 et 25 mai, les « Larzac », les « Lip », les objecteurs
de conscience, les écologistes hostiles au remembrement, mais aussi le P.S.U.,
l'Organisation communiste des travailleurs, les maoïstes, la Ligue communiste et
beaucoup d'autres. Durant deux jours, les forums sur les énergies de remplacement,
les séances de cinéma sur les méfaits du nucléaire, les discussions spontanées qui
s'engageaient entre les responsables d'un stand et leurs visiteurs assis en tailleur
devant eux s'étaient succédé.

M.C. Robert, *Le Monde*, 27 mai 1980.

Annexe VI.

« Actuellement nous constatons que la droite, avec une politique dite libérale, nous
dit avoir fait promulguer des arrêtés, des lois pour protéger le milieu naturel et
contrecarrer le comportement odieux des dévastateurs, dont le maître mot est le
profit. Mais cette législation est inopérante du fait des nombreuses dérogations
accordées à certains pollueurs privilégiés du pouvoir, ces faveurs dérogatoires ont
tendance à croître au détriment de l'intérêt des habitants dont l'environnement est
constamment agressé, souvent sans motif valable. Pour mieux *édulcorer** ces
actions mal-intentionnées, les pouvoirs publics nous les annoncent sous le vocable
« utilité publique ».

* minimiser

B.Roger, *Vert* n°7, février 1980.

Annexe VII.

« Le domaine public maritime comprend deux parties : le domaine public naturel et
le domaine public artificiel.
Dans le premier cas, il s'agit des terrains découverts et recouverts par les plus grandes marées, donc très étroits sur la Méditerranée.
Dans le second cas, il s'agit des constructions telles que les ports, les jetées ou les
digues « gagnées » sur la mer.
L'administration peut décider de classer le domaine public maritime dans le domaine
privé maritime. C'est par cette procédure que des terrains peuvent être vendus aux
promoteurs privés.
On estime à quarante-sept le nombre des opérations d'aménagement concernant le
domaine public maritime dans les seuls départements des Alpes-Maritimes, des
Bouches-du-Rhône et du Var. Vingt et une comprennent des ensembles immobiliers
annexes.

Le Monde, 10 janvier 1973.

LA CONSOMMATION
DES MÉNAGES

* accentue, aggrave

Préoccupation incessante de la vie quotidienne : les dépenses de ménage. L'augmentation des prix, régulière avec la crise et l'inflation, *met en relief** le problème de la consommation. De quelle façon les Français établissent-ils leur budget et dans quelle mesure la crise économique l'affecte-t-elle ?

* les fonds

● L'Institut National des Statistiques et des Etudes Economiques (INSEE) publie régulièrement des tableaux concernant le budget des ménages. Le dernier, se référant à 1978, établit le budget moyen de la façon suivante : les dépenses alimentaires constituent la rubrique la plus importante avec plus du quart des *disponibilités** des familles (23,1%). L'habitation, comprenant les factures de logement, de l'eau, du chauffage et l'éclairage, exige 15,8%. En y ajoutant les frais d'entretien de ménages, l'ameublement de la maison (9,7%), on atteint la moitié du budget. Transport et télécommunications (13,1%) ajouté aux dépenses vestimentaires (7,1%) constituent près du cinquième du budget total. L'ensemble de ces chapitres, que l'on peut considérer comme obligatoires, en tant que dépenses de base, arrive à monopoliser un peu plus des deux tiers (68,8%) de l'argent disponible. Le tiers restant est consacré à l'achat de services ou de biens « culturels » : le loisir, le spectacle, l'enseignement, la culture interviennent pour 6,6%; les dépenses de la santé et de l'hygiène pour 12,3%, et enfin le restant (12,3%) est réservé aux plaisirs et distractions : restaurant, café, hôtel, voyage, vacances. La comparaison de ce budget avec les budgets antérieurs révèle des changements de tendance par rapport à 1960. Par exemple, on observe la forte chute des dépenses alimentaires (de 35 à 21,1%), ce qui ne signifie pas que la somme d'argent que les Français consacrent à la nourriture a diminué, mais seulement que sa part relative dans le budget est moindre; car en France le budget moyen a plus que triplé entre ces deux dates, indiquant l'augmentation considérable du niveau de vie. Par contre, la part de deux types de dépenses a beaucoup changé : celle du logement (passant de 9,7 à 15,8%) et celle de la santé (de 7 à 12,3%), auxquelles l'aspiration à la maison individuelle (et les remboursements de crédit que cela exige) et le mythe de la médecine gratuite (voir chapitre Q1) ne sont pas étrangers. Les précisions de l'INSEE pour 1985 vont dans le sens du renforcement de ces tendances : l'alimentation ne représentera plus que 19,4%, la santé 18,2% et l'habitation 20,7%.

● Selon le revenu disponible, la consommation est fort différente. Ainsi, comme le montre le tableau ci-après, entre deux familles de composition identique mais de profession et de revenus différents, les écarts sont considérables, sauf en ce qui concerne l'alimentation.
Mais la presque « égalité alimentaire » absorbe plus de la moitié du budget d'un ouvrier spécialisé (52,7%) tandis qu'un cadre supérieur n'y consacre que 17,3%, ce qui lui laisse une disponibilité financière plus grande pour ses dépenses de culture et de loisir : par exemple, l'ouvrier ne peut y consacrer que 8,8% (3.110 F), le cadre supérieur 22,6% (49.260 F) !

COMPOSITION DU TRAIN DE VIE EN MAI 1979	Réduit OS, employé NQ	Modeste Ouvrier qualifié	Moyen Agent mse et techn.	Convenable Cadre assimilé	Convenable Cadre confirmé	Élevé Cadre supérieur
Logement	6 420	10 560	12 500	20 790	25 860	37 940
Nourriture	18 560	24 240	29 090	29 520	32 800	37 720
Automobile	0	2 900	7 695	11 310	14 030	22 540
Assurances privées	360	750	900	1 560	1 950	3 450
Hygiène et soins	1 410	2 115	2 330	3 810	4 230	7 050
Entretien maison	520	1 130	1 240	2 000	2 170	3 740
Équipements personnels	2 430	5 510	6 610	7 870	8 750	12 960
Vacances	1 740	3 375	5 040	10 440	13 920	24 360
Transports en commun	1 580	2 370	2 610	2 840	3 160	3 160
Frais de scolarité	840	2 015	2 520	3 025	3 025	3 190
Sorties et loisirs	1 380	2 750	3 310	7 210	9 020	24 930
Assistance ménagère	0	0	0	240	6 240	36 175
TOTAL DU TRAIN DE VIE	**35 240**	**57 715**	**73 845**	**100 615**	**125 155**	**217 215**

Les trains de vie ci-dessus ont été calculés, en mai 1979, par l'Institut technique des salaires Pour chaque catégorie indiquée, il s'agit d'une famille de quatre personnes avec deux enfants, la femme à la maison, dont le chef de ménage travaille dans la métallurgie parisienne. Les dépenses indiquées ne concernent que la consommation courante (sans l'épargne ni les investissements «lourds» d'équipement domestique), une fois déduits du gain brut les impôts et cotisations sociales. Chaque poste de dépense a été chiffré en se référant à des produits considérés comme standards par catégorie. Exemple du logement : pour le train de vie «réduit», il s'agit d'un appartement de 60 m^2 dans un immeuble locatif ancien en banlieue, avec confort très réduit. Pour le train de vie «convenable», d'un appartement de 5 pièces, 100 m^2, tout confort, dans un immeuble locatif résidentiel de banlieue.

Paru dans «Le Point» N° 390, 10 mars 1980.

● Comment la période de crise que nous traversons affecte-t-elle la consommation des Français ? Sachant que le pouvoir d'achat n'augmente que très faiblement (et concerne surtout les catégories défavorisées), on s'attend à une diminution de la consommation. Or il n'en est rien, toutes les statistiques et enquêtes montrent le contraire. En 1979, globalement, les revenus ont augmenté de 2,4%, et la consommation des ménages de 3,3% ! Et les observations de la vie quotidienne confirment cette impression : le chiffre de vente des voitures s'accroît (malgré l'envol du prix de l'essence), les restaurants sont bondés, les vacanciers plus nombreux. En cela deux explications : le Français délaisse l'épargne (le taux d'épargne a baissé de 18 à 17% en un an), dépense son revenu et bien plus même, car il utilise toutes les possibilités de crédit offertes (le crédit à la consommation a augmenté de 35% en 1979). Tout semble indiquer que la crise inquiète les Français, ils réduisent leurs dépenses de première nécessité, mais refusent de sacrifier leurs dépenses de plaisir.

DOCUMENTS

Annexe I.

* malgré toutes les difficultés

« L'automobile, par exemple. *Contre vents et marées*,* elle accumule d'année en année des résultats records qui laissent rêveur : près de 2 millions de voitures vendues en France en 1979 (1,5 million en 1974), malgré des prix en augmentation de 10% et le litre de super passé de 2,75 à 3,27 F en l'espace d'un an ! « Je suis stupéfait de voir ce que les gens achètent, » s'étonne un concessionnaire de Limoges. « La crise, à mon niveau, je ne la connais pas. Le leasing fait des malheurs. Les gens se disent que ça ne sert à rien d'économiser ou de préparer l'avenir, puisqu'on ne sait pas de quoi demain sera fait. Alors, ils se payent la belle voiture... ». »

D. Audibert : Où file votre argent ? *Le Point* n° 390, 10 mars 1980.

Annexe II.

« Depuis 1973, le taux de départs en vacances d'hiver est passé par exemple de 18,2% à 25,5% chez les employés, de 30% à 40% chez les cadres moyens. « Pour nous, l'année 1980 s'annonce très bonne » constate Jean Vernet, directeur général d'Havas Voyages, l'un des plus gros tour-opérateurs français. « Le chiffre d'affaires dépasse de 25% celui de l'année dernière. Il y a comme une fuite en avant, l'envie de profiter de l'avant-garde où nous sommes peut-être pour voyager pendant que c'est encore possible. » »

D. Audibert : Où file votre argent ? *Le Point* n° 390, 10 mars 1980.

Annexe III.

« Au magasin Suma de Maurepas, une grande surface dans un quartier populaire, un vendeur confirme : « Indéniablement, les habitudes d'achats alimentaires sont en train de changer. Au rayon boucherie, les viandes de qualité ont chuté de 28% l'an dernier, tandis que le poulet a monté de 20%. Au passage des caisses, on voit des mères de famille refuser le paquet de bonbons ou de chewing-gum que les gosses réclament. Pour beaucoup de produits, les qualités moyennes ou inférieures garnissent désormais les Caddies. » »

D. Audibert : Où file votre argent ? *Le Point* n° 390, 10 mars 1980.

Annexe IV.

* réserve d'argent

* folie

« Un signe parmi d'autres : l'épargne. Alors que la crise avait renforcé dans un premier temps le réflexe du *bas de laine*,* voici que l'épargne donne des signes d'essoufflement : en 1979, le taux d'épargne aurait diminué de près d'un point, et, selon l'Insee, il baisserait encore pour atteindre 13,7% en 1985 (contre 18,6% en 1975). En Limousin, par exemple, l'ensemble des dépôts dans les Caisses d'épargne a chuté de 45% en l'espace d'un an. A l'inverse, comme si la reprise de l'inflation avait déclenché une *frénésie** d'achats, les crédits aux particuliers s'accélèrent.

D. Audibert : Où file votre argent ? *Le Point* n° 390, 10 mars 1980.

Annexe V.

« On vit dans une période où coexistent une morale hédoniste de la croissance, du plaisir instantané, et des conditions de vie objectives qui sont en train de changer », explique Bernard Cathelat, 34 ans, directeur du Centre de communications avancé du groupe Havas. « Du même coup, on assiste peut-être à un divorce entre deux types de consommations. D'un côté, une consommation utilitaire, pour ce que chacun considère comme son minimum vital, pour laquelle les gens sont habitués à vivre raisonnablement avec l'argent qu'ils ont, et à économiser au besoin. De l'autre, il y a la consommation motivante, de plaisir ou de compensation, essentielle sur le plan psychologique. C'est la part de rêve que chacun veut préserver, et c'est elle qui souffre apparemment le moins de la crise. »

D. Audibert : Où file votre argent ? *Le Point* n° 390, 10 mars 1980.

Annexe VI.

« Jacques L., 41 ans, trois enfants, est amer. Cet ouvrier hautement qualifié (O.h.q.) dans une entreprise de travaux publics de Marseille fait et refait ses comptes : depuis quatre ans, la crise économique aidant, son pouvoir d'achat n'a cessé de baisser.
Quelques chiffres : en quatre ans, ses revenus ont, en gros, doublé. Il gagnait en 1974 1.800 F par mois, pour 3.300 F aujourd'hui, et les allocations sont passées de 800 à 1.660 F. Malheureusement, les dépenses ont pris un galop d'avance : l'alimentation, par exemple. « En conservant le même style de nourriture, mais en refusant de nous priver, nous dépensons 500 F par semaine, pour 100 en 1974. » »

G. Valance : *L'Express,* 31 mars-6 avril 1979.

Annexe VII.

« Regardez. En 1978, mon pouvoir d'achat a baissé de 2,25%. » Fondé de pouvoir dans une grande banque, C.F. B., 39 ans, a, pour l'Express, délaissé ses trois enfants une partie du week-end afin de se plonger dans sa collection de feuilles de paie. En janvier, son salaire net s'élevait à 8.414 F pour 7.823 F douze mois plut tôt : 7,75% d'augmentation n'ont pas compensé la hausse des prix. Depuis mai 1978, il n'a bénéficié d'aucune distribution de ces fameux points, en vigueur dans les banques, qui assurent la progression du pouvoir d'achat.
Cette stagnation contraste sérieusement avec ses débuts de carrière. Les quatre dernières années, son salaire a progressé de 18,3%, alors qu'il avait doublé de 1968 à 1972... « Jusqu'à présent, nous ne nous sommes pas serré la ceinture; simplement, nos comptes sont plus souvent à zéro à la fin du mois. »

G. Valance : *L'Express,* 31 mars-6 avril 1979.

LE COUPLE ET LA FAMILLE

* indestructibles

* raisonnables

Longtemps, la famille est restée une des institutions *inébranlables** de la société. Elle demeure encore le fondement, mais elle a changé de valeur et de finalité.

Les liens familiaux apparaissent plus lâches actuellement par rapport au passé : l'autorité parentale a beaucoup perdu de sa vigueur, et l'éducation des enfants s'effectue en grande partie en dehors de la famille, formant des enfants plus *matures**, plus indépendants.

L'exemple que constituaient pour les enfants le père ou la mère n'a plus la même valeur. L'école, la télévision, les mass-média fournissent à l'enfant un système de valeurs qui ont souvent plus de portée que l'enseignement des parents. Les intérêts des enfants, qui s'adaptent mieux et plus vite à la société de consommation que les parents, sont souvent autres que ce qui leur paraîtrait essentiel. L'autorité arbitraire n'entraîne que l'incompréhension et la révolte de la part des jeunes dont les désirs de liberté et d'indépendance sont précoces. Traditionnellement, la vie familiale était fortement structurée, rythmée. Maintenant c'est l'extérieur, la société des copains qui détermine les goûts, les lectures, la mode, les activités, les loisirs, et cela dès le plus jeune âge. L'augmentation du niveau de vie, l'octroi de l'argent de poche (qui n'est plus un cadeau, mais un droit « indexé sur le coût de la vie ») augmentent le sentiment d'indépendance. L'épanouissement sexuel précoce — l'enseignement sexuel est obligatoire à l'école dès l'âge de 12 ans — laisse les parents désarmés.

La crise de la famille est avant tout la crise de l'éducation des enfants. Balancés entre l'autorité et le chantage sentimental, échouant dans les deux cas, les parents démissionnent souvent. Le rythme insensé de la vie professionnelle, l'activité de la mère, la vie de famille résumée à la soirée devant la télévision, sont des facteurs du « désert » familial.

La première des notions de base de la famille est le mariage, considéré pendant des générations comme l'aboutissement logique et normal de l'amour. L'amour n'a pas disparu, mais il ne conduit plus forcément au mariage. Depuis une dizaine d'années, des couples en nombre sans cesse croissant choisissent la cohabitation avant le mariage. Selon les statistiques de l'I.N.E.D. (population janvier 1978), ils étaient 17% en 1968, ils sont 44% dix ans plus tard. Près de la moitié des jeunes couples choisissent donc actuellement le mariage à l'essai en France. Le fait est accepté dans les villes mais rencontre encore des résistances à la campagne. Les trois-quart des parents savent que leur enfant vit « maritalement », et s'ils n'approuvent pas toujours, ils respectent la décision des jeunes et la moitié d'entre eux apportent même une aide matérielle à leurs enfants. Beaucoup de parents vont jusqu'à considérer que cette forme de relation remplace les antiques fiançailles et espèrent néanmoins qu'elle sera « légitimée » par le mariage. Ce désir des jeunes de vivre ensemble ne paraît pas être une révolte contre la société ou les parents, comme c'était le cas en 1968 quand ils étaient peu nombreux à le faire. Il est considéré maintenant comme l'aboutissement normal de l'évolution de la société.

Auparavant, l'émancipation de la femme avait besoin du relais du mariage; avec l'éducation sexuelle dispensée à l'école et la vie professionnelle généralisée, la femme a acquis une liberté et une indépendance ainsi que le droit à la sexualité. Le bonheur peut exister en dehors du mariage, et les sondages insistent sur la plus grande exigence de fidélité et de partage qui existe au sein de ces nouveaux couples. Les naissances interviennent tardivement. Les difficultés matérielles n'expliquent pas cette tendance. Les études insistent sur le désir des jeunes couples de vouloir vivre à deux, d'être libres, de pouvoir sortir. Le planning familial, la contraception, l'avortement libéralisé permettent de programmer les naissances, désirer les enfants, les avoir dans les conditions optima.

Chez les jeunes couples, la notion de partenaires égaux est d'une grande importance, et cela concerne aussi la vie affective. L'affection pour les enfants n'est plus l'apanage de la mère. Le sentiment devient, comme les courses au supermarché, la vaisselle ou le travail professionnel, l'objet de partage égalitaire.

La grande famille s'est aussi disloquée. Alors que la cohabitation de deux ou même trois générations était fréquente, aujourd'hui le désir d'indépendance, la mobilité de la vie professionnelle, éloignent les enfants des parents. Les grands-parents n'ont plus l'*auréole** et l'art secret de garder et d'éduquer les petits enfants — ils sont dirigés vers les maisons de retraite ou, s'ils sont dynamiques, ils participent aux activités des « clubs du 3ᵉ âge ». Eux aussi, ils doivent assumer leur indépendance ...

Quant aux fêtes de famille, elles sont d'autant plus attendues et joyeuses qu'elles sont rares. Les conflits de génération sont oubliés, et c'est l'éternel recommencement.

* prestige

DOCUMENTS

Annexe I.

« Venant après une étude sur « La famille après le mariage des enfants », l'enquête menée pour l'INED (Institut national d'études démographiques) par M. Louis Roussel et Mme Odile Bourguignon sur « Générations nouvelles et mariage traditionnel » confirme que, pour beaucoup de jeunes, la qualité du couple importe plus que le mariage en tant qu'institution.

L'enquête a porté sur deux mille sept cent soixante-cinq personnes de dix-huit à trente ans.

L'entente et l'harmonie des goûts, pour 42% des hommes et des femmes interrogés, la fidélité et la tendresse, pour 29% des hommes et 32% des femmes, sont les qualités les plus appréciées dans l'amour. Mais aussi, une personne sur cinq estime que l'harmonie sexuelle est l'élément déterminant; 69% des hommes et 72% des femmes estiment que c'est là une condition indispensable mais insuffisante.

Si une large majorité déclare que l'on peut, dans la vie, aimer successivement plusieurs personnes, une même majorité admet que l'on ne peut en aimer plusieurs en même temps. Toutefois, chacun fait preuve dans ses réponses d'une parfaite tolérance : il est bon que les jeunes filles puissent avoir des relations sexuelles sans projet de mariage (50% des hommes, 48% des femmes) ou seulement avec leur futur mari (20% des hommes, 24% des femmes).

C'est encore à plus de 70% que les jeunes se déclarent en faveur d'une égalité des rôles dans l'éducation des enfants et dans la vie du ménage. On retiendra enfin que, loin de tomber en *désuétude**, le mariage est regardé par 48% des hommes et 45% des femmes comme la manière la plus répandue de vivre ensemble, par plus du tiers d'entre eux comme une façon de vivre parmi d'autres, et que seulement 13 à 14% des jeunes interrogés considèrent qu'il s'agit là d'un modèle appelé à disparaître. »

* hors d'usage

François Simon : *Le Monde,* 31 mai 1979.

Annexe II.

« On se trouve du reste en présence du paradoxe suivant : le couple, aujourd'hui, est plus sexualisé et plus exigeant quant à l'authenticité de l'amour qui le fonde, mais aussi plus conscient de sa fragilité, moins protégé par les conventions, les institutions, les lois. Le couple — et encore moins l'amour — n'est pas garanti par le mariage. Il doit faire face à l'usure d'une durée qui grandit en même temps que l'espérance de vie. »

A. Woodrow, *Le Monde,* 26 janvier 1977.

Annexe III.

« Le nombre des divorces augmente en France. La loi de 1975, libéralisant les procédures et déculpabilisant les époux, a fait progresser à nouveau les statistiques.

Entre 1970 et 1975, les demandes avaient progressé, en moyenne, de 6%, passant de 60.000 en 1970 à 78.000 en 1975. Après une année de tassement (la loi est entrée en vigueur au 1er janvier 1976), où l'accroissement n'a été que de 3,2%, la tendance s'est accentuée : 93.000 demandes en 1977 (+ 15,5%), 99.000 en 1978 (+6,4%). En trois ans, le nombre de demandes s'est donc accru de 21.000 — soit près de 9% en moyenne par an — et le nombre des jugements est passé de 60.000 (1975) à 74.000 (1978), soit une progression de 23%.

Le divorce par consentement mutuel représente plus du tiers des demandes. »

Y. Agnès, *Le Monde*, 28-29 octobre 1979.

Annexe IV.

« Indifférents, prétendent-ils, à l'institution, ces nouveaux mariés en espèrent curieusement beaucoup. Ils attendent du mariage qu'il assure la permanence de leurs sentiments. « C'est beaucoup, c'est trop, affirme Odile Bourguignon. On veut l'intimité et l'ouverture, la stabilité et le mouvement, l'intensité et la durée, l'union et l'autonomie. On exige la durée sans l'habitude, la sécurité sans la contrainte, la liberté sans la solitude. On réclame l'exclusivité, et on craint l'abandon, mais on considère comme impossible d'aimer la même personne toute la vie. » Et qui accuser en cas de *naufrage**? « Ce ne sont pas les individus qui sont responsables de l'échec du mariage : c'est l'institution elle-même qui est originellement *pervertie** », disait hier Simone de Beauvoir.

* échec
* corrompue

M.T. Guichard, Le Point n° 358, 30 juillet 1979.

Annexe V.

« Christine, 25 ans , infirmière, qui partage depuis sept ans la vie de Patrick, kinési-thérapeute : « Autrefois, dit-elle, les femmes n'étaient « reconnues » qu'en se mariant. En attendant de devenir l'épouse de Monsieur X, on était en sursis. On n'était pas quelqu'un de complet aux yeux des autres. N'être pas mariée, c'est laisser penser qu'on est *imbuvable**! » Parce qu'elle commence à avoir « fait sa place » au soleil, cette adversaire du mariage ne veut plus être la moitié d'un couple. Elle refuse la formule frustrante qui fait dire : « Les Fenouillard... Les Dupont ». Les plus énervés s'exclament : « Le mariage, c'est l'institution par laquelle un travail gratuit est *extorqué** à une catégorie : les femmes-épouses. »

* insupportable

* exigé

M.T. Guichard, Le Point n° 358, 30 juillet 1979.

Annexe VI.

« Docteur Colette Chiland : Les civilisations ont toujours cherché à former les enfants selon l'idée qu'elles se faisaient de l'adulte de leur temps. On demandait autrefois à l'individu de s'adapter à sa culture. On lui demande aujourd'hui de s'adapter à une culture en constant changement. Ce que doit être l'adulte, nous n'en avons plus une vision bien arrêtée. Comment les parents ne seraient-ils pas beaucoup plus démunis devant le problème de l'éducation qu'à l'époque où ils pouvaient se référer à un modèle pour le pérenniser ?

L'Express (p. 152), 22-28 mars 1980.

Annexe VII.

« Les rapports entre les générations ont changé : les parents n'ont souvent plus ni connaissance ni savoir-faire à transmettre à leurs enfants; c'est même parfois le fils ou la fille qui fait découvrir à ses parents une nouvelle technique, la qualité d'un nouvel appareil ménager ou les performances d'un nouveau moteur d'automobile. Il n'est pas davantage question de transmettre des valeurs : ce sont plutôt les parents qui se rallient aux idées de leurs enfants ou font mine de le faire.

J.M.D. Le Monde, 18 janvier 1977.

Q7

LES PRESTATIONS FAMILIALES

« Les mots d'allocation et de prestation familiale sont très connus de tous les Français, autant que salaire ou revenu. En effet le système d'aide aux familles existe depuis 1946 et a concerné la majorité de la population.
Le système des prestations familiales a été créé au lendemain de la guerre pour provoquer la reprise de la natalité après trois décennies d'attitude malthusienne, pour aider les familles qui acceptent d'avoir des enfants sans que cette décision soit ressentie comme un sacrifice financier trop important. Il s'agit d'un ensemble d'aides qui s'ajoute à d'autres mesures favorables aux « familles nombreuses » comme le calcul d'impôt dégressif en fonction du nombre d'enfants.
Les prestations familiales contiennent un nombre impressionnant de versement divers, dont le montant varie, selon les cas, en fonction du nombre et de l'âge des enfants, des ressources des ménages, de l'environnement social. Leur montant est revalorisé régulièrement en fonction du coût de la vie, les derniers en date sont de juillet 1979 et de juin 1980. Les prestations sont exemptées d'impôt.

— L'aide de l'État commence dès l'acceptation de la grossesse de la part de la femme. Les « allocations prénatales » sont accordées à toute femme sans tenir compte de l'état civil, du statut matrimonial, de l'âge, et des ressources. Le montant total depuis juillet 1979 est de 1879 F. Les « Allocations postnatales » complètent l'aide à la naissance dans le cas de la survie de l'enfant, et sont perçues le 8e jour, le 9e mois et le 12e mois, au total 2467 F. Dans le cas de naissances multiples les sommes versées sont beaucoup plus élevées (jumeaux 6814 F triplés 11.160 F...). A cette aide déjà substantielle s'ajoute selon l'âge des parents, des subventions de *layette** et primes. S'il s'agit d'une troisième naissance dans la famille 10.000 F supplémentaires sont offerts. Les congés de maternité ont été récemment prolongés, passant de 12 à 16 semaines (en principe 6 semaines avant et 10 après l'accouchement). Ce congé de maternité avec salaire perçu peut-être prolongé si la grossesse ou des complications post-opératoires le nécessitent.

* vêtements pour nouveau-né

— Par le montant, par le nombre des bénéficiaires (4.318.000 familles) viennent en tête ce qu'on appelle « les Allocations Familiales ». Toutes les familles ayant au moins 2 enfants à charge sont concernées indépendamment de leurs ressources. Pour 2 enfants la somme proposée est de 218 F par mois, pour 3 enfants de 607 F, pour 4 enfants de 958 F, l'augmentation n'est donc pas arithmétique. A partir de 4 enfants et pour chaque enfant supplémentaire on attribue 332 F. Par ailleurs pour les enfants âgés de plus de 10 ans on reçoit 85 F supplémentaires et pour les plus de 15 ans, 151 F. Ainsi une famille composée de 3 enfants de 6, 9 et 12 ans reçoit, après les augmentations de juin 1980 : 808 F par mois.

— « Le complément familial » est proposé à toute famille ayant au moins un enfant de moins de 3 ans ou 3 enfants et plus et n'excédant pas un plafond de revenu net mensuel déterminé. Ainsi la famille précédemment citée avec un salaire de 5.000 F touche en 1980, 455 F.

— « L'allocation de logement » est attribuée à toute famille ayant au moins deux enfants, n'excédant pas un plafond de revenu et habitant dans un logement conforme (nombre de pièces imposé en fonction de l'âge et du sexe des enfants). La famille prise comme exemple recevrait à ce titre 337 F par mois.

— Ces allocations principales sont complétées par beaucoup d'autres. Le système est très complexe. Nous en citerons quelqu'unes : allocation de rentrée scolaire (400 F par enfant scolarisé en septembre 1979), allocation d'orphelin (285 F), allocation aux handicapés, allocations pour l'éducation spécialisée, allocation de parent isolé, allocation de chauffage etc. Il faut encore ajouter l'action sanitaire et sociale : réduction ou gratuité dans les crèches, les foyers sociaux, les internats, les colonies de vacances, les centres aérés etc. Les familles nombreuses bénéficient de fortes réductions de transport et sont prioritaires pour l'obtention de bourses d'études.

L'ensemble de cette aide représente un appoint financier considérable, indispensable aux familles dont les revenus sont insuffisants. Il s'agit cependant d'une multitude de mesures complexes, sans véritable politique globale. Certes on attend pour la fin de l'année la création d'un « revenu familial minimum garanti », la définition d'un statut de la mère au foyer, des aménagements concernant la retraite. Pas de solution en vue pour améliorer les conditions des logements, de l'environnement social, et le travail à mi-temps. Au moment, où le troisième enfant semble une obsession pour le pays, des efforts encore plus orientés devraient être engagés.

DOCUMENTS

Annexe I.

« Allocations, prestations... ces mots bien connus des familles, cachent en fait un nombre impressionnant de versements dont le montant varie, selon les cas, en fonction du nombre et de l'âge des enfants, des ressources des ménages, voire des examens médicaux ou de la nature du logement occupé...

Par le montant, par la généralité et par le nombre des bénéficiaires, viennent en tête ce qu'on appelle les « allocations familiales »,versées à toutes les familles, sans conditions de ressources, à partir du deuxième enfant : 4.318.000 familles ont reçu ces « allocations », représentant au total 25.672 milliards de francs en 1978. Il résulte de la fusion des anciennes prestations de salaire unique et de frais de garde : 2.724.000 familles ont reçu ce complément (10.474 milliards de francs).

Mais les anciennes prestations demeurent afin de ne pas pénaliser les familles qui, avant la réforme, recevaient l'une d'entre elles et n'ont pas droit au nouveau complément. Il s'agit du salaire unique (1.179.000 familles, 1.129 milliards de francs), du salaire unique majoré (2.000 familles, 6 millions de francs); des allocations de frais de garde (32.000 familles, 132 millions de francs) selon des calculs provisoires.

La troisième prestation regroupe les allocations-logements : 2.014.000 bénéficiaires, pour une somme totale de 5.955 milliards de francs, et les primes de déménagement (130.000 bénéficiaires, 166 millions de francs).

Par ordre d'importance dégressive viennent ensuite :

— Les allocations aux handicapés : 243.000 bénéficiaires (2.788 milliards de francs);
— Les allocations prénatales : 2.157.000 versements (1.154 milliards de francs);
— Les allocations postnatales : 2.070.000 versements (1.532 milliards de francs);
— L'allocation-orphelin : 345.000 pour une somme de 1.036 milliards de francs;
— L'allocation de rentrée scolaire : 2.302.000 familles (845 millions de francs);
— L'allocation de parent isolé : 40.000 bénéficiaires 531 millions de francs);
— Les prestations versées à l'étranger : 284.000 familles (498 millions de francs);
— L'allocation d'éducation spécialisée : 167.000 bénéficiaires (435 millions de francs);
— Les congés de naissance : 366.000 bénéficiaires (241 millions).

Le Monde, Dossiers et Documents n° 68, février 1980.

Annexe II.

« Nouvelle améliorations en 1980. Le gouvernement a promis, lors du débat de novembre 1979 à l'Assemblée nationale, six nouvelles mesures pour les familles nombreuses : progression garantie de 3% du pouvoir d'achat des allocations, réduction sur les transports; doublement des allocations de naissance à partir du troisième enfant, congé de maternité porté de quatre à six mois, droit à la retraite renforcée; prêt de 100% pour l'achat d'un logement.

Le Monde, 2 octobre 1979.

Annexe III.

Madame Pelletier a mis d'entrée l'accent sur les changements de notre société, de la famille, de la vie même. Une notion des réalités de ce temps qui conduisent à la recherche d'un nouvel équilibre familial. Ces évolutions nécessaires, il faut les accepter avec le sens des responsabilités, corollaire d'une liberté nouvelle. « La politique que j'entends poursuivre ne sera jamais une politique d'assistance, mais veillera toujours à accroître la responsabilité des familles », dont les aspirations essentielles à ses yeux sont : des choix de vie plus facile et le désir d'une meilleure maîtrise du temps de vivre.

G. Dubos, *Le Monde*, 25 mars 1980.

Annexe IV.

« Le troisième défaut, le plus important, est celui de l'incohérence. Le gouvernement ne s'est certes pas contenté de proposer un effort en matière de prestations, il s'est également engagé à améliorer l'environnement, qu'il s'agisse du logement, du travail ou de la retraite de la mère de famille, mais l'absence de financement laisse planer un doute sur l'efficacité de ces mesures.
Un exemple : comment se traduira la priorité absolue accordée aux familles de trois enfants pour obtenir un logement plus vaste lorsque l'on sait l'insuffisance actuelle des crédits pour les H.L.M. et l'importance des listes d'attente, ne serait-ce que dans la région parisienne ?
Plus grave encore : ce catalogue de mesures, qui additionne des améliorations indiscutables et des gadgets, ne répond pas du tout à la demande presque unanime des députés de ravaler complètement le régime des allocations familiales.

J.P. Dumont, *Le Monde* 24 novembre 1979.

Annexe V.

« J'attends un enfant depuis six mois. J'ai essayé de m'inscrire à la crèche de mon quartier et j'ai appris que j'étais la cent troisième sur une liste d'attente. » «Je cherche depuis trois mois une solution de garde pour mon fils. Pas de place en crèche. Pas d'assistante maternelle libre sur le quartier, ou alors à des prix impossibles. J'ai déjà dû reculer la date de reprise de mon travail... »
Que faire ? Où s'adresser ? Ces appels à l'aide, souvent teintés d'angoisse, de jeunes ou de futures mères sont monnaie courante. Assistantes sociales, centres de protection maternelle et infantile (P.M.I.), médecins, services téléphoniques spécialisés... peuvent en témoigner. Ces appels montrent à l'évidence l'inadéquation entre l'offre et les besoins de garde de jeunes enfants.
On compte actuellement quelque huit millions de femmes qui travaillent et environ deux millions deux cent cinquante mille enfants de zéro à trois ans. Plus de la moitié d'entre eux sont élevés par leur mère, au foyer. Pour les autres, que l'on estime à neuf cent vingt mille, les familles ont recours à diverses solutions. Les possibilités sont multiples, mais le choix est limité par les capacités d'accueil.

C.Arditti, *Le Monde* 22 novembre 1979.

TABLE DES MATIÈRES